자동차로 달린 정명자의 미국여행

# 여보, 어디로 갈까? 1

지은이 **정 명 자**(鄭 明 子)
이화여자중·고등학교 졸업
이화여자대학교 가정관리학과 졸업
고려대학교 교육대학원 교육학 석사(가정교육학 전공)
1973년 안양 근명여자중·상업고등학교 가정과 교사를 거쳐
1974년부터 현재까지 서울 혜원여자중·고등교사로 33년째 재직 중
chung623@hanmail.net

글다듬이 **유 일 상**(柳 一 相)
고려대학교 대학원 신문방송학과 언론학 박사
KAL 홍보담당/KBS 기자/한국산업은행 행원
오리건대학교 언론학부 초빙교수(Courtesy Professor)
건국대학교 신문방송학과 교수/언론홍보대학원장(현)
(사) 한국언론법학회 회장(현)
willow3470@yahoo.co.kr

자동차로 달린 정명자의 미국여행
**여보, 어디로 갈까? 1**

초판1쇄/2006.7.30

지은이/정명자·유일상
펴낸이/이선규
펴낸곳/도서출판 아침
주소/서울시 마포구 서교동 465-19
등록/서울 제21-27호(1988.5.31)
전화/326-0683
전송/326-3937
www.ahchim.com



ISBN 89-7174-031-0 04980
ISBN 89-7174-030-2 (세트)

자동차로 달린 정명자의 미국여행

# 여보, 어디로 갈까? 1

미국 서해안 3개 주

## 오리건·워싱턴·캘리포니아


글쓴이 **정 명 자**

글다듬이 **유 일 상**



도서출판 아침

## 책을 펴내면서

이 책은 남편과 함께 미국 각지를 여행하며 보고 배우고 느낀 것을 세상에 널리 알리는 나의 첫 출판물이다.

1973년에 만나 30년 넘는 세월 동안, 룸메이트room mate로 살아온 사람끼리 이제는 자동차로 산과 들을 지나고, 비행기로 강과 바다를 건너며, 다른 나라의 길거리와 오솔길을 걷는 즐거움을 누리게 되었다.

우리에게 스트레스를 푸는 가장 좋은 방법은 다른 나라 땅을 누비며 장거리를 자동차로 여행하는 것이기 때문이다. 나는 외국 여러 나라에서 미국 운전면허로 자동차를 빌려 운전하고 남편은 지도를 열심히 들여다보며 길안내를 맡는다.

이와 같은 시간과 비용에 감사하는 마음으로 둘이 함께 한 여행 이야기를 다른 사람들과 공유하고 싶다. 그래서 첫 권은 패키지 투어보다 특히 자동차로 미국 서해안을 여행하려는 분들에게 우리가 겪은 것들을 알려 드리려고 한다.

이미 여러 여행전문가들이 쓴 책들이 많이 출간되어 있다. 우리도 이 책을 쓰면서 그들의 책을 많이 참고하였다. 그러나 각자가 여행하면서 겪은 내용은 나름대로의 의미와 그 특색이 있다. 우리는 우리대로 여행에서 보고 느낀 것을 기록하여 미지의 독자들에게 이를 바르게 알리고자 집필에 힘을 모았다.

단 한번의 여행만으로 글을 쓰기에는 기억의 한계도 있고, 크고 작은 착오도 있을 것 같아 어떤 곳은 여러 번 찾기도 했다. 따라서 이 책에는 시차가 다른 글들이 제법 섞여 있다.

우리는 감히 이 책이 미국을 거의 10년 동안 엿본 한국인의 여행기라고 밝히고 싶다. 이 책에는 1997년 초부터 2006년 2월까지 나의 여행기와 남편의 취재기록이 담겨 있다.

우리는 앞으로 미국 서해안 3개 주 이야기에 더해 더 많은 지역을 다녀본 이야기를 계속하여 쓸 작정이다. 나의 여행 경험은 내 생활을 풍요롭게 해 주었을 뿐 아니라 이를 전해 주는 것만으로도 학생들에게 세계의 넓고 다양한 모습을 이해하게 하는 생생한 지식이 된다.

하지만 제자들에게 알리는 것만으로 끝나지 않고 더 많은 사람들과 이를 나누기 위한 책을 쓰려면 내게는 오감으로 체험한 것 이상의 많은 자료들이 필요했다. 우리는 여행지의 관광안내소가 제공하는 각종 자료와 관련된 웹 사이트까지 뒤져 견문의 완성도를 높이려고 애썼다.

다양한 직업을 가져 보았던 남편과 달리, 나는 특별한 재주가 없어 대학 졸업 후 시작한 교직 생활을 계속해 아직 정년까지는 한 5년이 남았다. 은퇴 후, 나는 제2의 직업으로서 여행지의 풍물과 자연, 역사와 지리를 온몸으로 익힌 여행전문가나 실버 관광안내원을 꿈꾼다.

이 책은 주로 내가 썼고, 남편은 관련된 정보들을 취재하여 보완하며 윤문(潤文)작업을 거들었다. 내용은 대충 이러하다.

제1부는 내가 미국의 한 중소 도시인 오리건 주의 유진에 정착하여 살게 되는 과정과 생활 체험에 관한 이야기이다.

제2부는 미국 오리건 주와 워싱턴 주, 캘리포니아 주의 여러 곳을 여행하며 겪은 이야기에다 남편이 취재하여 덧붙인 정보들이다.

제1권에 이어 이 시리즈의 거창한(!) 계획은 이 책의 발간과 독자들의 반응을 본 후에 밝힐 수 있을 듯하다. 저자로서야 나름의 값진 경험들을 더 많은 독자들과 나누고 싶지만 쓰기보다 책 만들기가 더 어렵고, 책 만들기보다 책 팔기가 더 어렵다는 출판계의 오랜 금언을 떠올리며 조심스레 독자들의 후원만을 고대할 뿐이다.

나는 우리나라에서 미국을 자유롭게 여행하려는 사람들에게 적은 비용으로 더 풍요로운 여행이 될 수 있는 정보와 지혜를 드리려는 목적으로 이 책을 썼다. 특히 중고교생과 그들 부모들인 해외여행자들에게 도움이 되었으면 좋겠다.

또한 최근에 이민 간 사람들이나 교환교수와 연구자, 주재원, 어학연수생들은 물론이고, 미국에 오래 사신 분들도 생업에 바쁘거나 이국 생활이라는 두려움 때문에 용감한 여행을 시도하지 못한 분들에게 이 책이 유용한 자료가 되기를 바란다.

무엇보다도 도서출판 아침 이선규 사장님이 이 책이 지닌 나름대로의 장점을 살피시고 출판을 결단해 주신 데 대해 깊은 감사를 드린다.

이 책을 시아버님, 그리고 생사를 알 수 없는 나의 아버지께 바친다. 시아버님은 영남 최후의 유림 가운데 한 분이신 시증조부님과 시조부님의 문집을 출판하지 못했음을 불효로 생각하시다 일찍이 유명을 달리 하셨다. 내 저서를 먼저 세상에 내놓으니 불효한 며느리 아닌가 싶어서다. 나의 아버지는 연희전문학교 영문과 출신으로 교편을 잡으시다가, 한국전쟁 발발 이틀 전인 1950년 6월 23일 태어난 핏덩어리 아기인 나를 두고 전란의 혼란스런 와중에서 행방불명되셨다.

끝으로 이 책의 까다로운 시각자료를 정리해 준 가아(家兒)와 도서출판 아침의 출판 일꾼 여러분에게도 깊은 감사의 말씀을 여기에 남긴다.

2006년 6월

저자 정 명 자

## 글 다듬이로서

나는 아내가 쓴 이 책의 글 다듬이고 저술 보조자다. 여행 중에 나는 아내가 운전하는 차 옆자리에 앉아 지도를 보면서 갈 곳, 가는 길, 잘 곳을 찾는 네비게이터였다.

오늘날이야 자동차에 장착된 오토매틱 네비게이터가 인공위성과 교신하며 지도를 보여주고 목적지까지 잘 안내해 준다. 그래도 모범운전사인 아내의 말동무가 되어, 달리는 주변풍광을 전해 주기 때문에 아내는 나를 베스트 네비게이터라고 칭찬해 준다.

기자를 기르고 가르치는 일을 주업으로 삼고 있는 사람이라, 아내가 쓴 글의 데스크 노릇을 맡았고 틈틈이 취재한 정보를 이 책 본문에 보탰다.

이 책에는 아내의 경험담인 생활 수기와 보고 느낀 점을 쓴 글, 그리고 글 다듬이인 내가 취재하여 소화한 내용을 다양한 방식으로 소개하고자 했다.

이 책은 수필이니 소설이니 다큐멘터리니 하는 장르 구분을 뛰어넘은 퓨전 출판물이다. 퓨전 프로그램은 요즘 주로 영상매체의 몫인 듯 하다, 그래서 욕심 같아서는 보고 듣고 느낀 모든 것을 한껏 더 많이 담을 수 있는 영상 매체에 그 표현을 맡기고 싶었다, 하지만 장비도 그렇고, 영상매체의 한계인 정보의 양과 질적 빈곤을 뛰어넘어 독자에게 더 많은 상상의 공간과 판단의 여백을 남겨두기 위해 인쇄매체에 우리들의 경험, 판단, 추론을 담아 놓고자 한다.

시간과 공간에 관해 더 빠른 감각을 선호하는 세대가 늘고, 앞 다투어 발전하는 영상매체가 많은 시청자를 붙잡는 시대에도 여전히 인쇄된 책의 위력을 절감하며 출판 사업에 정열을 기울이는 도서출판 아침의 이선규 사장께 감사를 드린다.

2006년 6월

글 다듬이 유 일 상

## 여행을 시작하며

## 1. 오리건 주

## 2. 워싱턴 주

## 3. 캘리포니아 주

# 여행을 시작하며

## 미국 서부 첫 느낌

내가 중학생이 되고 우리와 달리 낮과 밤이 서로 엇갈리는 세상이 있다는 것을 알면서 막연히, 한번쯤 꼭 가보고 싶었던 곳이 바로 아메리카 대륙이었다.

여고생을 지나 인생의 황금기라는 여대생 시절에 미국은 내게 왠지 모를 설레임과 꿈을 빚게 해 주는 동경과 미지의 세계이기도 했다.

결혼한 후에는 지리와 역사에 많은 관심을 가진 남편과, 일찍이 개화의 대열에 끼었음에도 아시아의 전통적 문화와 풍습을 고수하는 시댁 식구들로부터 은연중에 미국과 한국의 깊은 역사적 관계에 대해 조금씩 알게 되었다.

그러면서 미국과 미국인에 대해 경멸과 존경, 비판과 동경을 한 가슴에 간직하기도 했지만 나의 체험은 1997년에야 시작되었다. 남편이 '긴급조치 제9호 위반'으로 옥고를 치른 유신독재 시대와 조여 오는 외압으로 인생의 진로를 바꾸어야 했던 신군부 정권을 거치면서 우리에게 미국은 '무엇인지 알 수 없지만 무서운 나라'로 각인되어 있었다.

1997년 2월, 여행사에서 주선한 패키지 프로그램에 끼어 미국의 대지를 밟을 기회를 가졌다. 남편과 함께 태평양을 건넌 우리의 이 여행은 그저 여가 선용과 위락을 위한 휴가가 아니었다. 새로운 일을 시작하기 위한 사전 답사였다.

다음 해에, 남편은 남들보다 늦게, 우여곡절 끝에 시작한 대학 교수 생활 15년 만에 처음으로 연구년을 맞아 교환교수로 갈 대학을 찾기 위해 나와 함께 나선 길이었다.

이 나들이는 1998년부터 지금까지처럼 내가 자동차를 운전하고 남편이 지도책을 보며 길 안내해 주는 그런 여행을 시작하기 전이었다.

물론, 우리는 일본이나 중국을 비롯하여 아시아권의 가까운 이웃나라를 여행할 때도 될 수 있으면 비행기표만 구한 뒤, 값싸고 안전한 숙소를 찾거나 대중교통을 이용하는 여행을 즐겼다.

태평양을 건너간 비행기가 로스앤젤레스 국제공항에 착륙하기 위해, 주변 상공을 비행할 때, 창문 밖으로 내려다본 드넓은 바다, 강과 호수, 바둑판 모양의 들판과 쭉쭉 뻗은 고속도로를 달리는 크고 작은 차량, 그리 높지 않은 교외의 집들과 시내 한 복판의 초고층 건물들을 보았다.

책이나 영화가 아닌 실물로 미국의 자연과 문명을 처음 확인한 바로 그 순간이었다.

여행사가 마련한 단체여행인지라 그리 내키지 않았지만 며칠은 그들의 여정대로 무리를 지어 훈련병처럼 그룹 투어를 따라 다녔다. 중·고교시절 국어 교과서에 나오는 그랜드캐니언Grand Canyon과 영화에서 이따금 보던 환락의 도시 라스베가스Las Vegas의 휘황찬란함에 놀라는 것도 잠시, 우리는 우리의 목적을 수행해야 했다.

이 때, 많은 차들이 일정한 간격을 유지하며 행렬을 지어 달리는 것을 보면서, "어떻게 차간 거리를 저렇게도 일정하게 유지할 수 있을까? 미국인들은 아마도 16살 때부터 대개 운전을 하니까 모두들 일정한 운전 속도가 몸에 익숙해져서 그런가보다"고 혼자 짐작했었다. 내 경험이나 상식으로 세상을 미리 속단해 버리는 이른바 베이컨이 말하는 '동굴 우상'에 사로잡혔던 셈이다. 우물 안 개구리가 바로 이런 것인가 보다. 그때까지만 해도 나는 자동차에 크루즈cruise를 위한 '일정 속도 운항장치'가 부착되어 있는지를 몰랐기 때문이었다.

조선조 말엽의 신사유람단들도 처음에는 이랬을 거다. 누구든 새로운 사람과 새로운 기계를 보면 처음에는 다 이렇게 어리둥절하고 호기심 어린 아동이 되는 것이 세상의 이치인 모양이다.

나는 다음해 8월 교환교수 가족으로 살기 위해 미국에 다시 입국했다. 오리건Oregon주의 유진Eugene이 우리가 살 곳이었다. 도착하자마자 곧 미국에서의 생활필수품인 자동차를 구입하여 서울특별시 경찰국에서 발행한 국제운전면허만 가진 상태로 운전을 시작했다.

그런데 국제운전면허는 입국 후, 3개월 정도까지만 봐준다는 이야기를 듣고 곧 오리건 주의 운전면허 시험 준비에 들어가 첫 필기시험에 합격했다. 실기시험은 시험관이 내가 모는 자동차에 탑승한 채로 시내 일정구간을 실제로 운전하는 주행시험이었다. 이 시험들에 합격하여 나는 그 해 9월 오리건 주의 운전면허를 취득했다.

그렇지만 매뉴얼을 대충 읽었기에 자동차에 크루즈 장치가 있는 것을 몰랐다. 그 해 11월, 시애틀에 사는 남편의 제자가 우리가 사는 곳을 찾아 왔을 때, 이것을 물었더니 크루즈 장치라는 것을 알려주어 그때서야 비로소 차도 위를 달리는 자동차가 일정한 속도로 달리는 사정을 잘 이해하게 되었다.

우리나라에서는 도로폭도 좁고 자동차는 많은데 고속도로도 그리 길지 않아 일정속도 주행 장치가 필요 없기 때문인지, 내가 몰던 당시 국산자동차에는 이 장치가 없었다. 나로서는 당연히 모를 수밖에 없었다.

미국의 프리웨이에서 크루즈 버튼을 눌러놓고 달려보니 조작도 간편하고 매우 편리했다. 과연 사람의 간접경험은 이처럼 체험에 비해 현실적인 한계가 있는 모양이다.

한국 사람들 대개가 그렇듯 로스앤젤레스에는 우리도 양가의 친척이나 친구가 많이 살고 있다. 처음 로스앤젤레스(저자 주 : 이 책에서는 앞으로 LA로 약칭하겠음)에 오는 여느 사람들처럼 올림픽 블루버드의 코리아타운을 찾아가 외삼촌을 뵙고 시댁 사촌 시누이도 만나 그들 집에서 며칠씩 머물렀다.

이어 미국여행 안내책자에 나오는 주변의 관광명소를 찾고, 이곳에 사는 친지와 친구들에게 전화해 그 동안의 안부 인사를 주고받았다. 우리는 서로 태평양이라는 먼 공간을 사이에 두고 격리되었던 마음과 마음을 이어 위로와 격려를 교환했다.

## 여행의 첫 걸음을 내디디며

비행기에서 내리면 어느 나라나 제일 먼저 입국심사immigration를 받는다. 내국인과 외국인이 기다리는 심사대가 다르다. 처음에는 어느 줄에 서야할지 잘 몰라서 이리저리 왔다 갔다 하느라 괜한 시간을 보내기 일쑤다.

같은 입국 심사관이더라도 어느 줄이 빠르게 통과될 수 있는지 눈여겨보고 줄을 서는 게 낫다. 일을 빨리 처리하는 심사관도 있고 유별나게 굼뜬 사람이 있기 때문이다.

서부의 국제공항에서 한국 교포 심사관을 만나거나 한국말을 조금 아는 심사관을 만나 친절하게 웃으며 여행목적을 묻는데 답하면 입국심사도 빨리 진행된다. 그럴 때는 여행기간 내내 즐거운 기분이다.

예전에는 여권과 비자만 보고 심사를 하더니 2004년 1월부터는 지문인식 카메라에 손가락을 대게 해 지문을 채취하고 눈동자를 촬영한 다음에야 입국할 수 있게 되었다.

입국심사를 받은 다음은 짐을 찾기 위해서 배기지 클레임baggage claim이라는 표지를 따라 회전식 컨베이어carousel로 간다. 여러 개의 턴테이블이 있어서 잘 모를 경우는 앞사람들을 따라가도 되지만 기내에서 몇 번으로 가라는 이야기를 해주거나 입국심사장 구내에서 안내방송을 해준다.

회전식 컨베이어에서 기다리면 퍼스트 클래스의 화물이 먼저 나온 다음에 이코노미 클래스의 화물이 나온다. 짐이 많을 때, 짐수레를 빌리기 위해 공항마다 조금씩 다르지만 미리 2-3달러 정도를 잔돈으로 준비해 두는 게 좋다. 여행객들의 가방 색이나 모양이 어슷비슷하기 때문에 자기의 가방에다 자기가 찾기 쉬운 나름대로의 표시를 여러 가지로 해놓는다.

우리는 주로 이코노미 클래스를 이용하기 때문에 입국심사를 빨리 할 필요도 없다. 가방이 나올 때까지 한참 기다려야 하기 때문이다. 가방을 찾은 후에는 세관으로 가서 기내에서 작성한 세관 신고서를 제출한다. 어떤 공항에서는 특별 단속 기간 중에 한국 사람들에게 한글로 적힌 주의문을 보여주면서 식물이나 육류 등의 식료품이 있나 묻는다.

그러나 일반 관광객은 검사 없이 바로 통과할 수 있다. 짐을 찾은 다음에 공항문을 나오면 먼저 운송수단을 찾아야 한다. 나는 한국에서 빌릴 차를 미리 예약하고 출국비행기를 타기에 공항 로비에 위치한 여러 렌터카 회사 중 미리 예약해 놓은 회사의 카운터를 찾아간다.

우리는 주로 허츠Hertz 렌터카를 이용하고 있다. 운전면허증을 보여주고 예약번호를 제시하면 차종이나 보험, 렌터카요금, 반환할 때 탱크에 가솔린을 채워올 것인지를 확인한다.

허츠는 국제운전면허증일 경우, 렌터 요율(레이트)이 미국 면허

보다 조금 비싼 듯하고 한국 운전면허도 제시할 것을 요구한다. 나는 오리건 운전면허가 있기 때문에 신용카드와 함께 이 면허를 제시하며 예약한 렌터카를 찾아 계약을 맺고 서명한다.

다음에는 렌터카의 계약서와 키를 받아 들고 회사별로 달리 지정된 주차장으로 가서 차를 확인한 후 주차장 출구에서 면허와 계약을 재확인하면 미국에서의 여행이 시작되는 것이다.

나는 렌터카로 처음 여행할 때, 영어가 매우 서툴고 말도 잘 안 들리는 데다 어색하여서 조금 힘이 들었다. 미국 운전면허가 있는 사람들은 미국 면허로 차를 빌리면 되는데 부득이 국제운전면허로 차를 빌릴 때는 한국운전면허의 제시를 요구한다. 면허증에 적힌 면허일자나 면허번호 등이 그들의 기록으로 필요한 모양이다.

공항에서 출발하기 전 자동차의 백미러와 운전 방법 등을 두루 살핀 후 어느 곳을 향해서 달려야 할지 지도를 펴놓고 행선지로 향하는 도로 번호를 확인한다. 그리고 나는 '여보! 어디로 갈까' 하고 묻는다. 답과 함께 다음부터 길 안내는 남편 몫이다.

## 유진 – 서부 여행의 출발점

미국의 자연과 문화기행을 시작하는 우리들의 기점은 오리건Oregon 주의 유진Eugene이다. 유진은 오리건에서 둘째로 인구가 많은 도시이다. 하지만 1998년 당시 인구는 고작 11만 명 조금 넘었다. 최근 통계로는 14만 명을 넘었으니 인구 증가 속도가 빠른 편이다.

레인 카운티Lane County의 현청(縣廳) 소재지인 이 도시는 요즘 경상남도의 진주(晉州)와 자매 결연을 맺었다. 이 도시는 미국 서부 지역의 명문 주립대학인 오리건 대학교의 소재지로 이 대학의 유서 깊은 역사와 함께 세계 여러 나라에 알려져 있다.

우리나라에서도 일찍이 동아일보의 장덕수 부사장이 1923년경 처음 유학 온 대학이 오리건 대학교였다. 아마 그도 이 대학에서 영어를 배우고 익힌 다음, 동부의 콜롬비아대학교로 떠나 1936년 박사학위를 받을 때까지 만학의 유학생활을 이어갔을 것이다.

유진 시는 도시의 동쪽 저 멀리에 위치하는 캐스케이드Cascade 산맥에서 흘러내리는 윌라메트Willamette강과 맥켄지McKenzie강이 합류하는 지점 남쪽의 광활한 들판에 자리잡고 있다. 지리적으로 말하자면 수풀과 산악으로 둘러싸여 있는 분지로 쾌적한 기후다.

윌라메트 강은 미국에서 13번째로 긴 강이지만 바다로 직접 흘러들지 않고 포틀랜드 부근에서 미국에서 두 번째로 긴 강인 콜롬비아강에 합류한다. 이 강은 넓은 곡창 지대에 많은 양의 물을 공급한다.

우리가 유진에 살던 1998년경에는 대한항공과 델타항공이 이 주의 최대도시인 포틀랜드에 취항하고 있었지만 약 1년 정도 운항하다가 직항편이 중단되고 말았다.

요즈음 우리나라에서 유진까지 가려면 국제선 비행기가 닿는 샌프란시스코 또는 시애틀에서 국내선 비행기로 갈아타야 한다. 하지만 시간이 있으면 이들 국제선 도착지에서 자동차로 유진에 가는 것이 훨씬 재미있고 추억에 남을 만 하다.

우리가 비행기로 처음 유진 땅을 밟은 때는 1997년 2월이었다. 겨울철은 우기(雨期)여서 비 내리는 날이 많지만 도착하던 첫날은 비도 멎어 파란 하늘이었다. 유진 공항의 문을 열고 나오자 가슴속까지 스며드는 맑은 공기로 온몸이 다시 씻겨지는 듯 했다.

국내선 항공기가 이착륙하는 유진 공항은 시 외곽에 있다. 이 공항은 바닷가에 위치한 샌프란시스코 공항이나 엘에이LA 공항과 달리 드넓은 평야 위에 푸른 하늘과 녹색 벌판이 맞닿은 것 같은 곳에 자리 잡고 있다.

그 후 우리는 이 도시에서 1998년 8월 초순부터 1999년 9월 초까지 만 1년 넘게 살았고, 그 후 해마다 거의 빠지지 않고 여름방학과 겨울방학을 그곳에서 보낸다. 그곳에는 나의 시숙부 내외분과 큰 사촌 시동생 내외 그리고 당질녀가 영주권 또는 시민권을 갖고 살고 있다.

이 도시를 처음 방문했을 때는 기내에서 LA와 달리 흑인 한 명 볼 수가 없었다. 하지만 최근 몇 년 사이에 국내선 기내에서는 스튜어디스를 포함하여 유색인종들을 제법 자주 만나게 된다. 몇 년 사이에 이 도시도 더 많은 국제적 교류가 있게 된 때문인지 아니면 다른 지역에서 살기 좋은 이 곳으로 이사 온 사람들이 늘었기 때문인지 우리는 잘 모른다.

공항 출입문을 나서면 드넓은 벌판과 우리들이 남산이라고 불렀던 코버그Coburg 길 부근의 방송탑이 시야에 들어올 뿐, 그 때나 지금이나 공항 주변은 고요한 적막강산에 자동차 달리는 소리만이 그 정적을 깰 뿐이다.

공항이 자그마해 비행기에서 내려 1층의 짐 찾는 곳 근처로 가면 쉽게 렌터카 서비스가 보이고 직원들도 대도시 공항에 비해 아주 친절하다. 공항을 나와 태평양 고속도로Pacific Highway라는 이름이 붙여진 99번 도로를 남쪽으로 잠시 달리다 보면 126번 도로와 합쳐져 시내로 들어간다.

육로로 유진에 가는 빠른 길은 샌프란시스코나 시애틀에서 I-5 프리웨이다. 도심은 194번 또는 195번 나들목으로 나오면 된다.

우리처럼 미국에 처음 온 사람들은 이 작은 도시에서도 처음에는 프리웨이의 나들목을 이리 저리 드나들며 시내를 몇 바퀴 돌면서 도심을 찾아 헤맬 수 있다. 그 때는 실타래처럼 엮여 있는 잘 발달된 도로망이 오히려 얄미웠다.

미국 서부의 자동차 교통망에 대한 이해를 돕기 위해 무엇보다 먼저 서부의 대동맥인 주간Interstate 고속도로 I-5(이 책에서는 앞으로 주간고속도로 제5번 프리웨이를 현지 표기대로 I-5로 통일하여 쓰겠다)를 설명하고자 한다.

I-5 프리웨이는 미국과 멕시코의 국경선인 티후아나Tijuana-샌디에이고Sandiego로부터 미국 서부를 대표하는 3개 주인 캘리포니아, 오리건, 워싱턴 주를 관통하며 캐나다의 밴쿠버Vancouver에 이어진다.

캘리포니아 주 남부의 I-5 프리웨이는 나들목Exit을 표시하는 고유번호를 보기 어렵고 도시 이름이나 접속도로 이름을 표기하는 경우도 많았다. 최근에 이르러 북쪽 캘리포니아에서는 I-5의 나들목에 남에서 북으로 마일리지를 표시하여 멕시코와의 국경선에서 얼마만큼 떨어진 거리인지를 짐작할 수 있게 하고 있다.

다른 대부분의 주에서는 2개 주 이상을 연결해 주는 인터스테이트 프리웨이의 나들목 마다 남쪽에서 북쪽으로 또는 서쪽에서 동쪽으로 일련번호가 매겨져 있다. 홀수 번호 프리웨이는 남북을 종단하는 길이고 짝수 번호는 동서를 가로지르는 길이다.

유진은 I-5 프리웨이의 192번 나들목부터 199번 나들목 까지 어느 곳으로도 드나들 수 있다. 유진 남부의 I-5의 192번 서쪽은 프랭클린Franklin 불르버드로 연결되면서 126번 도로가 되어 도심을 통과하게 된다.

남쪽에서 올라오면 윌라메트 강을 건너 192번 나들목의 동쪽으로 메인 스트리트Main Street가 연결되어 유진의 인근도시인 스프링필드로 들어간다. 스프링필드는 인구 5만 3천 명 정도가 살고 있는 도시로, 임산물 가공 공장들이 많고 자동차로 유진 도심(都心)까지 약 10분 정도 밖에 걸리지 않는다.

미국 도시 이름 중에는 스프링필드가 많다. 일리노이 주의 주도가 스프링필드라서 중부를 다녀온 사람들은 스프링필드하면 일리노이를 떠올릴 것이다. 그밖에도 왜 스프링필드라는 도시가 각 주에 그렇게 많은지 모르겠다.

유진에서 서쪽으로 약 100km(65마일), 126번 도로를 1시간 정도 달리면 광대한 태평양의 동쪽 끝인 플로렌스Florence 항에 닿을 수 있다. 동쪽으로 약 160Km(100 마일), 두어 시간 정도면 캐스케이드산맥을 넘어 작고 아담한 동네인 시스터스Sisters에 이른다.

시스터스는 인구가 천명도 안 되는 작은 마을이지만 캐스케이드 산맥의 고산준봉으로 접근하는 산악인의 휴식처로 유명한 곳이다. 이곳에서 약 30분만 더 동쪽으로 운전해 가면 약 35Km(22마일) 거리에 벤드Bend라는 중부 오리건의 중심도시가 있다.

유진의 핵심은 1876년에 창립되어 130년 가까운 역사를 자랑하는 오리건 대학교University of Oregon이다. 도시의 서쪽에 위치한 공업지구에는 우리나라의 현대전자(현재의 하이닉스) 반도체 공장이 있고 북동쪽에는 오리건 대학교의 미식축구장인 아천Autzen 스타디움이 있다. 이 스타디움은 매년 가을 서부의 명문대학들인 팩텐PAC 10이 저마다 패기와 기량을 뽐내는 미식축구 시합이 열려 미국 전체에 텔레비전으로 비쳐지는 명소이다. 가을철 경기 시즌에는 미식축구 경기로 한 가을 주말이 떠들썩하기 때문에 미국 서

팩텐(PAC10)의 미식축구 경기장으로 유명한 아천Autzen 스타디움.
오리건 대학교의 상징인 O표시가 눈길을 끈다.

부 출신들에게는 아련한 추억을 떠올리게 하는 경기장이다.

팩텐은 오리건 주의 오리건대University of Oregon와 오리건주립대 Oregon State University를 비롯하여, 워싱턴 주의 워싱턴대University of Washington, 워싱턴주립대Washington State University, 캘리포니아 주의 캘리포니아대 LA캠퍼스UCLA, 캘리포니아대 버클리캠퍼스UC Berckley, 팩텐 중 단 두 개의 사립대학인 남캘리포니아대University of Southern California(USC)와 스탠포드대Stanford University, 그리고 애리조나 주의 애리조나대University of Arizona, 애리조나주립대Arizona State University등이다.

이 스타디움 옆에는 넓은 풀밭과 휴게소를 갖춘 알튼 베이커Alton Baker 공원이 있어 이따금 여러 가지 야외 미팅이 열리기도 한다.

세계 각 국에서 온 많은 유학생과 연구자들이 이 공원에서 약 1Km 떨어진 몇 개의 아파트 단지에 살고 있다. 우리도 그 중 한 곳인 체이스 빌리지Chase Village에 살았기 때문에 이 공원은 우리를 비롯하여 많은 시민들에게 산책로와 조깅, 자전거 달리기 길을 제공해 준 추억 어린 장소다.

우리는 아침저녁으로 시간이 나면 이 운동장 주변이나 공원으로 산책을 나가 가벼운 운동에 대화를 나누고 이 운동장 뒤편으로 흐르는 윌라메트 강물에 손과 발을 담그기도 했다.

이 공원에 윌라메트 강과 연결된 작은 인공 호수가 있다. 호수에는 오리건 대학교의 상징인 여러 종류의 오리들이 떼를 지어 한가로이 노닐고 있다. 공원 한 모퉁이에는 사막에서만 피는 꽃들을 모아놓은 사막 모형의 작은 화단이 있다.

이 도시에는 고층 건물이 몇 개 없다. 그 중에서 시내 어디에서나 잘 보이는 가장 높은 빌딩 중의 하나가 무주택 노인들에게 염가로 임대하고 있는 노인 전용 아파트다. 이 아파트와 그 쓰임새를 보고 우리는 처음에 깜짝 놀랐다. 저 호텔 같은 좋은 아파트가 돈이 조금 있는 노인들은 적은 임대료만 내고 돈 없는 노인은 공짜로 거주할 수 있는 아파트라니 말이다.

미국 전역의 철로를 달리는 객차인 암트랙Amtrack의 유진 역 앞에는 오래된 객차 칸을 개조하여 만든 고급레스토랑이 있다. 이 레스토랑에서 맛 나는 서양요리를 팔고 있는 것이 매우 신기했다. 최근에 우리나라 어느 곳에서 이런 음식점을 본 기억이 있다.

비록 흔하지 않은 사례일 테지만 우리나라 사람들이 상업적 아이디어를 얻는 원천이 전 세계에 뻗어 있다는 생각과 함께 유진의 이런 모습에서도 세계화의 또 다른 맛을 느낄 수 있다.

물오리떼가 노니는 알튼 베이커 Alton Baker공원과 윌라메트 강 위의 작은 현수교

유진의 일간신문은 '레지스터 가드The Register-Guard'이다. 신문의 2006년 발행부수는 76,470부로 미국내 152위를 마크하고 있다. 이 신문의 발행부수가 가네트Gannett 그룹이 세일럼에서 발행하는 '스테이츠맨 저널'보다 15,000부 정도 많다.

## 유진 생활의 추억

1년 넘게 살았던 곳이니 미국하면 유진이 제일 먼저 떠오른다. 많은 도시에 다 있다지만 매주 토요일 도심의 주요 차로를 차단하고 열리는 토요 시장Saturday Market은 재미있는 볼거리다. 일주일에 하루, 갑작스레 시장터로 변한 도심에는 여러 사람들이 소장하고 있던 각종 진기한 물품들과 냄새마저 다양한 각 민족들의 먹거리가 시민들을 끌어 모은다.

12월 31일에서 1월 1일이 되는 날 자정 무렵에 이 도로에서는 새해맞이 불꽃놀이가 벌어져 폭죽이 하늘을 수놓고 인파가 넘실대며 "해피 뉴 이어Happy New Year"를 인사한다. 그야말로 장관이다.

유진의 명소로는 이 밖에도 도심에 위치한 헐트 극장Hult Center, 5번가 시장5th Market, 성조기가 펄럭이는 시청건물 등을 들 수 있지만 우리들에겐 아스라한 추억이 깃든 그레이하운드 버스터미널을 빼놓을 수 없다.

한 석 달 정도, 대학이 소개해준 과외선생(tutor)에게 영어와 미국의 정통문화를 배우는 게 조금은 지루해졌을 때다.

많은 유학생이나 이민 온 사람들은 어느 도시를 막론하고 밤에 나다니는 것이 매우 위험하다는 고정관념을 갖고 있는 듯 하다. 그러나 남편은 '베트남전 참전 용사답게 실생활 영어를 배우겠다'며 밤늦도록 맥주 집과 이상야릇한 주점들을 혼자서 겁도 없이 돌아 다녔다. 남편은 유진의 치안 상태가 매우 좋다고 판단한 모양이다.

그러던 어느 날, 남편은 나를 그레이하운드 터미널 부근으로 안내했다. 그가 만나는 사람들은 길거리에 박스를 깔고 앉아 구걸을 하거나 개를 끌고 이리저리 배회하는 중늙은이가 된 히피들이었다. 나는 이들이 세수도 안하고 목욕도 안한 채 흰 이빨을 드러내고 남편과 의사소통을 하는 모습을 상상하며 내 남편의 민중성(?)에 다시 한번 감탄했다.

그들은 미국의 거룩한 듯 전혀 거룩하지 않은 전통문화 대신 자신들의 대안문화 속에서 수십 년 간 자신들의 독특한 삶을 즐기며 살고 있었다. 하지만 나로서는 솔직히 두려움과 함께 혐오감을 떨쳐버리기 어려웠다.

이 도시에는 동양 식품 가게가 한군데 있다. 당시의 주인은 한국에서 가족 초청으로 이민 온지 얼마 안 된 사람이었다.

1998년 가을 어느 날 김치를 담으려고 배추와 양념거리를 사러 갔더니 누군가 젊은 엄마가 나에게 반가운 표정으로 인사를 걸어왔다. 내가 기억할 수 없는 사람이어서 어안이 벙벙한 채, "누군지 잘 모르겠다"고 했더니 그 젊은 엄마가 내게 "서울 혜원 여고에서 가정과목을 가르치던 선생님이 아니냐?"고 물었다.

그녀의 나이와 나의 교사 연조를 계산해 보았다. 벌써 20년이란 오랜 세월이 흘렀고 내가 담임을 맡은 것도 아니어서 잊었을 만도 한데 멀리 이역에 와서까지 나를 알아보고 반갑게 인사하다니! 그녀는 "남편이 공무원인데 이 곳 오리건대학교로 해외연수를 받기 위해 왔고 앞으로 약 3년 정도 있게 되었다"고 했다. 이제는 많은 것을 배우고 돌아가 우리나라에 봉사하는 훌륭한 공무원의 아내가 되었겠지.

그녀가 그저 스쳐버리면 그만이었을 터인데 이 먼 이국땅에서 중·고등학교 시절 선생님께 공손히 인사하는 모습이 반갑고 정말로 고마웠다.

요즘 우리나라에서는 졸업하면 선생님을 만나도 모른 척하면서 피하고 인사조차 하지 않고 지나치는 게 예사다. 그런데 이렇게 내게 다가와 인사를 건네는 그 제자가 너무나 대견스러웠고 또 30년 교사생활, 선생질(?)의 보람에 혼자 흐뭇한 미소를 머금었다. 이름을 말했지만 내 기억에 이름을 잊었다. 어쨌든 이름 모를 제자야, 고맙다.

## 트리플에이(AAA)

AAA는 미국자동차협회American Automobile Association의 약자다. 이 협회의 지부는 미국 대부분의 도시에 다 있다. 일정 연회비를 내고 가입하면 자동차로 여행하는 사람들을 위해 회원에게는 공짜로 거의 각 주별로 편찬된 관광지와 음식점, 숙박시설을 안내하는 투어 북Tour Book을 주고 친절하게 여행 상담을 해 준다.

여행목적지를 알려주면 각주나 주요 도시의 지도에다 그 곳까지 빨리 갈 수 있는 여정을 안내하는 팸플릿도 만들어 준다. 우리도 회원이었을 때, 이 단체로부터 많은 도움을 받았다. 회원이 트리플 에이에 가입한 숙박업소를 이용하면 요금 할인 혜택도 받을 수 있다.

하지만 일년에 한 두 차례 기껏해야 몇 달 정도, 여행을 오는데 매년 회비를 내는 것도 아깝고 호텔쿠폰 책자에 나오는 모텔이나 호텔에서 더 많은 할인 혜택을 받을 수 있기 때문에 우리는 월마트에서 산 미국지도책만 있으면 걱정 없이 여행길을 나선다.

호텔쿠폰 책자는 두 세 가지 종류가 있다. 마을 주변의 맥도널드 가게, 데니스Dennie's 음식점의 입구나 쉼터Rest Area, 또는 여러 곳에 설치된 관광안내소Information Center에서 이 책자를 쉽게 구할 수 있고 각주의 관광안내지도 또는 동네지도 등에서도 숙박업소와 음식점의 할인쿠폰을 쉽게 얻을 수 있다.

트리플에이(AAA)가 특정목적지로 향하는 회원에게 무료로 제공하는 Trip Tik 팸플릿 표지

지도 역시 관광안내소 또는 각

주의 첫 번째 쉼터 부근에서 쉽게 구할 수 있으니까 일부러 서점에 들러 비싼 돈을 내고 지도를 살 필요는 없다.

## 팁 문화

요즘은 한국에서도 음식점 등에서 팁을 주는 모습을 흔히 볼 수 있다. 미국에서는 무엇보다 팁을 잘 줘야 제대로 사람대접을 받는다. 공항이나 호텔, 식당 등에서 서비스를 받으면 팁 몇 불로 그 고마움을 표시해야 한다. 누구나 다 그렇게 하는 일이니 문화라고 말할 수밖에.

하지만 단체여행을 해보면 몇 개 안 되는 작은 가방조차도 관광가이드가 나서서 벨 보이들에게 서비스를 받도록 안내하는 경우가 있다. 여행객들이 일정한 돈을 배분하여 공동으로 모금한 팁을 호텔의 벨 보이에게 전달하게 한다.

가이드들이야 각계각층으로 구성된 관광객들에게 서로 다른 문화적 배경을 일일이 이해시키기 어려워 그러하겠지만 관광객으로서는 무척 못 마땅할 때가 있다.

팁 내놓기가 매우 아까운 때도 종종 있다. 어떤 호텔에서는 옆방의 소란 때문에, 전등이 끊어져 불이 다 안 들어온다거나, 냉장고나 에어컨의 모터 소리가 너무 커서 잠을 설치게 되면 단 1달러도 놓기 싫은 게 사람 마음이다.

상대방을 기분 좋게 해주면 몇 달러 더 주는 팁도 아깝지 않지만 서비스가 불충분하면 기분도 나쁘고 팁 내기가 아깝다. '가는 말이 고와야 오는 말이 곱다'는 우리 속담이 팁에서도 잘 적용되는 말이다. 팁은 서비스 받는 사람의 마음 표시이기 때문이다.

식당에서 음식을 먹을 때에도 무뚝뚝한 사람들보다는 계속하여 "더 필요한 서비스가 없는가?"를 친절하게 물어오는 종업원에게서 한 두 가지 서비스를 더 받으면 저절로 감사하는 마음이 생겨 팁을 조금이라도 더 주게 된다.

## 체이스 빌리지 주변

우리가 일년 동안 거주했던 유진의 정다운 아파트 단지 이름이다. 유진 시내에서 자동차로 10분 정도면 닿을 수 있는 곳으로 모두 2층이다.

이 아파트 단지는 1998년 당시에 새로 지어져서 아주 깨끗하고 아름답게 꾸며진 정원에다 손색없는 레크레이션 시설이 돋보여 이 아파트에 산다고 하면 우리나라 사람은 물론 다른 외국인들도 '좋은 아파트에 산다'고 한마디씩 거들어 주곤 했다. 오리건 대학교도 가까워서 학생들도 많이 살고 있다.

이 단지에 사는 대학생들은 달리기를 하거나, 자전거를 타거나 또는 시내버스를 타거나 자동차를 모는 등, 각자의 취향에 따라 등교하는 방법이 다양하다.

한국에서는 동향(東向) 집에 살아서 오후에 햇볕이 잘 들지 않는 것이 늘 불만이었다. 1년이라는 짧은 기간이지만 우리는 햇볕이 잘 드는 남향집을 정해 2베드 2배스(2개의 침실과 두 개의 화장실)의 아파트에 세를 들었다. 당시 월세는 795달러였다.

우리는 남쪽으로 확 트인 창 밖으로 푸른 잔디에 저마다 아름다움

체이스 빌리지 아파트 단지

을 뽐내는 꽃들과 키가 큰 나무들 속에 둘러싸인 아파트의 2층에 새로운 거처를 마련했다.

이 아파트에서 아주 가까운 곳에 오리건대학교의 대형 야외운동장인 아천Autzen 스태디움이 있다.

이 아파트 단지에는 몇 개의 출입문이 있는데 그 중 두 군데에 커다란 클럽 하우스가 있고 그 안에는 오락실, 헬스클럽, 휴게실 겸 응접실, 간이수영장 등이 갖춰져 있다.

요즘에는 우리나라 최고급 아파트에도 그런 시설들이 마련되었지만 1998년 당시만 해도 무척 생소하여 호기심이 당겼다. 오락실에는 커다란 텔레비전과 당구대가 있고, 헬스클럽에는 각종 운동기구가 갖춰져 있다.

이 아파트의 주민들은 이를 자유롭게 이용할 수 있었고 옥외에 있는 미니 수영장과 그 옆에는 항상 김이 모락모락 피어나는 푸른색 바닥의 온탕(스파)도 있었다.

휴게실 겸 응접실에는 팝콘 기계가 있어서 심심풀이로 각종 음료를 마시면서 금방 파삭파삭하게 구워낸 팝콘을 먹을 수 있었다. 언제나 조용한 선율의 음악이 흐르고 서가에는 읽을만한 책들이 가지런히 꽂혀 있어서 조용히 독서에 빠질 수도 있게 만든 쾌적한 공간이었다.

그곳에서 본 단 한 권의 한글로 된 책이 있었다. 바로 성경책이었다. 한국사람 누군가가 가져와 꽂아놓은 모양이다. 우리는 틈나면 이곳에 들러 포켓볼을 치거나 책도 읽으면서 시간을 보냈다. 우리는 딸아이들에게 포켓볼을 배워 시간 나는 대로 꽤나 즐겼다.

이곳 전체를 관리하는 매니저는 돈Dawn이라는 이름을 가진 여성인데 상당한 미모에 체격도 컸다. 그녀는 우리 부부에게 항상 웃는 얼굴로 아주 친절히 대해주었다.

휴게실을 겸한 응접실에는 브라질 출신의 한 혼혈 여인이 일하고 있었다. 나는 남편이 학교에 간 후 시간을 내어 그녀에게로 다가가서 서툰 영어로 말을 걸었다.

"영어를 잘못하는데 말을 걸어도 되느냐?",

"일하는데 방해가 되지 않느냐?",

"나는 영어를 잘 못하니 이해해 달라",

"빗자루는 영어로 뭐라고 하느냐?",

"긴 대걸레는 무어라고 하느냐?",

"이곳에서 몇 시간 일하느냐?",

"내가 자꾸 물어봐서 귀찮지 않느냐?"

그녀는 나의 영어에 대해 자존심을 깎지도 않고, 창피를 주지도 않으면서도 대화에 응해 주었다. 그녀는 사실상 나에게 영어로 말하고 듣는 방법을 익히게 해주는 좋은 선생이었다.

그녀는 미국에 온지 20년도 넘었고 자기 나이도 벌써 50 가까이 되었다고 하였다. 내가 보기에는 30대 정도로 보였다. 서양 사람이 아시아사람 나이를 잘 알아보지 못하는 것처럼 나도 서양사람 나이를 짐작하지 못하기는 마찬가지인가보다.

그녀와 이리 저리 주고받은 덕분에 주섬주섬 말하다 보니 페인트 칠하는 백인 남자나 형광등 고쳐주는 남자와도 이따금 대화를 나누게 되었다. 그들 모두 나의 생활영어 교사이지만 특히 그녀에게 제일 큰 고마움을 느끼지 않을 수 없다.

그녀는 팝콘도 퍼주고 커피도 따라주면서 가끔 만나는 동서양의 같은 나이 또래 여자들끼리 인종의 차이를 넘어 공통의 관심사와 신변잡담을 나누었다. 그녀는 아주 부지런하게 일하며 이 클럽하우스를 깔끔하게 유지해 주었다.

우리 아파트의 1층에는 조단Jordan이라는 이름을 가진 4살 된 예쁜 여자아이와 대학생인 엄마가 단둘이 살고 있었다. 아파트 현관문 앞에는 비에 젖은 채, 아이 아빠의 것으로 보이는 책들이 널브러져 있었다. 엄마가 없는 동안 베이비 시터가 와서 이 아이를 돌봐주고 있었지만 아이의 얼굴에는 뭔지 모를 구름이 낀 듯 처량해 보이기까지 했다. 미혼모의 딸인지 이혼녀의 딸인지 알 수 없었지만 그 예쁜 꼬마가 항상 우리들의 관심을 움켜잡았다.

아파트에 바로 연결된 베란다 문을 통해 꽤 넓은 잔디밭으로 나와서 혼자 장난감을 가지고 뛰노는 모습이 워낙 귀여워서 말을 걸어보았다. 이름은 조단이라고 했고 나이는 4살이란다. 조단네 아파트에는 고양이 2마리가 살고 있었다. 조단은 나에게 "고양이 한 마리는 항상 한쪽 눈을 감고 있다"고 했다. 가끔 잔디밭을 가로질러 달리다가 베란다를 타고 2층인 우리 집까지 뛰어오르는 애꾸눈의 고양이는 바로 아래층 조단네 고양이였던 것이다.

며칠 지나 집 앞에서 조단과 애 엄마를 만났는데 내가 아이와 인사를 하니 아이의 엄마가 아이에게 "누구냐?"고 물어보는 것이었다. 그런데, 조단의 대답이 하도 귀여워서 지금도 생각이 난다. "마이 뉴 프렌드My New Friend"라고.

나이 쉰 살이 다 된, 자기 할머니 같은 사람을 자기의 새로운 친구라고—. 아마 그것이 미국식 표현인가보다. 지금은 무척 많이 컸겠다.

## 한국인 교회

한국에서 한국기독교장로회 교단에 소속된 교회를 다니던 나는 여기서도 교회에 나가고 싶었다. 많은 교회 중에서 어느 곳을 택해야 할지 몰라 이리저리 생각해 보았다. 처음에는 영어라도 귀동냥할까 싶어 미국 교회에 가보았지만 설교는 물론이고 예배 진행 사정을 도무지 알아들을 수 없어서 한국인 교회를 찾기로 했다.

1998년 여름 당시, 유진 시에는 한인교회가 네 곳 있었다. 수소문해 보니 두 곳은 교인이 가족 중심으로 구성되어 교인수가 얼마 되지 않는다고 하였고 두 곳은 제법 많은 수의 한국인들이 모인다고 했다.

이곳의 한 교회에 나갔다가 나는 전혀 생각지 않았던 옛 친구를 만나게 되었다. 중·고등학교와 대학교의 같은 학과를 다녀 10년을 한 울타리에서 지낸 친구다. 예배를 마치고 교회 문을 나서려는데 낯익은 사람이 서 있는 것 아닌가?

몇 년 동안 소식이 끊겼던 친구인데 이곳에서 만나게 될 줄은 꿈에도 생각하지 못했던 터라 깜짝 놀라 말이 안나왔다. 정말로 멍하니 서 있다가 한참이 지난 후에야 말문이 터졌다. 너무 반가웠을 때 나타나는 현상을 여기서 경험한 것이다. 그 후로 우리는 자주 만나서 지난날들을 이야기하며 둘만이 공유한 추억들을 만들었다. 그리고 그 친구와 많은 시간을 보내며 대화를 통해 미국생활에 많은 도움을 받았다.

## 수업과 방송에서 본 장애인 천국의 모습

유진 고등학교의 가정과 수업시간을 참관할 기회가 있었다. 내 친구가 그 학교에서 자원봉사를 많이 하여 학교 사정을 잘 알았다. 그녀의 도움으로 나는 사우스 유진 고등학교South Eugene High School의 가정과 담당선생님을 만났고 그 선생님의 수업을 참관할 수 있었다.

마침 내가 참관한 수업은 조리 실습 시간이었다. 수업이 시작되자 온갖 자유분방한 차림으로 들어온 남녀 학생들이 각자의 조리대 앞에서 열심히 자신의 일을 맡았다.

어떤 남학생은 아주 숙련된 솜씨로 식료품을 자르고 있기에 "어쩌면 그렇게 열심히 일을 잘 하느냐?"고 물었다. "훌륭한 조리사가 되어 가업을 이으려고, 선택 과목으로 조리 시간을 택해 열심히 배우고 있다"는 대답이었다.

같은 조에서도 열심히 하는 학생이 있는가 하면 하기 싫어서 대충 시간을 때우는 학생도 있는 것을 보니 미국 학생들 조리 수업이나 한국 학생들 조리 수업이나 시간 보내기는 아무 다를 바가 없었다.

그런데 그 중 두 학생의 얼굴이 내 눈에 확 띄었다. 그 애들은 몽골리즘 즉 다운 증후군을 가진 학생들이었다. 한 남자 선생님의 인솔 하에 이 두 명의 장애인 학생들은 정상의 고등학생과 다름없이 작업에 참여하고 있었다. 같은 조의 다른 학생들도 물론 잘 도와주면서 함께 작업을 하였다. 그 선생님은 계속하여 이들을 돌보면서 안전하게 수업을 이끌고 가사 실습이 끝난 후 다른 장소로 함께 이동하였다.

선진국에서는 장애자와 정상인의 통합 교육이 잘 이루어지고 있다는 말은 들었지만 내 눈으로 이 광경을 확인하고 보니 부럽기 한이 없었다.

우리나라에서는 장애자에 대한 사회적 편견과 오해가 심해서 부모들이 어쩔 수 없이 장애자 가정임을 숨기는 사람이 많다. 그러나 이곳은 길거리에서 장애자용 자동차나 휠체어를 타고 다니는 사람들이 눈에 띄지만 본인은 물론, 그들을 향한 다른 사람들의 시선도 전혀 특별하지 않다.

어느 날 미국 오리건 주의 공영방송OPB에서 한 시각 장애자가 색실을 가지고 나와 온갖 형상의 아름다운 미술품을 만드는 장면이 방영되었다.

이 프로그램은 시각 장애인에 대한 사회적 편견을 줄이고 장애인들도 정상인과 더불어 얼마든지 능력을 발휘하며 보람된 삶을 살 수 있음을 자연스럽게 교육하는 것이었다. 이것이 진정한 공영방송의 모습 아닐까.

이 곳 장애인들은 휠체어를 타고서 가지 못할 곳이 없다. 슈퍼마켓에 장애자용 전동 휠체어를 타고 나온 지체장애인을 처음 보았을 때는 참으로 신기했다. 우리나라는 누군가 도우미가 있어서 끌어주는데 그 장애인은 혼자서도 쇼핑을 잘 하고 있었다.

장애인 본인도 주변사람들의 시선을 아랑곳하지 않을 뿐 아니라, 다른 사람들도 이들에게 '이상한 관심을 갖지 않음이 장애자를 차별

하지 않음'임을 다시 한번 깨닫게 했다.

요즘에는 우리나라에서도 일반화되고 있지만 장애자용 차량을 세워두는 장소에 일반인이 차를 세운다면 주차료의 몇 배에 해당하는 벌금을 내야 한다는 사실도 당시엔 참으로 이해하기 어려웠다.

우리나라가 이처럼 장애자를 대우하는 날을 기대하는 것은 지금으로선 조급한 바람일 것이다.

누구에게나 정신적·육체적 장애는 예고 없이 찾아온다. 장애자와 그 가정이 사회적으로 차별과 냉대를 받지 않고, 평등하고 따뜻하게 살 수 있는 날이 오기는 올까.

장애인을 분리하여 보호하는 것을 기본으로 삼는 우리나라에서 큰 기대는 하지 않지만 하루 속히 장애인도 보통사람과 함께 살 그날이 오기를 바랄 뿐이다.

## 오리건 운전면허

한국에서 국제운전 면허를 발급 받을 때, 외국에 나가 1년간은 운전할 수 있다는 말을 들었다. 하지만 미국은 주마다 자동차 운전면허와 관련된 법이 다르다. 오리건 주에서는 국제 면허만 가진 사람이 입국해서 3개월 지난 후에 사고를 내게 되면 불법이라는 말을 전해 들었다.

그의 말을 확인할 필요보다 운전면허를 빨리 따야겠다는 생각이 들어 자동차 면허 등록사무소D.M.V에 가서 면허에 관한 책자를 가져와 읽기 시작했다. 몇 십 년 동안 영어와 담을 쌓아 왔던 터라 책자에 적힌 문장에서 모르는 단어는 일일이 사전을 찾아가며 세 번

쯤 훑어보고서야 필기시험을 치렀다. 한 번 떨어지면 1주 후에, 두 번 떨어지면 한 달 후, 세 번 떨어지면 6개월이 지나야 다시 시험 볼 기회가 주어진다는 말을 들었다.

빠른 시일 내에 운전면허 시험에 붙기 위해서 내 나름대로 열심히 준비했다. 다행히 나는 처음 본 필기시험에 합격이 되었지만 다음 치를 실기시험이 더 큰 걱정이었다. 한국에서 십 수 년 동안 매일 출근하면서 익힌 운전솜씨라 크게 걱정은 하지 않았지만 들리는 말로는 "시험관들이 한국 사람들에게 아주 까다롭게 굴어 점수를 박하게 주기 때문에 한번에 면허를 취득하기가 힘들다"는 것이었다. 동행하는 시험관이 여자이거나, 흑인인 경우에는 특히 더 까다롭다는 소문도 있었다.

어떤 사람이 시험관이 될까 조마조마하고 있는데 여자 시험관이 나타났다." 영어를 잘 하느냐?"고 물어서 "No"라고 했더니 다른 남자 시험관이 와 주었다. "옳지, 잘되었다"는 생각이 들면서 붙을 것 같은 예감이 들었다.

좌회전, 우회전할 때 백미러를 통해서만 볼 것이 아니라 고개를 뒤로 돌려서 밖을 내다봐야 한다는 것, 기차 길과 교차하는 곳에서는 속도를 늦출 것, 교차로에서 차선을 변경할 때는 자전거 길에 사람이 있는지를 잘 살펴볼 것 등 머리 속에 주입시켰던 그대로 운전하려고 노력했다. 시험이라니까 떨려서 진땀이 났다.

마침내 출발했던 장소로 다시 돌아오자 시험관이 나의 운전에 대한 평을 해 주었다. "좌회전할 때, 2차선에서 바로 1차선으로 꺾어 들어왔다"는 지적에 덧붙여 몇 가지 설명을 해주는데 잘 알아들을 수 없었다.

멍청하게 그러나 잠시 긴장하고 있었더니 점수를 말해 주었다. 합격이었다. 단 한번에. 10년 넘게 운전한 사람이니까 합격해야 당연하겠지만 외국인들일수록 많이 떨어진다는 미국 운전면허 시험에 이렇게 쉽게 합격 발표를 들으니 그 자리에서 날아갈 것 같았다.

잠시 후에 적성검사라며 "상자 속에 보이는 그림을 보고 설명하라"고 하였다. 길이 합쳐지는 그림이 나왔는데 '멀즈merge'라는 단어가 생각나지 않아 우물쭈물 영어로 대답을 하지 못하여 떨어지는 줄 알았더니 그것도 다행히 통과되었다. 지금도 길을 가다가 도로가 합쳐지는 그림을 보게 되면 나는 '멀즈' 라는 단어가 떠오른다.

## 미국 카지노의 모습들

우리나라에서는 카지노를 국민들의 도박욕구와 직결시켜 생각한다. 하지만 미국관광이라면 LA의 할리우드Hollywood와 디즈니랜드Disneyland 방문은 물론이고 라스베가스에 가서 한번쯤 슬롯머신Slot Machine을 당겨 보는 것을 정규 관광코스로 당연하게 받아들인다.

미국의 카지노는 도박을 공인하는 주인 라스베가스가 있는 네바다Nevada 주 전역에 숱하게 많다. 하지만 서부 다른 주의 카지노는 라스베가스의 카지노와 느낌이 다르다. 카지노에 출입하는 보통의 미국사람들은 주로 노부부나 홀로된 할아버지와 할머니, 또는 장애자들이나 트레일러 기사를 비롯하여 운전자들이다. 이들이 심심풀이 삼아 들러 놀다가 값싸게 식사나 숙박을 해결하고 떠나는 곳이 카지노이다.

카지노에서 제일 자주 보는 풍경은 마치 우리네 노인정에 노인들이 모여 10원 짜리 동전으로 화투놀이를 하는 것과 흡사하다. 대부분의 노인들은 1달러짜리 지폐 여러 장을 가지고 이 기계, 저 기계를 돌아다니며 슬롯머신을 누른다.

카지노에 설치된 레스토랑이나 뷔페의 음식값과 호텔 비용이 아주 싸기 때문에 길목을 잘 아는 여행자들은 이 곳에서 숙식을 해결하며 여행경비를 절약할 수도 있다.

다른 나라에 가서 잘 적응하면서 살아가려면 매사를 그 지역에 오래 살아 온 사람들이 사는 방식대로 따르는 게 상책이다. 카지노에서도 놀이를 하더라도 그 나라 그 지역 토박이들이 하는 방식대로 좇아서 잠잘 시간에 잠자고, 식사시간에 식사하고, 떠날 시간에 떠나는 대로 따라 하면 슬롯머신이나 가벼운 도박도 레크리에이션이 된다.

슬롯머신(나는 이 기계의 조작이 컴퓨터 자판을 두드리는 것 같아서 남편에게 이 기계를 '딱따기'로 부르자고 제안하여 우리들은 '딱따기'라고 부른다)도 종류별로 천태만상이다.

컴퓨터 그래픽의 발달로 슬롯머신은 이제 노인들의 눈과 귀를 즐겁게 해주고 시간을 보내는 말동무가 되기도 한다. 외로운 노인들에게 슬롯머신은 좋은 친구 노릇을 단단히 하고 있는 셈이다. 요즘은 기계를 옮겨 다니면서 게임을 하더라도, 옛날처럼 동전통을 들고 다닐 필요가 없다. 이따금 어떤 기계에서는 그래픽의 장면을 설명하는 말소리도 자연스럽게 들린다.

카지노에 출입하는 중국 사람들이 많으니까 그들을 상대로 중국요리 접시에 한자가 쓰인 그림 화면을 갖춘 기계도 있다. 일본인을 상대로 한 기계로 활짝 핀 벚꽃 나무에 키모노를 차려 입은 일본인 게이샤와 무사의 모습을 담은 화면도 있다. 슬롯머신의 화면에서도 국력의 세기를 가름할 수 있었다면 지나친 호들갑일까?

슬롯머신 조작 때 나오는 의성어도 가지가지이다. 병아리 울음소리, 새소리, 호랑이의 포효, 자동차 달리는 소리, 피아노 치는 소리, 폭탄 터지는 소리, 유전에서 석유가 뿜어져 나오는 소리, 총소리, 괴물 유령의 소리, 간단한 영어퀴즈와 그 정답까지 다양하다. 일방적인 커뮤니케이션이긴 하지만 슬롯머신은 라디오나 텔레비전 수상기 몫까지 맡고 있는 셈이다.

서부의 많은 카지노 슬롯머신은 컴퓨터로 자동 처리되어 현금화할 금액이 찍힌 쪽지가 자동 방출되게 조작방법이 바뀌었다. 영화의 한 장면에서 보듯이 슬롯머신을 당기는 곳도 있지만 요즘 서부 3개 주의 카지노에 설치된 슬롯머신은 모두 버튼을 누르기만 하면 되는 전자식이다. 슬롯머신 게임을 하는 이들은 이 쪽지들을 모았다가 캐셔에 가서 바꿀 수도 있고, 자기가 게임을 즐기던 슬롯머신에 남은 돈의 액수가 찍힌 현금 대용 티켓을 뽑아 이 기계 저 기계를 옮겨 다니며 놀이를 즐길 수도 있다.

몇 년 전만 해도 워싱턴 주의 카지노에는 현금 대용 티켓이 나오는 곳이 없었다. 그런데 최근에는 서부의 다른 주들에서처럼 현금 대용 티켓이 방출되는 업소와 기계가 늘었다.

미국 서부의 카지노에는 딜러를 비롯하여 황색 인종들이 많이 보인다. 백인이나 히스패닉 계 사람들은 우리나 중국인, 일본인 할 것 없이 아시아인들을 대개 중국 사람으로 보는 것 같다. 그래서 그들은 '댕큐' 대신에 '씨에씨에' 하고 중국말로 감사하는 말을 자주 걸어온다. 카지노 뷔페 중에는 중국 요리나 일본식 김밥 등의 아시안 음식들에 김치가 나오는 곳이 꽤 있다.

## 나이니 나인(99)

여느 한국 사람처럼 나도 영어라면 머리를 절레절레 흔들었던 사람이다. 처음 미국 생활을 할 때는 사방에서 영어만 들리니 아무것도 알아들을 수 없었다. 언어 환경이 달라지니 머리가 혼돈상태라 가뜩이나 어려운데 흔히 말하는 커뮤니케이션이 제대로 될 리 없었다.

그러다가 영어습득을 위해서 어린이를 위한 교육방송 프로그램을 보거나 광고방송을 듣는 것이 좋겠다는 생각을 하면서 반복되는 광고방송을 열심히 듣기로 하였다. 그 중에 유독 귀에 잘 들리는 소리가 있었다. 나이니 나인(99). 하도 여러 번 듣다보니 나이니 나인이라는 소리가 입에서 저절로 나왔다.

텔레비전 뿐 아니라 신문에서도, 광고 전단지에서도 숫자 9는 눈에 익어버렸다. 서양 사람들은 럭키 세븐 7을 좋아하는 줄 알았더니 7보다는 9를 더 좋아하는 것 같다.

100달러보다는 거기서 1센트를 뺀 99.99달러가 사람들에게 조금이라도 더 싸다는 인식을 주기 때문에 생겨난 상술이리라. 이런 1센트 또는 1달러 감해지는 상술은 왠지 속임수인 것 같아 나는 그리 기분이 좋지 않았다.

1센트나 10센트, 또는 1달러 등이 도네이션 박스에 들어가 '티끌 모아 태산' 되어 좋은 곳에 쓰이는지 모르겠으나 그들은 정확한 상거래를 과시하듯, 1센트조차도 꼬박꼬박 거슬러 주었다.

이제 한국에서도 990원, 9,900원, 499,000원 하는 등의 판매가격 표시 제도를 들여와 사용하는 것이 보편화되어버렸다. 차츰차츰 자본주의 선진국이라는 미국을 닮아 가는 모양이다.

## 미국의 공공방송

미국의 공공방송은 흔히 교육방송이라고 말한다. 공공방송은 주민들의 필요와 이익과 편의를 위한 방송으로 우리나라의 1999년 당시 교육방송과는 많이 달랐다. 대개 공공방송의 컨텐츠는 우리의 교육방송과 달리, 더 많은 소수자용 프로그램이나 아동 또는 노인 대상 프로그램이 주를 이루는 것 같다.

미국의 공공방송은 대부분의 주에서는 해당 주립대학의 신문방송학과가 교육을 겸해 프로그램을 편성하고 제작하지만 오리건 주에서는 별도의 공공방송회사로 오리건 공공방송OPB에서 이 일을 맡고 있다.

이 방송에서도 상업방송보다 공공의 목적에 맞추어 엄선된 광고와 가끔 공공방송 기금 출연을 권하는 자체 광고를 한다. 여기서 나오는 돈은 모두 공공을 위한 방송용으로 쓰인다.

미국에 처음 왔을 때 나는 다른 방송보다 공공방송과 날씨 전문 방송을 많이 들었다. 공공방송은 어린이들이나 외국인도 알아듣기 쉽게 천천히 또박또박 말하기 때문에 미국에 처음 온 사람들이 시청하기에 좋은 것 같다.

외국말인지라 의미를 모두 잘 알아듣지는 못하지만 음식이나 퀼트 작품 만들기, 또는 정원 가꾸기 등, 내가 많은 관심을 가진 분야의 프로그램을 시청하노라면 내용을 빠르게 이해할 수 있었다.

공공방송은 자꾸 보고 들을수록 다른 내용도 무리 없이 알아차릴 수 있게 해 나로 하여금 커뮤니케이션의 희망을 선사해 주었다. 틈나는 대로 정말 고맙게 이 방송을 즐겨 시청했다.

## 오리건의 히피들

집 없이 거리를 돌아다니는 이들, 1년에 몇 번 목욕을 하는지 알 수 없는 이들. 겨울이 되어 미국 동부지역에 눈이 쌓이고 날씨가 추워지면 상대적으로 따뜻한 서부를 찾아 떠돌이 생활을 하는 사람들. 이들이 '히피'족이라는 것쯤은 우리도 대개 알고 있다.

겨울이 오면 뉴욕 같이 추운 대도시로부터 비교적 따뜻한 시골이면서 추적추적 비가 내리는 오리건 같은 곳으로 모이는 히피들을 쉽지 않게 만날 수 있었던 곳이 유진이다.

남편의 소개로 처음 이들을 만났을 때는 무섭기도 하고 더럽기도 하고 신기하기도 하여 흘깃 흘깃 쳐다보다가 겨울이 깊어가면서 나도 그들을 만나는 것에 차츰 익숙해졌다.

1960년대에 당시의 매스컴을 통해 '히피'족 소식을 알았지만 부자 나라에서 자유로움을 갖는다고 헝클어진 머리에 누덕누덕 떨어지고 덕지덕지 때가 묻어 반들거리는 옷차림을 한 그들을 직접 대하며 처음에는 씁쓸한 미소를 지었다. "부자 나라 미국도 노숙자가 있는 건 별 수 없구나" 하면서 말이다.

그러나 남편은 베트남전쟁에서 스스로를 '20세기의 노예20th Century's Slave'라고 불렀다던 미군 병사들과 생활한 탓에 겁도 없이(?) 그들에게 쉽게 다가가길 좋아한다. 남편은 히피들과 자연스러운 대화를 통해 미국의 진면모를 보아야 한다면서 곧잘 그들이 많이 모이는 그레이하운드 버스 터미널에 가서 즐겁게 대화를 나누곤 했다. 처음에는 남편의 그런 모습이 징그럽기까지 했지만 나중에 그들과의 대화를 엿듣다 보니 그들 중에는 동부의 아이비Ivy 리그 출신도 여럿 있다는 것을 알게 되었다.

우리들의 유진 친구로 요새는 한국에 나와 영어 강사를 하고 있는 로나Lorna도 히피들 중에는 오리건 주의 기후 조건이 좋아 미국 전역을 돌아다니다가 정착한 사람도 꽤 있다고 귀띔해 주었다.

물론, 히피의 자녀들도 학교에 다닌다. 그런데 히피의 자녀들은 히피 부모와 같은 생활 습관을 가지고 있어서 보통 집 아이들이 그들과 짝이 되면 고역이란다. 이 아이들도 부모처럼 역시 목욕도 하지 않아 지독한 냄새가 나기 때문에 같이 수업을 받을 수가 없다는 것이다. 그런데 만일에 이들과 짝이 된 학생이 담임선생님에게 히피 아이가 아닌 다른 아이와 자리를 바꿔달라고 해서 선생님이 이에 응하면 히피를 차별하는 인권침해가 되기 때문에 자리를 바꿔줄 수도 없다는 것이다.

또 한 가지 재미있는 일이 생각난다. 어느 여름날이었는데 유진에서 가까운 베니터 Venita 부근의 어느 큰 초원에서 1년에 한번씩 참가자 모두가 벌거숭이 누드 차림으로 행사를 벌인다는 소식을 들었다. 멋진 구경을 할 수 있을 것이라는 기대감과 함께 우리도 가식으로 입은 옷을 홀라당 모두 벗어 던질 마음의 준비를 단단히 하고 묻고 물어 행사장에 찾아갔다. 하지만 행사는 다 다음 날부터이고 우리는 천막 등을 치면서 분주하게 행사를 준비하는 사람들만 만날 수 있었을 뿐이다. 일진이 안 좋았다고 스스로에게 둘러대며 조금은 계면쩍었지만 좋은 볼거리를 놓쳐 버린 것이 아쉬웠다.

### 코스코Costo와 월마트Wal-mart

2000년대 들어서면서 한국에도 미국의 소비자 상대 대형 도매상점인 코츠코가 개점했다. 우리나라에서는 모두들 코스트코라고 부르지만 미국 사람들은 코스코라고 해야 알아듣는다.

또한 미국의 소매점인 월마트도 들어와서 다품종과 대량 공세로 우리 고유의 상표인 이마트E Mart나 킴스 클럽Kim's Club, 프랑스 상표인 까르푸Carrefour 같은 대형 할인점을 경쟁상대로 물류유통 시장에 뛰어들었다. 앞으로 더 많은 미국계 유통 회사들이 물량 공세로 우리나라 도소매시장에 들어오면 중소 슈퍼체인과 재래시장은 어떻게 살아남을까 걱정이다.

미국은 땅이 워낙 넓어 대개의 상가 건물은 1층만으로 퍼져 있다. 코스트코든 월마트든 대형 매장은 대부분 1층이고 에스컬레이터가 있는 곳은 드물다. 반면 우리나라는 땅이 비좁아 5·6층 높이이기 때문에 물건을 사서 주차장까지 가려면 카트를 끌고 에스컬레이터나 엘리베이터를 타야만 한다.

어쨌거나 1998년 당시로서는 코스트코와 월마트가 우리에게 생소하여 처음에 깜짝 놀랄 수밖에 없는 일이 몇 가지 있었다.

이 두 도소매 할인점들은 국경을 넘어가 캐나다에서 산 물건을 미국 어느 주에서나 바꿔줄 뿐만 아니라, 미국에서 산 것을 한국에서도 그대로 교환해 주거나 이유 있는 불만을 제기하면 반품과 함께 환불도 해준다. 상품에 대한 소비자의 확신과 유통업체에 대한 신뢰도가 높아지니 앞으로는 더욱 많은 구매자들이 이들 매장으로 몰릴 것이다.

미국에서는 1999년에 코츠코가 전기전자제품 등의 고객 불만족 반품 기간을 1년으로 정하고 있어 구매 후 6개월이 지나서도 또는 썼던 물건이라도 마음에 안 든다는 구체적인 이유를 말하고 교환이나 환불을 요구하면서 물품과 영수증만 제시하면 언제든지 물건을 바꿔주거나 현금을 되돌려 주었다. 처음 겪는 일이라 참으로 신기했다.

이제는 반품 정책이 바뀌어 6개월 이내로 반품과 교환을 제한하지만 이렇게 소비자의 만족을 구하며 신용을 쌓는 방식이 장사 잘하는 비법인 듯하다. 다양한 물건을 다량으로 쌓아놓고 각양각색의 고객을 상대하면서도 언제나 소비자에게 친절하게 대하는 그들의 상술을 배워야 한다.

우리는 한국의 코스트코에서 몇 차례 서비스 문제로 실랑이를 벌이기도 하고 종업원의 불친절과 거만함에 불만을 신고한 적도 있지만 그 다음에 가 봐도 그 버릇은 여전하다. 아마 미국과 한국의 상거래 문화가 달라서 그런가 보다.

미국에서는 최근에 LA의 로스펠리츠Los Felitz 부근 코츠코에서 필요한 물건을 찾는 우리에게 흑인인지 히스패닉 계인지 모를 종업원이 기분을 조금 상하게 한 적은 있었지만 한국에서처럼 항의할 정도의 불만족을 경험한 적은 없다.

코츠코의 카운터에서 계산을 마치면 종업원들은 남녀 구별 없이 똑같이 대기하고 있었다는 듯이 무거운 물건도 들기에 적당한 크기의 상자 안에 넣어 카트에 담아주며 최대한의 친절을 베푼다. 이들의 근무태도를 보면서 우리나라 코스트코의 예쁘게 화장했지만 불친절한 종업원 생각이 떠올랐다.

우리나라 코스트코에는 카트를 끌고 매장이나 주차장을 오르내리는 고객들을 위해 층마다 한 명씩 도우미를 배치하고 있다. 그런데 이 도우미들은 대부분 예쁘고 날씬하지만 힘도 없어 보이는 사람들로 카트를 끌어 당겨 주는 시늉만 하는 것 같았다.

2005년에 겪은 일이다. 카트가 미끄러져 산 물건이 에스컬레이터 바닥으로 떨어졌다. 낭패를 당한 우리에게 도우미는 그 물건을 주워주려 하기보다는 오히려 물건을 에스컬레이터에 구르게 만들었다고 야단쳤다. 이들 도우미는 구매자를 야단치고 무안 주기 위해 채용되었을 리 만무하다. 나는 단골고객으로써 불만을 제기하며 한국의 코스트코는 이들이 구매자들에게 예쁜 모습의 종업원을 자랑하기 위한 것이 아니라면 도우미 역할을 분명히 하도록 교육시켜 줄 것을 건의한 적이 있다.

미국처럼 소비자 도우미라면 외모만 보고 뽑을 것이 아니라 건강하고 힘이 세서 즐거운 마음으로 카트를 끌어올리거나 다이어트를 하는 기분으로 구매자의 짐을 챙겨 주는 사람들을 채용하는 것이 바람직하다.

월마트에는 값싼 의류제품들이 많이 구비되어 있다. 예전에는 한국 상품의 질이 좋고 값도 싸서 인기가 좋았다고 한다. 요즈음에 와서는 한국산은 가격이 비싸 서부의 월마트에서 메이드 인 코리아 made in Korea가 중국 상품에 밀려 찾아보기 어렵다. 바느질과 색상이 좋다고 느껴져 눈길을 끄는 의류가 있어서 살펴보면 바로 우리나라 제품이었다. 반갑고 뿌듯했다.

다른 업종보다 열악한 조건에서 일하는 우리나라 섬유 노동자들의 월급을 올려줘야 마땅하나 그것이 제품 가격의 인상 요인이 되고 값이 비싸 다른 나라 제품과 가격 경쟁에서 밀려 수출길이 좁아진다고 생각하니 참 답답했다. 노동집약형 산업인 섬유류 제품이더라도 값싸게 좋은 물건을 공급할 묘수는 없을까 생각도 해보았다. 가격경쟁이 안 되면 품질경쟁으로 승부를 걸어야 하겠지만 내 생각처럼 경영과 무역은 그리 간단하지 않겠지.

## 세이프웨이 앞의 분리 수거용 폐품통

미국 서부 곳곳에는 '세이프웨이'라는 이름의 대형 슈퍼체인이 있다. 아이다호 주의 소읍에서 20세기 초에 창업했다는 이 체인은 오리건 주와 워싱턴 주에서 오히려 각종 물류를 취급하는 대표적인 소매상점으로 거의 모든 동네마다 들어서 있다.

이곳에서도 멤버십 카드를 소지한 고객에게 일정액을 할인해 주거나 쿠폰도 주기 때문에 일찌감치 우리는 세이프웨이 회원이 되었다. 한국의 대형 할인매장들처럼 아주 다양한 물품을 구비하고 있어 거의 모든 생활 용품을 이곳에서 편리하게 살 수 있다.

플로리다 주나 캘리포니아 주의 LA에서는 왈그린Walgreen의 연쇄점이 눈에 많이 띈다. 유진에도 물론 왈그린이 있지만 우리는 아파트에서 가까운 세이프웨이의 단골이 되었다.

코버그 로드Coburg Road의 세이프웨이에는 두 명의 메리Mary가 7-8년의 세월이 흘러 2006년 2월에도 조금은 늙었지만 한결같은 모습으로 카운터를 지키고 있었다.

우리가 자주 드나들던 이 곳 세이프웨이 출입문 벽 앞에는 각종 캔과 술병 등을 분리 수거하는 쇠로 만든 커다란 통이 있다. 어린아이들이 부모와 함께 자동차를 타고 빈 병과 깡통을 한 자루 가득 들고 와서 폐품수집 통에 병과 캔을 나누어 집어넣으면 기록용 화면에 5-10센트씩 정해진 폐품 대금이 자동으로 계산된다.

아이들은 이 숫자들을 보며 신나게 폐품 투입구에 병이나 캔을 넣는다. 규격이 다른 병이나 캔이 들어가면 다시 통 밖으로 튀어나온다. 이 통에 폐품을 넣으면서 아이들은 자연스럽게 폐품 분리수거 교육을 받는 것이다. 집에 모아 두었던 폐품을 가지고 와서 용돈도

세이프웨이 출입구 앞의 쓰레기 분리수거장치

마련하게 하고 재활용으로 인한 물자 절약도 되니 일거양득인 셈이다.

우리나라에서는 폐품을 모아서 가게에 갖다 주어도 수집하는 날짜가 아니라고 받아주지 않거나, 공간이 비좁아서 아예 폐품 받기를 거절하는 경우가 많다.

우리도 자동화와 기계화라면 미국에 그리 뒤지지 않을 것이다. 그러니 곳곳에 이처럼 폐품 분리수거용 기계를 설치해 놓는다면 선생님들이 학생들에게 입이 부르트도록 쓰레기를 '분리 수거하라'고 교육하지 않아도 자연스럽게 습관이 형성될 터인데 참 아쉽다.

우리나라는 돈벌이를 위한 게임 놀이기구를 곳곳에 설치할 수 있는 능력이 있는 나라다. 환경부는 이와 같이 돈도 주고 편리한 자동 분리수거 장치를 만들어서 대형 할인점이나 학교, 또는 공공기관에 설치해 놓았으면 한다. 당장은 비용이 좀 들더라도 장기적으로는 폐품 재활용의 이득도 있고 환경 보호도 될 게다.

## 영어 말하기와 미국 생활

감히 말할 수 있다. 미국에서는 영어를 잘 못해도 잘 살 수 있다. 돈을 벌려는 사람은 영어를 잘 해야 하지만 돈을 쓰는 사람은 못

해도 되고, 안 해도 크게 불편하지 않다. 영어를 좀 아는 체하면 오히려 손해를 볼 수 있지만, 말을 못하면 언어 장애자로 생각하여 그런지 오히려 도와주려고 한다.

영어가 서툴다고 하여 핀잔을 듣고 기분 나빴던 곳은 오히려 오스트레일리아 땅이고, 영어를 잘 해서 이익을 본 곳은 프랑스였다. 프랑스 사람들에게 영어로 물으면 자존심 때문에 모른 척 하고 불어로 대답한다는 일화는 헛소문이었다. 어쨌든 그것은 다음에 쓰겠다.

영어 말하기와 듣기 능력에 대한 평가는 평가자의 의식 문제인 것 같다. 슈퍼에서는 가격이 정찰제이기 때문에 물건을 골라 바구니에 넣기만 하면 계산대에서 기계가 다 알려주니까 눈으로 확인만 하면 된다.

미국에서 영어 못한다는 사실이 자랑할 일은 아니지만 우리가 만난 미국인들은 우리의 서투른 영어가 속으로 못마땅한지 몰라도 겉으로는 전혀 싫은 티를 내지 않았다. "모국어가 아니니까 당연하지 않겠는가" 정도가 그들의 첫 반응이다.

물론, 생활에 조금은 불편을 느낀 경험도 있다. 처음에는 영어를 못해 무척이나 주눅이 들었다. 그러나 "거지들도, 꼬맹이들도, 미국인이면 다 말을 잘하지 않는가!" "그들도 한국말 할 줄 모르는 것과 무엇이 다르겠는가" 하는 생각에 영어를 잘 못함을 대수롭지 않게 여기게 되니 마음이 한결 편해졌다.

어느 여름날, 뉴욕 비행장에서는 여자 순경이 자기의 말귀를 빨리 못 알아들으니까 비행기 타는 문 앞까지 직접 안내해 주었고, 유진 공항에서는 수하물 휴대 허용 중량을 초과하여 실으려 했을 때 영어로 설명을 못하니까 그들이 답답해 하며 할 수 없이 초과 비용을 물리지 않고 짐을 실어 주었다. 오히려, 영어를 유창하게 하는 사람이 옆에서 도와주니 수화물 초과운송비를 물던가 허용 수화물 초과량만큼 짐을 덜어내어야만 했다.

다행히 우리 인간은 말 이외에도 손짓발짓으로 하는 세계 공통인 바디 랭기지와 의성(擬聲)의 소리가 있어 언어를 보충하고 의미를 공유하게 해 준다.

누군가 들려준 이야기다. 어느 한국 노인이 아들에게 속달편지를 보내야 하는데 영어를 잘 할 줄 몰라 쩔쩔매다 생각난 것이 있어 우체국 직원 앞으로 나갔다. 편지를 내밀고는 영어 단어와 의성어를 섞어 겨우겨우 표현했단다. '이거 늦게 가면 안 되고 빨리 가야 하는 편지다'라는 뜻으로. 그랬더니 우체국 직원은 노인의 이 표현을 이해했고 편지는 속달로 아들에게 잘 전달되었단다.

### I-5 인터스테이트 프리웨이Interstate Freeway

I-5 프리웨이는 내가 수십 차례 오르내리다 보니 가장 친숙한 길이 되어 눈을 감아도 환히 떠오른다.

아이(I)는 주와 주 사이를 연결하는 도로다. 아이 프리웨이는 대개 한, 두 단위 숫자로 표시된다. 세 단위 숫자는 대도시 주변에서 아이(I) 프리웨이를 연결해 주는 길인데 도시의 규모의 따라 세 자리 숫자의 아이(I) 도로도 있다.

LA나 샌프란시스코 같은 대도시는 거미줄처럼 많은 아이(I) 프리웨이가 도로와 도로 사이를 연결한다. 미국 사람들은 이를 줄여서 아이(I) 몇 번이라고 부른다.

나는 다음에 여행하게 될 우리나라 사람들에게 서부의 대동맥인

I-5 프리웨이 남쪽 길

이 길을 확실히 알려 주고 싶다.

요즘에는 자동 네비게이터를 부착하는 경우가 많아졌지만 시속 백 Km 이상으로 고속도로를 달리면서, 화면을 보기도 위험하고 영어로 설명하는 말도 그렇게 간단하게 들리지 않는 나 같은 사람들을 위해 이 대목을 쓴다.

초기에는 길이 헷갈려 프리웨이를 잘못 들어왔거나 잘못 나와서 큰일 났다는 생각에 옆 좌석에 앉아 네비게이터를 해주는 남편과 여러 번 다투기도 했다. 하지만, 대개 1.6 Km(1마일)마다 나들목이 있어서 길을 잘못 나갔더라도 곧바로 다시 프리웨이로 진입할 수 있다는 것을 알고 난 후부터는 마음 편히 이 길을 다닐 수 있게 되었다.

미국 내의 I-5 프리웨이는 무려 2,210 Km(1,381마일)나 된다. 서울에서 부산까지 5번 정도, 왕복 2번 반 정도의 거리이다.

워싱턴 주에서는 캐나다의 99번 도로와 연결되는 국경선의 마지막 나들목 276번부터 오리건 접경인 미국 워싱턴 주의 밴쿠버 1번 나들목까지 442 Km이다.

오리건 주에서는 오리건-워싱턴의 접경 307번 나들목에서부터 남쪽으로 오리건-캘리포니아의 접경인 애쉴랜드 1번 나들목까지가 492km다.

캘리포니아 주에서는 오리건-캘리포니아 접경인 힐트Hilt의 798번 나들목에서 주도인 새크라멘토Sacramento를 거쳐 미국 서쪽 영토의 맨 남쪽 도시인 샌디에이고 까지 1,277km이다. 그리고 이 길의 미국 남쪽 끝은 멕시코의 티후아나Tijuana에 연결된다.

이 도로변에는 여러 모습의 쉼터가 있다.

쉼터에는 몇 십 미터씩 죽죽 뻗은 나무가 울창한 수풀을 이룬 곳도 있고 최근에 새로 개설하여 어린 나무들이 이식되어 뿌리를 내려가고 있는 곳도 있다.

오래된 쉼터는 여름이면 운전으로 지친 사람들에게 시원한 그늘을 마련해 편히 쉴 수 있게 하는 곳이 있는가 하면, 저 멀리 지평선이 보이는 곳도 있다. 여름날의 어느 쉼터는 누런 소의 엉덩이 같아 보이는 사막지대 중간에 오아시스를 연상하게 하는 곳이다가, 겨울이 되면 녹색 양탄자를 깔아놓은 듯 부드러운 풀들로 이루어진 초장의 한 가운데가 되는 곳도 있다.

미국 서부의 고속도로 길섶은 참으로 다양한 모습이다.

## 오리건 해변의 101번 고속도로

짙푸른 태평양의 수평선을 곁눈질하며 남북으로 달리는 도로. 1년 넘게 살면서 한국이 생각날 때 우리는 가끔 오리건 서해안의 이

도로를 달리며 지는 해를 바라보는 것으로 향수를 달랬다.

101번 고속도로는 워싱턴 주의 올림픽 국립공원을 한바퀴 돌아 남쪽으로 내려오다가 오리건 주의 아스토리아 쪽으로 놓인 길고 튼튼한 다리를 건너 링컨 시티와 플로렌스, 쿠스베이를 거쳐 캘리포니아 주의 크레센트시티를 지나고 샌프란시스코로 향한다.

오리건 주를 지나는 101번 고속도로의 길이는 560km(350마일)로 서울-부산보다 더 먼 길이다. 오리건 주의 I-5 에 비해 101번 고속도로는 굴곡이 심한 해안선을 따라 길을 닦았기 때문에 69km(43마일)나 더 길다.

이 도로를 달리다 보면 물개들이 떼지어 숨바꼭질하며 물장구치는 모습, 해변가 바윗돌에 부딪쳐 흩어지는 하얀 물보라, 가볼 때마다 새로운 모습으로 변해버리는 모래언덕, 태평양과 이어진 강하구에서 윈드서핑을 즐기는 젊은 남녀들의 시원스러운 모습을 보게 된다.

뿐이던가. 싱싱한 게를 낚아 올리고는 그대로 놓아주는 한가로운 낚시 모습, 겨울에는 회색빛을 띠고 무섭게 치솟았다가 부서지는 파도가 도로 위로 솟구칠 듯 강렬한 힘을 느끼게 하는 바다, 때로는 눈발 휘날리다가 모래바람이 세게 불어 걷기도 힘들 정도인 길이 이곳이다.

이렇게 샌프란시스코부터 해변가의 1번 도로와 갈라졌다 다시 만났다 하면서 LA까지 이어진 서부 해안 주변의 수천 km 고속도로가 바로 101번이다.

이 도로에는 곳곳에 낭만과 젊음이 넘쳐 나고 태평양 저 건너를 생각하면 희망과 추억이 교차한다.

### 미국 사막의 모습

미국의 사막이라고 하면 대개 미국 영화에서 가끔 보았던 장면, 끝없는 사막을 따라 길게 뻗은 도로에서 커다란 트럭의 추격을 받으며 전속력으로 도망치는 자동차를 떠올린다.

그러나 내가 연상했던 것은 그 사막의 일부분이었다. 사막을 가로지르며 거의 곧게 쭉 뻗은 고속도로에서는 시야를 가릴만한 다른 차들을 보기 어렵고 간간이 화물트럭과 승용차들이 나름대로 목적지를 향하여 부지런히 달리고 있을 뿐이다.

도로 양쪽 길섶에는 야생동물들이 고속도로로 뛰어들어 자동차에 치이는 사고를 막아주기 위해 설치한 철책이 가지런하다. 이 철책에 대해 우리도 처음에는 어떤 관광가이드가 그룹 투어에 참가한 관광객에게 설명하듯이 사람들이 사막으로 들어가 독사나 전갈 등에 물리면 위험하기 때문에 설치한 것으로 알았다.

그러나 이것은 사람 위주의 해석이었다. 그보다는 도로 옆의 철책은 많은 야생동물들이 갑자기 차도로 뛰어 들어 치어죽거나 뜻하지 않은 교통사고를 예방하기 위한 것이라는 설명서를 읽으면서 사물을 볼 때, 초점을 어디에 맞추는가에 따라 인식 결과와 그로부터 생산되는 지식에 매우 커다란 차이가 있음을 다시 깨달았다.

사막을 가로지르는 고속도로는 쫓고 쫓기는 추적의 현장이 아니라 저 멀리 보이는 지평선과 푸른 하늘을 유유히 흐르는 한 조각 흰 구름을 보면서 마음의 평안을 한없이 만끽할 수 있는 길이었다.

사막에 피어 있는 이름 모를 꽃들은 이곳저곳 장소에 따라 모양과 색을 달리하며 자신의 멋을 마음껏 뽐낸다. 하지만 꽃들은 자연환경에 순응하며 사막과 야생동물과 더불어 함께 조화를 이루며 살고 있었다.

무생물인 사막, 땅위를 꿈틀거리는 동물, 공중을 날아오르는 날짐승, 땅에 뿌리를 박고 사는 식물들, 이 모든 요소들의 다채로운 조화 — 이것이 사막의 스펙터클이었다.

## 동네 박물관

미국에서 우리가 만난 독특한 문화는 흔하디흔하고, 크고 작은, 시내와 교외에 흩어져 있는 여러 박물관에서였다. 우리나라에도 이미 몇몇 선각자가 차려놓은 소규모 박물관이 있기는 하지만 우리들의 보편적 상식으로 박물관이라면 국립박물관을 비롯하여 큰 건물에 값진 소장품을 잔뜩 진열한 역사적 기념물을 떠올린다.

그러다가 미국에서 본 크고 작은 박물관이 우리를 깜짝 놀라게 했다. 한 박물관은 그리 번화하지 않은 소도시의 자그마한 집 한 채에 그 마을의 역사를 한 눈에 알아볼 수 있도록 여러 가지 물건과 그림들을 아기자기하게 진열해 놓았다. 여기서 그곳 주민들이 살아왔던 삶의 자취들을 떠올릴 수 있고 야릇한 냄새마저도 우리를 아련한 과거로 끌고 가 잠시나마 몽롱한 추억을 더듬게 한다.

어떤 박물관에는 심지어 그 동네에 살았던 아이들의 배냇저고리에 손때 묻어 반들거리는 구닥다리 다리미부터 녹슨 재봉틀, 구멍 뚫린 양동이, 수동으로 작동하는 세탁기, 말안장과 농기구 등 집 안팎의 세간까지 깨끗하게 보존되어 있다.

우리는 새 것을 사면 정든 연장과 도구들을 내다 버리기 바빠 옛것들을 살펴보자면 이리 저리 찾아 갈 장소를 궁리해 보아야한다.

미국서부의 여러 동네 박물관에서 볼 수 있는 생활문화 유물들
(배냇저고리, 우유처리장치, 침실 모습)

하지만 이 곳에서는 잘 정돈된 모습으로 한 가족이 소장하고 있던 가정용 물품들의 변천사를 별 힘 들이지 않고 볼 수 있었다.

200년 남짓한 역사지만 수천 년 전부터 이 땅에 살았던 인디언의 역사까지 자기네 역사에 집어넣어 그 유물을 보관하고 있는 박물관을 보면서 우리나라에서는 어느 시골 동네를 막론하고 수많은 선대들이 살다간 흔적조차 찾을 길 없는 것이 참으로 안타까웠다.

외세의 침략으로부터 민족을 지켜 반만년 역사를 자랑하는 우리의 발자취와 유물을 잘 발굴하여 후대에 물려주어야 마땅하다. 하지만 당장은 지금 우리들 각 가정에 간직하고 있는 조상들의 유물만이라도 버리지 말고 잘 보관하는 작은 박물관들이 많이 생겼으면 좋겠다. 내가 미국의 소규모 박물관 기행을 계속하면서 받은 느낌이다.

## 휘발유 값

올 여름과 겨울, 크게 오른 미국의 휘발유 값에 깜짝 놀랐다. 1998년과 1999년만 해도 나는 미국 사람들이 자주 자동차 여행을 즐길 수 있는 것은 한국에 비해 무척 싼 자동차 연료 값 때문일지도 모른다고 생각했었다.

2000년의 9·11사태로 인하여 여행객들이 줄어든 2001년 겨울에는 휘발유 값이 거의 1달러 수준으로 떨어져 우리는 큰 부담 없이 여러 곳을 다닐 수 있었다. 한데 6개월 후인 2001년 8월은 여행의 성수기인데다 세계의 유가가 오름세로 바뀌어 미국의 휘발유 값도 겨울에 비해 1.5배정도 올라 있었다.

2002년 여름 우리나라에서는 휘발유 1리터에 1,300원 정도였지만 미국에서는 1갤런에 1.5달러 정도였다. 1갤런은 3.8 리터 정도임으로 당시 환율 1달러 대 1,200원으로 계산하면 미국의 휘발유 값은 1리터에 470원 정도 밖에 안 되니 우리 휘발유 값이 2.8배나 비싼 셈이다. 이 당시 우리나라에서 3.8리터를 넣으면 4,940원 정도니까 미국의 자동차용 휘발유 값은 한국의 약 36%에 불과했다. 쉽게 말해, 한국에서 휘발유를 살 돈으로 미국에서 주유하면 2.8배 정도의 거리를 달릴 수 있다.

연료 값은 주유소마다 다르지만 2004년 말 까지만 해도 비싸봐야 1갤런 당 2달러가 채 되지 않았다. 그러더니 2005년 여름 휘발유 값은 1갤런에 2.5달러 정도로 크게 올라 있었다. 당시 환율은 1달러에 1,030원이었다. 한국은 1리터 당 1,600원 정도 되니까 1갤런이면 6,000원 정도 되지만 환율이 내려 미국보다 2.3배나 비싼 셈이다. 처음에는 휘발유 값이 주유소마다 큰 차이가 없는 줄 알았지만 그것은 착오였다.

한번은 애쉴랜드 산을 넘어 캘리포니아 주의 첫 도시인 와이레카 Yreca에서 휘발유를 넣어야 했다. 이 곳 주유소의 휘발유 가격은 다른 주유소에 비해 무척 비쌌다. 연료 탱크에 불이 들어오고 휘발유가 달랑달랑한다고 느껴지면 다음 주유소까지 달리는 것이 불안해서 어쩔 수 없이 휘발유통을 채우려는 사람들이 많다. 나도 그랬지만 이런 심리를 상술로 연결한 이 곳 주유소가 얄미워 다음부터 이 도시에서 연료 탱크를 채우는 일을 접었다.

오리건 주의 주유소에서는 운전자가 자리에 앉아 있고 종업원이 휘발유를 넣어주지만 휘발유 값은 오히려 다른 주보다 싸다. 그래서 나는 남행 길이면 오리건에서 미리 휘발유 탱크를 가득 채우던가 캘리포니아에서 북행하는 길이면 레딩Redding 부근에서 휘발유를 잔뜩 채우고 오리건 주 애쉴랜드까지 그냥 달려가는 버릇을 들이게 되었다.

"미국 생활에 적응하려면 많은 수업료가 들더라"고 먼저 온 이들의 체험담을 들으면서 우리나라 보통 사람들에게 이를 알려주는 것이 작은 애국심이라고 말해도 될지 모르겠다.

특별히 기억되는 것은 캘리포니아 주에는 곳곳에 유전이 있어서 두레박 같은 착유 장치를 설치하고 땅만 파면 석유를 퍼 올릴 수 있다. 그런 이유인지 특히 물가가 싼 지역이어선지 수산빌Susanville이라는 어떤 산골 마을 주유소는 도시보다 휘발유 값이 훨씬 쌌다.

## 고속도로의 쉼터(Rest Area)

고속도로의 쉼터(rest area)에 처음 들린 것은 1997년 겨울, 패키지 투어를 따라 미국을 방문했을 때였다. 그 때는 쉼터가 화장실만 있는 곳인 줄 알았다. 여행사의 빡빡한 스케줄에 따라 관광 가이드는 화장실 부근에 우리를 내려놓고 '빨리 볼 일을 보고 오라'는 안내만을 해 주었기 때문에 이것만으로 미국의 쉼터를 생각하는 고정 관념이 생길 뻔했다.

그 때, 우리는 쉼터에 무슨 다른 시설이 있는 줄은 모르고 재빨리 화장실만 갔다가 급히 관광버스로 되돌아오곤 했었다. 패키지에 묶인 다른 관광객들은 조금 꾸물대는 다른 관광객의 뒤통수에서 조소를 보내거나 비아냥거리는 것을 보았기에 비싼 돈 내고 여행하면서 남에게 욕먹기가 싫었기 때문이다.

캘리포니아 위드weed 남쪽 방향 쉼터

그러다 여러 주를 여행하면서 우리는 미국 고속도로의 쉼터가 가진 다양한 모습과 나름대로의 의미를 깨달았다. 주간 프리웨이로 주 경계선을 넘으면 첫 번째 쉼터에는 그 주 전체와 인근의 관광명소의 안내소 Information Center가 있다.

관광안내소에는 주의 전체 지도는 물론이고 값싸게 잘 수 있는 호텔 쿠폰 책까지 비치되어 있다. 더운 여름날, 다 그런 것은 아니지만 냉방장치가 잘 된 실내에서 시원하게 땀을 식히며 쉬었다 갈 수 있고, 겨울에는 따뜻한 물을 마시며, 커피 한잔을 뽑아 마실 수도 있는 편의시설을 갖춘 부유한 주의 쉼터도 있다.

한 밤중에 고속도로를 달리다 쏟아지는 졸음에 잠시 눈을 붙인 후, 두리번거리다 보면 1달러 또는 50센트를 기부하고 자원봉사자인 노인들로부터 커피 한잔 얻어 마실 수 있는 곳도 있다.

때때로 거대한 화물트럭들과 함께 야간 여행의 묘미도 즐겼다. 물론, 잠자리를 찾아 달리는 길이었지만 쉴 곳을 못 찾거나, 주말이어서 모텔들이 죄다 비싼 값을 부르는 날이면 이따금 경비 절약을 위해 우리는 '안전한 쉼터Safety Rest Area' 에서 자동차 창문을 조금 열고 잠시 눈을 붙인다.

가끔씩 깊은 잠이 들어 이른 아침 먼동이 틀 때야 잠에서 깨어나 눈부시게 떠오르는 태양을 가슴에 안으면서 이를 닦고 세수와 면도에 화장까지 한 후에 자동차 뒷 트렁크에 실은 음식으로 간단한 요기도 할 수 있다. 새벽녘에 짧은 수면도 취하고 아침을 가르며 달릴 수 있게 고속도로 곳곳, 거의 5-60km(30-40마일)마다 설치된 쉼터는 우리 여행의 필수품(?)이기도 했다.

더구나 이 쉼터에 있는 화장실에는 콘센트가 있어 면도기와 휴대전화의 충전도 공짜니까 프리웨이는 사람들에게 공짜로 여행하게 해 주는 길이라는 해석이 맞는지도 모르겠다.

잘 곳을 찾지 못한 자동차 여행객들에게는 감시카메라가 지켜주어 무엇보다도 안전이 보장되니 그야말로 안성맞춤의 쉼터이다.

## 산길에서 만난 미국 경찰과의 인연

나는 경찰관을 만나는 것이 왠지 불쾌하고 불안하다. 사복이든 정복이든 경찰이 내게 주어온 인상은 일제 경찰의 잔재 때문이라고 하지만 늘 겁나고 가까이 하지 말아야 할 존재로만 각인되어 있다.

경찰에 대한 이러한 관념은 미국 경찰들이 남겨 준 특별한 기억들 때문에 흔들렸다. 미국 경찰관과의 만남에서 특별히 기억나는 것들 몇 가지를 기록으로 남겨 두고 싶다.

어느 여름날 한 밤중에, 동부에서 뉴햄프셔New Hampshire의 콩코드Concord를 거쳐 버몬트Vermont를 지나게 될 때였다. 주말이 아니라서 숙소 예약도 하지 않았고, 또한 잠을 못 잘 것이라는 생각은 꿈에도 하지 않았는데 날은 어두워졌다. 우리에게 동부의 길은 익숙지 않았다.

I-89번 프리웨이를 힘차게 달리기는 했지만 걱정이 앞섰다. 한 밤의 고속도로를 계속해 달려가면서 모텔, 호텔이 있을 만한 곳을

뒤졌지만 죄다 예약되어서 빈방이 없었다. 어두운 밤길에 산 속의 안개 낀 고속도로를 달리며 이리저리 잘만한 곳을 찾다보니 이미 밤 12시가 다 되어갔다.

그런데 갑자기 백미러를 보니 순찰차가 따라오면서 서라는 신호를 보내왔다. 아마도 훨씬 전부터 우리 차를 따라 왔었는데 우리는 차 위에 경찰차임을 표시하는 신호등을 켜지 않았기 때문에 그저 보통 차로만 여겼었다.

더럭 겁이 났지만 잘못한 게 없어서 창문을 열고 "무슨 일이냐?"고 물었더니 "도와줄게 없느냐?"고 되물었다. 아마도 우리가 수상한 사람인줄 알고 쫓아 왔다가 아시아 사람에, 중년을 넘긴 남녀고 해서 그들로서는 오히려 의심하지 않고 다행으로 생각했는지도 모른다.

몇 달 전, 오리건 주에서 한 밤중에 깊은 산 속 고속도로를 달렸던 기억이 떠올랐다. 그 때, 내가 좋아하는 만년설 쌓인 후드 산을 구경하러 야간 주행으로 산길을 올랐다.

후드 산은 높이가 3,426미터(11,239ft)나 된다. 한 여름에도 스키를 즐길 수 있는 이 산 속은 원근 각지에서 스키를 타러 몰려온 사람들로 이 때가 오히려 붐비는 스키 철이 된다. 우리가 찾아간 산 속 호텔 방값은 너무 비싸서 한 밤중임에도 다른 값싼 호텔이 있는지 찾아 차를 몰고 눈 덮인 산길을 헤맸다.

경찰차가 따라와 "어떤 호텔을 찾느냐?"고 물어 "이코노미 클래스의 호텔을 찾는다"고 답했더니 쉴만한 호텔이 있는 곳까지 친절하게 안내를 해주었다.

그때가 기억나면서 미국경찰이 시민들에게 봉사하는 모습을 체험한 적이 있기 때문에 이내 두려움은 미더움으로 바뀌었다.

경찰은 "왜 이렇게 늦게까지 다니느냐?"고 물어서 우리는 "초저녁부터 여러 호텔을 다니며 문을 두드렸지만 잠잘 곳을 찾지 못해 걱정이다"라고 대답했다. 그랬더니 "한번 함께 찾아보자"면서 "경찰차를 따라 오라"고 일러주었다.

경찰관은 우리에게 "그러나 아마도 여기뿐 아니라 이웃 주인 버몬트 인근에서도 오늘 밤 당신들이 잠잘 수 있는 곳을 찾기 어려울 것이다"고 말했다. 그 이유인 즉, "바로 내일 '콩코드'에서 1년에 한번씩 전미(全美)를 망라한 자동차 랠리가 있는 날이라 전국에서 참가자와 구경꾼들이 몰려왔기 때문"이었다.

뉴햄프셔 주 경찰은 뉴욕의 존 F 케네디 공항에서 빌린 우리 차를 선도하며 이 주의 끝까지 함께 여러 모텔에 들러 빈 방이 있는지를 물어주었지만 허탕이었다. 주의 경계에 이르러 그들은 되돌아가고 우리는 이들과 작별한 뒤, 버몬트 주로 들어갔다.

이런 줄도 모르고 물가 비싼 보스턴Boston을 벗어나면 우리가 잘 만한 값싼 모텔이 있을 걸로 기대하며 쿠폰 북만 믿고 무작정 저녁길을 나섰으니 '무식하면 용감하다'는 말이 떠올랐다.

캐나다를 향해 "뉴햄프셔와 버몬트 주 경계를 넘어 한참을 달려가면 혹시 빈 방이 있는 호텔이 있을지 모른다"는 뉴햄프셔 경찰의 조언에 따라 새벽 4시가 다될 때까지 우리는 버몬트 주의 산악을 헤집고 달렸다. 여명이 찾아들 때쯤, 산허리의 한 모텔 앞에 도착했더니 '6시나 되어야' 빈방이 나온단다.

체크아웃이 아침 10시라니 눈감다 보면 깨야 할 판이라, "에라! 오늘도 노숙하며 그냥 숙박비나 줄여 보자" 결국 그 날은 안전한 쉼터도 찾지 못한 채, 버몬트 주의 어느 모텔 앞 주차장에서 잠깐 눈을 붙일 수밖에 없었다.

잠시 눈을 붙이다 보니 아침 9시가 되었다. 이 날 우리는 고속도로 쉼터의 화장실에서 세수도 하고 볼일도 본 후, 이 주의 국경선 호반도시인 벌링턴Burlington에서 유서 깊은 버몬트 대학교도 살펴보고 도심 나들이도 했다.

챔플린 호수Lake Champlain 속의 섬 그랜드 아일Grand Isle 숲 속에서 모자란 잠을 달콤한 낮잠으로 때운 다음, 해질 무렵에는 캐나다의 몬트리올Montreal에 도착하여 느긋하게 저녁 시간을 보낼 수 있었다. 시간낭비를 줄이도록 도와준 뉴햄프셔 주 고속도로 순찰대 경찰관들에게 고마운 마음을 여기에 적어 둔다.

## 노천온천

미국 서부는 화산지대여서 각지에 온천이 많다. 한겨울 흰 눈이 덮인 산자락, 뜨거운 온천물이 넘쳐흘러 내리는 옥외의 넓은 풀에서 모두들 수영복 차림으로 온천욕을 즐기는 곳이 우리말로 온천이고 그들 말로 핫 스프링hot spring이다.

우리가 처음 들른 온천은 오리건의 왐스피링스Warm Springs 인디언 보호구역 내에 있는 카니타Kah-Nee-Ta 리조트 부근이었다. 미국의 온천들은 그리 사람들이 붐비지 않는다.

처음에 우리는 우리나라 온천을 생각하며 남녀 혼탕인가 남탕과 여탕이 구분되었는가 상상만 하다가 수영복을 준비하지 않았다. 물론 탈의장 옆에는 수영복을 빌려 주는 사람이 있었지만 왜 수영복을 빌려주는지 알지 못하고 남녀 탈의실을 남녀 구분된 온천장의 출입구인 줄 알고 하마터면 벌거벗은 채, 온천으로 들어갈 뻔했다.

다른 사람들의 행동을 눈여겨본 후 다시 되돌아 나와 수영복을 빌려 입고 온천욕을 즐겼다.

한 겨울날 김이 피어오르는 왐 스프링스 Warm Springs 노천 온천

우리나라에서도 요즈음 노천온천도 많고 수영복을 입고 온천욕을 하는 곳도 많아졌지만 그 당시는 서양의 온천문화에 미개하고 무식하여 나체족처럼 용감해졌던지 아니면 얼굴에 철판을 깔고 벌거벗은 모습으로 온천장의 규율을 어기게 되었을는지 모를 일이다. 탈의실에서 수영복으로 갈아입고 나오면 바로 한 겨울인데도 김이 모락모락 피어나는 노천 온천이다. 온천욕을 즐기는 남녀노소들과 어디서든 구별 없이 소란스럽고 분탕질을 하는 아이들을 만난다. 유감스럽게도 예쁜 미인들을 노천온천에서는 만난 기억이 없다.

## 과속운전 단속에 걸린 체험들

어느 여름날, 유진에서 겪은 일이다. 그 날은 무척 바쁘게 다녔다. 익숙했던 길이라 별 주의를 기울이지 않고 달렸는데 어디서 오토바이가 툭 튀어나오더니 '차를 세우라'는 거였다. 깜짝 놀라서 신호 위반한 것도 아니고 잘못한 것도 없다고 생각하여 앞문을 열고 나오려니 총을 겨누면서 '빨리 차안으로 도로 들어가 앉으라'는 거다.

나중에 알았는데 경관이 정차할 것을 지시하면 핸들에 양손을 얹고 경관이 올 때까지 기다려야 한단다. 이 때는 신임 경찰관이 배치되어 훈련 겸 엄격한 교통 단속을 실시하는 기간이었다는 것이다.

총부리에 깜짝 놀라 얼른 튀어 들어와 앉아 자동차 창문을 열고서 "왜 차를 세우라는 거냐?"고 물어보니 "운전면허부터 보여 달라"고 했다. "잘못한 게 없는데 왜 그러냐?"고 했더니 "과속"이란다. 오리건 면허를 보였더니 벌금 270달러를 내라는 딱지를 끊어주는 것이었다. "과속이지만 왜 이렇게 많은 돈을 벌금으로 물리냐?"고 물었더니 '더블 휘double fee'란다. 바로 '스쿨 존school zone에서 과속했기 때문'이란다. "규정 속도가 20마일인데 37마일로 달렸다"는 것이다. 마침 여름방학 중이어서 길에는 걸어 다니는 학생도 일반인도 눈에 띄지 않아 방심한 채, 무심코 달렸더니 이 어인 일인가.

한국 돈으로 생각하면 30만원이 넘는 돈이니 눈이 튀어나올 정도였다. 270달러면 며칠 밤 모텔에서 편안히 잘 수 있는 돈이다.

어쩔 수 없어 과태료 용지를 받아 가지고 와서 아는 사람에게 물어보았더니 "법원에서 재판을 받으면 반값으로 깎여 질 수도 있다"고 하였다.

비행기를 타고 며칠 후에는 다른 곳으로 떠나야 할 터이므로 어찌할 바 몰라서 바로 다음날 레인 카운티(유진 시를 포함하는 현)의 법원에 가서 서기를 맡은 여직원에게 "어찌해야 할까?"하고, 직접 물어보니 "오후에 시간을 정하고 다시 한번 와서 즉결 재판을 받으라"는 것이었다. 나는 정해진 시간에 재판을 받으러 갔다.

교통위반으로 재판 받기는 한국에서도 미국에서도 처음이었다. 더구나 미국에서 재판정엘 들어가 보니 신기하기도 하고 우습기도 해서 먼저 사진부터 한 장 찍고, 법을 위반해서 재판을 받으러 들어오는 각양각색의 사람들을 구경하면서 재판시간을 기다렸다.

드디어 '정명자' 하고 어색한 발음의 이름이 불려져서 나는 자리에서 일어나 재판관 앞으로 나갔다. 나는 말도 못하는 사람이라 같이 재판관 앞으로 나간 남편은 자신이 통역자라며 천천히 재판관의 물음에 대답하며 말했다. "교통법규를 위반했는데 왜 재판을 받으려는 것이냐?"는 질문에 "벌금이 너무 많다"고 답했다. 그랬더니 그는 "벌금을 깎아달라는 말이냐?"고 하여 "그렇다"고 대답했더니 "그럼 깎아주겠다"며 간단히 심문을 끝내고 "벌금으로 150달러만 내고 가라"는 판결을 내렸다.

수업료 없이 미국의 재판을 배우고 벌금의 절반도 더 깎았다고 즐거운 마음으로 벌금을 내러갔다. 법원의 서기는 "벌금은 150달러지만, 교통 분담금에다, 교통법규 위반에 대한 벌점과 운전면허 소지자의 법규위반 교육을 면제받는 데 필요한 과태료까지 합쳐 180달러가 된다"고 천천히 잘 설명해 주었다.

벌점 없이 교육을 다시 받지 않아도 된다고 생각하니 벌금 총액은 겨우 100달러 정도를 깎았지만 미국 법정에서 직접 재판을 받으며 자기변호도 할 기회까지 경험하였고 미국의 교통법규에 대한 좋은 공부를 하게 되어 싼 수업료에 많은 공부를 했다고 서로 위로했다. 벌금이 아깝다는 생각대신 앞으로 법규대로 운전해 아까운 시간을 허비하지 말자는 다짐이 절로 되었다.

이 일이 있은 후 얼마 지나지 않아 우리는 미국 중부를 여행하게 되었다. 우리의 행선지는 남편의 제자가 공부하고 있던 일리노이Illinois 주의 카본데일Carbondale을 거쳐 위스콘신Wisconsin 주의 매디슨Madison까지 갈 일이 생겼다.

미시건Michigan 주의 세인트루이스 공항Saint Louis으로 달려가 제자 부부를 만나고 공항에서 빌린 자동차로 일리노이에서 미주리를 거쳐 동남부의 테네시, 노스캐롤라이나의 스모키 마운틴 Smoky Mountain까지 다녀왔다.

그리고는 남편의 대학동창이 교환교수로 가 있던 위스콘신대학교 소재지 매디슨을 오가기 위해 중부 들판을 달리다가 겪은 일이다. 이 지역의 자세한 여행 이야기는 다음에 나올 연속 시리즈 미국 중부 편에서 쓰겠다.

오리건 주에서는 고속도로 제한 속도가 104Km(65마일)인데 이들 중부의 주들에서는 120Km(75마일)였다. 짜릿한 속도감을 느끼며 무척 빠르게 달리는 차들을 앞서거니 뒤서거니 하면서 덩달아 신나게 액셀레이터를 밟으며 한참을 달렸다.

그러다 보니 멀리서 자주색 자동차가 훤한 대낮에 번쩍 번쩍 불빛을 비추며 재빠르게 다가오는 모습이 백미러에 포착되었다. 여기도 젊은애들 폭주족이 있나보다 생각하고 비켜주어야지 안되겠다 싶어서 차선을 바꾸니까 달려오던 차가 나를 보며 손을 흔들고 '차를 세우라'는 게 아닌가? '아뿔싸, 경찰이구나!'

차를 세우고 앉아서 창문을 열고 보니 카우보이모자를 쓴 여자 순경이 과속이라며 운전면허 제시를 요구했다.

교통 위반인가 싶어 이번에 딱지 떼면 미국면허는 영영 취소되는 것이 아닌가 하여 걱정하던 차에 남편이 나에게 큰 소리로 "왜 그렇게 빨리 달려! 또 딱지를 떼야 할 판"이라며 큰소리로 나를 나무랐다. 남편의 표정으로 보아 워낙 강하게 나를 힐책하는 걸 눈치 챈 그 여순경도 얼굴이 붉어지면서 오히려 나에게 무척 무안해하는 표정을 지었다.

늘 나의 조수가 되어 주는 남편은 마침 잠깐 졸고 있다가 깨었기 때문에 영문도 잘 모른 채, 나에게 과속운전을 했다고 힐난하는 것이었지만 그녀가 보기에는 운전 문제로 부부싸움이라도 하는 줄 알았나보다.

그녀에게 "무슨 일이냐?"고 물었더니 "공사 중인 도로에서는 속도를 낮춰야 하는데 이를 무시하고 달려서 교통법규를 위반했다"는 거였다. "공사장을 지날 때 다른 차를 그대로 뒤따라 왔고, 그 차들은 트럭이었는데도 70마일 이상 달리기에 나도 그 뒤꽁무니를 쫓았을 뿐인데" 하고 변명을 했다.

한국말로는 "왜 하필이면 나만 잡는 거야. 재수 없게"라고 중얼거리면서. 이 때 남편이 버럭 소리를 지르며 "이 여자는 영어로 글을 읽지도, 말을 할 줄도 모르는 바보 같은 여자(Actually, she is actually foolish)"라고 말했다. 여순경의 얼굴이 더욱 불그레해졌다.

전에 교통법규 위반으로 한 차례 재판을 받아본 적도 있었기 때문에, 이번에는 한국 운전면허증을 보여주었다. 자동차는 세인트루이스에서 빌린 렌터카였다.

렌터카 계약서에 면허증을 제시했지만 한글을 읽을 줄 모르는 미국 여순경은 남편과 나를 번갈아 내려다보며 더욱 난처해했다.

한참을 망설이는 듯하다가 그녀는 "이번에는 당신에게 경고를 줄 터이니 다음부터는 공사 중인 도로를 달릴 때 더 조심해서 서행하라"는 말을 나에게 통역하라고 남편에게 일러 주면서 '경고장'을 내밀며 주소를 적고 서명을 하라고 했다.

서울 주소를 적어 주었더니 씩 웃으며 "문제없다. 걱정하지 마라"고 말하면서 경고장의 복사본을 내게 주었다. 경고를 받은 다음, 나는 다시 세인트루이스 쪽으로 차를 몰았다. 천만 다행이었다.

이제 다시는 나와 가족의 안전을 위해 절대로 과속하지 말자고 다짐했다. 나처럼 교통규칙을 잘 지키는 사람도 없으리라고 자부해온 터인데 이곳 교통사정에 대한 이해부족이 나로 하여금 규칙을 어기게 했던 것이리라.

## 대학교정과 대학가 풍경

미국에는 동네마다 크고 작은 대학들이 있다. 3천 개를 넘는단다. 2년제 대학으로 동네 대학이라고 일컬어지는 커뮤니티 칼리지 Community College를 비롯하여 많은 주립대학과 사립대학들이 곳곳에 있다. 이들 대학이 대체로 호황인 것은 미국인들 보다 세계 여러 나라에서 온 유학생과 연수생 때문인 것 같다.

그럴듯한 대학들은 우선 넓은 땅을 차지하고 있다. 별로 높지 않은 빌딩에 각가지 꽃들이 저마다 그 아름다움을 자랑하는 정원과 연륜을 과시하는 나무들이 우람하게 버티고 서 있다. 거기에다, 수천 명을 수용할 수 있는 스탠드를 갖춘 넓은 운동장도 있다.

이 운동장은 체육 교육 시설로도 활용되겠지만 미국인이 제일 좋아하는 미식축구 게임을 즐기고 이를 관전할 수 있는 장소로 가장 쓸모가 있는 곳이다.

대학마다 규모는 다르지만 대개 요금을 내야 하는 넓은 주차장소가 정해져 있다. 25센트 짜리 쿼터 하나를 넣으면 20-30분 정도 주차할 수 있지만 시골 대학인 경우에는 10센트 짜리 다임 몇 개만으로도 한두 시간쯤 걱정 없이, 자동차를 세워둘 수 있는 곳도 있다.

더구나 주립대학 도서관은 공공(public)이어서 지역 주민들에게 무료로 개방된다. 수많은 책들이 서가를 꽉 채우고 있는 도서관에는 검색용 컴퓨터가 여기저기 설치되어 있고, 복사용 카드만 구입하면

1876년 창립된 오리건 대학교의 정문 앞(위)
1909년 창간된 오리건 대학교의 일간신문 Oregon Emerald(옆)

서가 가까운 곳에 설치된 기계를 이용하여 스스로 복사할 수 있다.

복사기마다 대학교내 도서관에서 복사하는 자료들의 저작권에 대한 보수를 지급하기 위한 기기가 설치되어 있는데 어느 책을 복사했는지 어떻게 알 수 있고 또 어느 출판사나 저자에게 어떻게 저작권료를 지불하는지 그 방법과 절차가 여태까지도 궁금하다.

각 주의 이름 다음에 주립대학교를 붙인 대학교와 무슨 주의 대학교라는 이름이 붙은 대학들이 대개는 주립대학들이다. 대부분의 주에서 XX State University 보다 University of XX이 더 좋은 대학교인 것으로 알려져 있지만 꼭 그런 것은 아니고 어떤 주에서는 이들 두 대학교가 막상막하의 평판을 유지하고 있기도 하다.

교수들의 옷차림 역시 눈 여겨 볼 만 하다. 우리나라의 중견 교수들은 출근할 때, 대개 정장 차림이다. 미국 동부의 대학들에서도 그러했다. 버몬트 대학교University of Vermont 교수들은 한 여름인데도 완전한 정장 차림으로 연구실로 향하고 있는 모습이었다.

서부의 대학은 여름 방학이지만 계절학기 수업이 진행 중일 때인데도 교수들이 반바지에 티셔츠와 운동화를 신은 편한 복장으로 교정을 오간다. 그들은 학생들과 거리감 없이 자연스럽게 대화하고 토론하며 잔디밭에 둘러앉아 수업을 진행하고 있었다.

옷차림에서 미국의 동부와 서부 교수들이 이렇게 다른 것처럼 학생들의 교수 대하는 태도나 교수 평가는 어떠할는지 궁금하다. 교수와 학생간의 친밀감 정도는 옷차림과 어떤 상관관계라도 있을까? 갑자기 연구주제가 떠오른 것 같았다.

## 오리건대학교 도서관, 그리고 한 노파

오리건 대학교 도서관의 공식 명칭은 나이트 도서관Knight Library이다. 이 도서관은 아시아 연구에서 두각을 나타내는 대학교 도서관답게 일본어 책과 중국어 책이 서가의 많은 자리를 차지하며 잘 정돈되어 있다. 그러나 1999년경에 이 도서관의 장서 중에서 한글 책의 수는 매우 적었다. 많은 한국 유학생들이 있음에도 불구하고 우리말 책이 구석진 곳에 아무렇게나 꽂혀 있거나 듬성듬성 쌓여 있었다. 이 모습에 안타깝고 서운했다.

찬란한 인쇄문화의 역사성을 잊은 듯, 제자리를 찾지 못하고 있는 우리나라 출판문화의 국제적 현실을 그대로 보는 것 같기 때문이다. 이제는 좀 제대로 정돈된 서가에 한글로 쓰인 책들이 제 자리를 잡고 꽂혀서 독자들을 기다리고 있었으면 참 좋겠다. 도서관에 근무하는 직원 중에 이들 한글 도서를 제 나라 보물처럼 깔끔이 관리해 줄 분들이 있었으면 한다.

우리나라 대학교는 대부분이 사립이기 때문인지 도서관에는 그 학교 학생증을 가진 학생들만 들어가는 곳으로 알고 있다. 한데 여기서는 시민 누구나 개관 시간 중에는 언제라도 차별 없이 대학 도서관에 드나들며 이 큰 도서관을 지역문화시설로 이용하고 있다. 사립이라 하더라도 대학 도서관을 주민들에게 개방하면 가까운 지역 주민들이 도서관을 찾고 책을 읽는 환경을 만들 수 있을 것이다.

나이트 도서관의 명물(?)은 이곳에 거의 상주하다시피 하는 정신이 조금 나간 할머니였다. 이 할머니는 백발에 때로는 입술연지로 곱게 단장하고 천연덕스럽게 말을 걸어온다. 처음 이 노파를 만났을 때, 그저 이상한 사람이라는 느낌이었다. 남편을 마중 나가 도서관 옆 주차장에 차를 대놓고 기다리는 동안 내게 무엇인지 혼란스러운 말을 걸어왔다.

몇 번이나 정신 나간 행동을 보이며 몇 년 동안 변함없이 이 노파가 도서관 주변을 배회하는데도 아무도 이 노파에게 별 관심을 보이지 않아 참으로 이상하다는 생각이 들었다.

다른 나라의 인권문제를 운운하면서 자기 나라의 유명한 대학교 도서관 안팎을 맴도는 이 처량한 노파의 인간다운 삶을 위한 어떤 방도도 찾지 않는다는 게 참으로 이해가 안 되는 일이었다.

## 주마다 다른 자동차 번호판

미국은 주마다 자기네 주를 상징하는 독특한 바탕 그림에 차번호도 차주가 마음대로 선택할 수 있도록 하여 자동차 번호판에서도 다양함을 느낄 수 있다.

서대문 구치소에 갇힌 적이 있는 남편은 회색의 담벼락만 보다가 몇 달 만에 재판을 받으러 태평로의 법원까지 호송차에 실려 나올 때, 차창 밖으로 본 세상의 여러 색깔이 주는 느낌을 말해 준 적이 있다. 색깔도 언어 이상의 의미가 있다는 것을 우리는 잘 알 것이다.

처음 미국의 도로를 달릴 때는 차량의 가지가지 색깔과 디자인을 주목했다. 하지만 자동차 차체의 색깔뿐만 아니라 번호판마저도 색깔과 디자인이 다양하여 눈요기를 즐기다 보면 지루한 운전시간이

주마다 형형색색인 자동차 번호판

어떻게 흘러가는 줄 모를 때도 있다. 나는 취미 삼아 명승지의 주차장에서 미국 각주와 캐나다에서 온 자동차들의 다양한 번호판을 사진으로 찍었다.

내가 아는 어떤 한국 사람은 미국에서 처음 자동차를 샀을 때 워낙 감격스럽고 고국 생각이 절로 나서 'KOREA ONE' 이라는 번호판을 달고 다녔단다. 그런데 너무 기억하기 쉬운데다 아시아 사람들을 시기하는 백인이나 다른 유색 인종들에게 특별한 관심의 대상이 되는 것이 싫어 나중에는 이 번호판을 바꿨단다.

## 중고품 활용과 가라지 세일

아파트를 구해 입주한 후, 우리는 미국에서 1년 동안 살기 위해 필요한 물건 중 몇 가지만 신품을 샀다. 식탁이나 의자, 신발장, 책상, 침대 등은 중고품을 사서 썼다.

대부분의 유학생들은 다른 유학생들이 쓰던 물건을 사서 귀하게 쓰고는 공부가 끝나 고국으로 돌아갈 때 이를 되판다고 했다.

학교 앞 책방이나 여러 가게에는 알림판이 있는데 그곳에는 온갖 안내광고가 붙어 있다. 이를 열심히 들여다보고 통화를 하거나 방문해 보면 값싸고 좋은 물건들이 제법 있다. 십 몇 년 쓴 자동차부터 라디오, 그릇, 장난감, 아이들이 입던 옷까지도 가지가지다.

가라지 세일에 나오는 물건은 큰 것도 있지만 비싸봐야 5 달러 이내의 조그만 물건이나 의류 등이 대부분이다.

주말 각 신문의 광고란에는 가라지 세일 광고가 상당한 부분을 차지한다. 개인 집 차고 앞에 물품을 넓게 펴놓고는 오가는 사람들의 눈길을 잡으려고 현장에서 조금 떨어진 큰 길 가에 세일 장소를 화살표로 표시해놓기도 한다. 파는 사람은 하루 종일 자식들이나 친지들과 더불어 담소를 나누며 자기가 쓰던 물건을 되팔기에 바쁘다. 구매자의 입장에서는 재수 좋으면 귀한 것을 아주 값싸게 구입할 수 있다.

# 1.

# 오리건 주

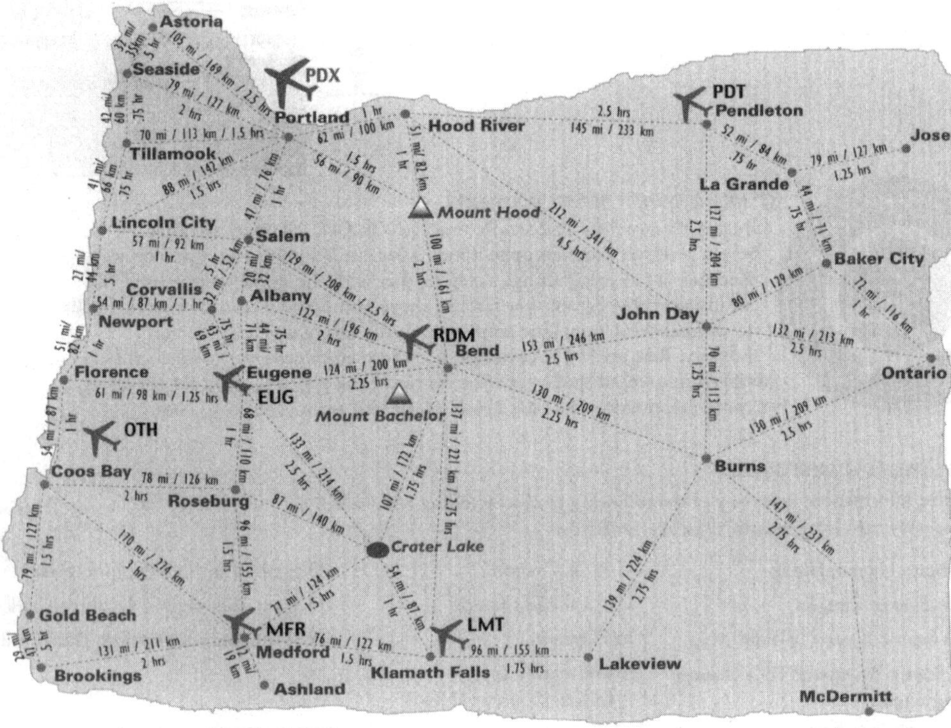


오리건의 주요 공항과 마일리지

## 오리건 주의 역사

세계적으로 유명한 프랑스 신문인 르몽드Le Monde 2004년 8월 9일자는 '위대한 출발Le Grand Depart'이라는 제목으로 "아메리카 제국은 지금부터 200년 전인 1804년 5월 14일에 출범하였다"는 전면 기사를 싣고 있다.

이 날은 미주리 주의 세인트루이스에서 루이스Meriwether Lewis와 클라크William Clark가 서쪽을 향해 태평양에 이르기까지의 대장정에 나서 오늘의 북미대륙 서부 개척을 위한 위대한 모험을 출발한 날이다. 그로부터 2년여, 루이스와 클라크가 본격적인 탐험으로 이 지역을 개척한 다음에야 동부지역에 알려져 이주민들이 일가권속과 함께 달려가게 되었다. 1859년에 미국의 33번째 독립 주가 되기 전, 이 지역은 워싱턴 주와 더불어 영국의 식민지였다. 오리건 탄생은 이러하다.

미국은 제퍼슨 대통령이 1803년 루이지애나Louisiana 일대의 프랑스 영토를 매입한 후, 적극적으로 서부 개척에 돌입하였다. 이 때 대통령의 재가를 얻어 루이스와 클라크는 탐험단Corps of Discovery이라는 이름으로 서부 원정대를 구성했다.

이들은 지도자인 자신들을 포함하여 모두 33명의 대원과 함께 굽이쳐 흐르는 미주리강의 시원을 찾아 올라가다가 서쪽으로 록키Rocky 산맥을 넘었다. 마침내 콜롬비아 강Colombia River의 시원지까지 진출한 다음에 이 강의 하류를 따라 내려가 마침내 오리건 코스트에 다다랐다.

오리건은 바로 이들 두 사람과 그의 부하들이 중국으로 가는 가장 가까운 항로를 찾아 나선 거대한 오디세이의 반환점이 된 미국의 가장 서쪽 지역으로, 워싱턴 주를 포함하는 서북부 미국 일대를 지칭하는 지명이었다. 그래서 아직도 우리는 과거 오리건 영토Oregon Territory의 변방 도시였던 시애틀이 아니라 이 지역의 한 중간에 위치하던 영국 풍의 대도시인 포틀랜드에서 더 진한 영국의 냄새를 맡는지도 모른다.

루이스와 클라크 탐험대가 다녀 간 후, 1843년부터 마차를 타고 몰려온 백인 이주자들은 영국인과의 토지분쟁과 영토주권분쟁, 인디언과의 땅 빼앗기 싸움을 벌였다. 1846년에야 미국과 영국이 서부국경조약을 맺으면서 결국 북위 49도 이남의 땅은 미국 영토가 되었다.

## 오리건 주의 지리와 문화

오늘날의 오리건은 어디서나 푸른 나무와 맑은 물을 떠올리게 하는 곳이다. 도시와 농촌, 항구와 어촌 어디서나 우리는 수많은 나무와 풍부한 물을 본다.

제일 큰길인 I-5 프리웨이 이외의 많은 고속도로들을 달리다 보면 미국 영화의 여러 장면에서 보았던 우거진 수풀을 보고 감탄사를 아끼지 않을 것이다. 사시사철, 우기와 건기를 막론하고 높은 키에 일직선으로 하늘을 향해 죽 뻗어 오른 나무들이 길가에 우뚝 서 있는 것을 보면서 종이를 만들 나무가 모자라 펄프를 거의 수입해야 하는 우리나라가 문득 떠오른다.

플로렌스 해안으로 흘러드는 사이유슬로Siuslaw 강 하구에는 수많은 말뚝들이 물 속 깊은 곳까지 박히고도 남아 물 밖으로 고개를 내밀고 있다. 아주 큰 키의 나무들이 베어져 말뚝으로 쓰이고 있는 것이다. 이 말뚝들은 밀물과 썰물 때 수심을 측정하기 위한 것인지 어망을 치기 위한 지지대로 쓰이는 것인지 나는 잘 알 수 없었다. 이 나무의 이름은 주로 미국 서부에 오래 전부터 서식하는 레드우드Red Wood이다.

레드우드에 대한 자세한 이야기는 오리건 주 해변에서 캘리포니아 주의 해변으로 향하는 여러 길목에서 마주치는 우람찬 레드우드 이야기로 이어질 것이다.

하늘을 찌를 듯이 솟은 레드우드 숲 그늘 아래의 자동차 길은 대낮에도 어두워서 헤드라이트를 켜고 달려야 할 정도다.

길 옆 가까운 곳의 오랜 고목을 잘라내 뿌리를 옆으로 드러낸 채 벌렁 나자빠진 나무토막은 선명한 나이테를 보여 주고 있었다. 그 옆에 서서 사진을 찍고 보니, 나무토막의 지름이 우리의 키보다도 더 큰데 나무의 나이는 600세를 넘은 것이라는 표시도 보였다.

오리건은 남쪽에 위치한 캘리포니아 주와 북위 42도선을 주 경계로 삼고 있다. 오리건 주와 워싱턴 주는 미국 땅이 된 후에, 서쪽은 콜롬비아 강을 주의 경계로 하되 강폭이 좁아드는 주의 동부에서는 북위 46도를 경계선으로 정하고 있다.

미국의 식민지가 되어 '오리건 지역'이라고 불려지던 시절, 포틀랜드 부근의 오리건 시Oregon City를 주의 수도로 삼다가 1859년 오리건 주가 되면서부터 세일럼Salem이 공식주도이다. 주정부 청사는 유진에서 약 90-100Km(60-70마일) 북쪽인 이 도시의 중심에 있다.

이 주의 인구는 342만 명 정도(2000년)이다. 면적은 남한의 약

2.5배, 남북한을 합한 한반도보다 조금 넓다. 하지만 인구는 남한의 13분의 1 정도 밖에 안 되니 비좁은 반도 남단에서 5천만 명에 가까운 사람들과 부대끼며 살아온 우리에게는 비교할 수 없을 만큼 넓은 느낌을 준다.

이 주는 동쪽으로 아이다호 주, 서쪽에는 태평양, 남쪽으로는 네바다 주와 캘리포니아 주, 북쪽으로 워싱턴 주와 접하고 있다. 바닷가 쪽으로 달리다보면 그리 높지 않은 해안산맥Coast Range이 있고, 동쪽에는 아직도 거친 숨을 몰아쉬는 화산군을 품에 안은 캐스케이드Cascade 산맥이 남북으로 뻗어 있다.

해발 1,200미터가 넘는 높은 봉우리로 이어진 해안 산맥과 2-3,000미터의 산악들로 이어진 캐스케이드산맥 사이에는 널따란 분지인 윌라메트 밸리Willamette Valley가 있다. 캐스케이드산맥은 곳곳에 만년설을 머리에 이고 있고, 그 동쪽의 고지대에는 드넓은 고원평야가 펼쳐져 있으며 저지대는 콜롬비아 골짜기Columbia Gorge이다.

윌라메트 밸리에는 비옥한 대농장지대가 자리 잡고 있다. 주로 농업과 목축업에 종사하는 주민들은 이 지역에 밀집하여 살고 있다. 주의 절반 땅을 삼림지대가 차지하고 있는 미국 최대의 임업 지대이기도 하다. 당연히 목재와 펄프를 주원료로 하는 산업이 번창하고 있다. 농산물로 밀, 콩, 야채, 각종 과일 등도 주로 이 비옥한 대지가 인간들에게 베푸는 선물들이다.

이 주 중앙에 위치한 캐스케이드를 넘어 동남부 지역에서는 푸른 초장을 중심으로 목축업이 주된 산업이다. 또한, 인공부화나 자연 부화를 통해 이 주의 여러 강을 고향으로 하는 연어가 하천을 따라 회귀하면서 풍부한 생선을 공급해 준다. 이름 모를 여러 종류의 물고기들 역시 많이 잡히고 있어 낚시꾼들에게는 더 없는 명소가 된다.

주의 동부에는 아이다호 주에 이르기까지 지평선에 맞닿은 사막 지대도 있고 그 사이 사이에 협곡이 있다. 아름다운 캐니언Canyon들이 몇 개나 있다. 이 캐니언들은 그랜드캐니언만큼 크지 않아도 제법 웅장하고, 때로는 아담한 모습으로 자연의 신비로운 역사를 보여주어 나그네의 발길을 잡는다.

서쪽 해안선을 따라 오르내리는 도로 옆에 펼쳐진 해변과 깜찍하게 작은 섬들, 고운 소금처럼 부드러운 모래밭도 특색이다.

주의 남쪽에는 태고의 신비 속에 조용한 자태를 수줍은 듯 감추고 있는 오리건 동굴Oregon Caves이 있고 주의 동서로 중간쯤에 있는 캐스케이드산맥을 타고 우리나라의 백두산 천지 같은 신비로움을 품고 있는 마자마산Mt. Mazama과 크레이터 레이크Crater Lake가 있다.

오리건의 강물은 풍부한 전력을 생산한다. 콜롬비아강의 보너빌Bonneville 댐은 52만 KW, 그랜드 쿨리Grand Cooley 댐은 197만 KW의 풍부한 전력을 무공해로 공급하고 있다.

이 주에는 많은 대학교가 있다. 주립 대학교만 해도 오리건대학교(UO) 외에, 코발리스Corvallis에 있는 오리건주립대학교(OSU), 포틀랜드에 있는 포틀랜드주립대학교와 의과대학인 오리건건강과학대학교(OHSU), 라 그랑드La Grande의 동오리건대학교East Oregon University, 애쉴랜드의 남오리건대학교Southern Oregon University, 크라마스폴스Klamath Falls의 오리건과학기술대학교Oregon Institute of Technology 등이 유명하다. 사립대학교로는 세일럼에 있는 윌라메트대학교Willamette University가 서부 최고의 역사를 자랑한다.

풍부한 전력을 공급하는 콜럼비아 강의 보너빌Bonneville댐

이 주 정부는 유별나게 자연 보호 활동에 중점을 둔다. 바닷가도 캘리포니아 주의 해변과 달리 거의 개발을 하지 않고 있다. 산과 들과 강은 물론, 바닷가에서도 인간들이 자연의 순수함을 더럽히지 않도록 노력하고 있음을 충분히 보고 느낄 수 있다.

자연이 숨쉬는 땅에서는 공기가 맑듯이 사람들도 때 묻지 않고 따뜻한 인정으로 자연과 어우러지는 모양이다. 이 주에서 만나는 사람들은 대부분 느긋한 느낌을 준다. 많은 노인들이 새로 이주해 와 어느새 이 주의 별칭은 노인들의 천국 또는 은퇴자의 천국이 되었다.

소비세가 없으므로 다른 주에 비해 물가가 그만큼 싸고 인구밀도도 그리 조밀하지 않다. 주 최대의 도시인 포틀랜드를 빼고는 고층건물도 별로 많지 않다. 다른 주보다 체감물가가 훨씬 싼 까닭에 인근 주에서는 시장을 보러 오리건 주에 간다고 말할 정도이다. 그래도 길손들에 대한 친절은 매우 각별하다.

우리는 동부의 뉴욕이나 캘리포니아의 LA 심지어는 워싱턴 주의 시애틀에서조차 대부분의 사람들이 무척 바쁘게 사는 것을 보았다. 우리나라처럼 '빨리 빨리'까지는 못되지만 자동차도 빨리 달리고 애써 제 속도로 달리는 우리의 자동차를 추월하려는 경우를 많이 경험했다. 사회적으로 분주한 환경이 사람들의 성정을 다급하게 만드는 모양이다.

오리건 사람들은 그리 급한 게 없는 것 같다. 물건을 살 때나, 비행장에서나, 버스정류장에서나, 은행이나 관공서에서나, 어느 곳에서든지 자기가 선 줄을 지키며 느긋하게 기다린다. 이 모습이 처음에는 참으로 신기하게 까지 느껴졌다.

이 주가 자연 그대로의 모습을 유지하려고 애쓰고 있는 느긋한 예를 하나만 들겠다. 유진 동북부에서 시내로 진입하려면 윌라메트 강을 건너야 한다. 이 강 위에 놓인 조그만 다리 하나에 자전거 전용 도로를 덧붙이는데 무려 3년이 넘는 세월이 걸렸다.

이 주에는 모두 여섯 곳에 이르는 인디언 보호구역이 있고 그 곳에는 크고 작은 카지노가 있다.

이 주 최대의 도시이자 미국 서부의 이름 있는 무역항인 포틀랜드와 우리가 1년 간 살았고 해마다 두 번씩 들리는 유진 외에도 크고 작은 도시가 많다.

이 주의 내륙을 남북으로 달리는 I-5 프리웨이를 따라가면 로즈버그Roseburg, 그랜츠패스Grants Pass, 메드포드Medford, 애쉴랜드Ashland가 나온다. 주의 동부를 남북으로 관통하는 97번 고속도로는 클라마스폴스Klamath Falls, 벤드Bend, 레드몬드Redmond를 거쳐 I-84번 프리웨이의 더댈러스The Dalles를 지난다.

포틀랜드에서 출발하여 동쪽으로 향하는 I-84 프리웨이는 이 도시 이외에도 워싱턴 주의 동부와 연결되는 허미스튼Hermiston, 펜들튼Pendleton, 라그랑드La Grande, 베이커시티Baker City, 온타리오Ontario를 거쳐 아이다호 주로 이어진다. I-84는 아이다호 주를 동서로 내지른 다음, 유타 주에 가서 미국 중서부의 남북을 달리는 I-15번 프리웨이와 이어진다.

해안선을 따라 101번 고속도로는 남북으로 쿠스베이Coos Bay, 노스벤드North Bend, 플로렌스Florence, 뉴포트New Port, 링컨시티Lincoln City, 아스토리아Astoria 등의 해안도시로 관광객을 부른다.

포틀랜드는 남에서 북으로 흐르는 윌라메트 강이 콜롬비아 강과 합류하는 곳에 있다. 윌라메트 강은 서부 오리건의 캐스케이드로부터 유진, 세일럼, 포틀랜드까지 473Km미터(294마일)의 산골짝을 굽이치며 댐들 사이에서 멈추었다가 다시 유유히 흐르기를 반복하면서 이 도시의 서북쪽에서 콜롬비아 강이 되어 태평양으로 흘러든다. 큰 강을 사이에 두고 이 도시의 북쪽은 워싱턴 주다. 오리건 대장정에 이어 동부의 백인들이 1830년대, 서부 개척이라는 명분을 내걸고 금광을 찾아 나선 때로부터 이 강은 개척자들에게 말 그대로 젖줄이었다.

일찍이 이 강에는 홍수 통제, 수상 교통, 전력 공급을 위한 다목적으로 많은 댐과 저수지가 건설되었다. 이 때문에 강의 유역에는 과수원과 목축에 알맞은 비옥한 토지, 목재 사업을 비롯하여 각종의 제조업을 가능하게 하는 물이 풍부하다.

## 유진 북쪽의 작은 마을과 도시들

코버그Coburg는 유진 북쪽의 작은 마을이다. 해마다 가을이면 노동절 후 첫 일요일에 약 400명의 가구 상인들이 고가구를 파는 행사를 벌이는데, 때로는 서부에서 아주 찾기 힘든 빅토리아풍의 고가구들도 쇼핑할 수 있다.

정션시티Junction City는 유진에서 약 24km(15마일) 정도 북쪽에 있다. 우리는 영어로 정션junction이라는 말이 우리말로 접경지역을 나타내는 단어이겠거니 쯤 생각했다.

처음에는 이곳이 이 지역에서는 그래도 큰 도시인 유진과 세일럼의 경계를 이루는 접경이겠거니 생각했다. 그런데 두 도시는 서로 다른 카운티다. 유진은 레인카운티이고 세일럼은 마리온 카운티다. 그 사이에 많은 마을과 소도시가 있다는 것을 이해하기에도 제법 시간이 걸렸다.

정선 시티는 그저 한 마을이랄까 작은 동네의 이름이었다. 어쨌든 이 곳은 레크레이션 비클Recreation Vehicle의 기지다. 약자로 RV라고 말하는 이 차는 대형 버스 크기로 그 안에 침대와 싱크대를 비롯한 각종 가재도구가 실려 있다.

괜찮은 기종은 우리 돈으로 1억원 쯤 하는데 미국 샐러리맨이 평생 갖고 싶어 하는 차라고 한다. 어느 길에서나 운전하다보면 자주 이 큰 차를 보게 된다.

미국 사람들 중에는 이 큰 차를 갖고 넓은 북미 대륙을 누비며 구경도 하고 명승지 인근의 주차장에서 잠도 자며 달려 보는 것이 은퇴 후의 첫 계획이라고들 말한다. 미국의 고속도로 근처나 관광 명소 부근에는 RV 전용주차장이 있다.

정선 시티에는 RV를 전시·판매하는 커다란 야외주차장이 있으니 그 주차장의 규모가 얼마나 넓은지 상상해 보시라. 서부 각지의 구매자들이 이 판매장을 찾는다는 사실을 유진에 산 지 한참 후에야 알았다.

코발리스Corvallis는 유진에서 50km(30마일) 쯤 북쪽에 있는 작고 조용한 대학도시이다. 마침 우리가 이 도시를 찾았을 때는 여름방학 끝 무렵이라 학생들이 별로 눈에 띄지 않았다. 대학으로 이루어진 도시라서 그런지 방학 동안 도시는 변화하지 않는 정도를 넘어 썰렁한 느낌이 들었다.

우리가 보기에 유진에 비해 도시 규모는 작지만 오리건 대학교와 함께 팩텐 대학의 하나인 오리건 주립대학교Oregon State University가 있다. 유진에 사는 대학 동창에게 이 대학교에 관해 물어 보았더니 우리나라 가정학과 교수들과 체육학과 교수들 가운데 이 학교 출신이 많다고 한다.

## 오리건 주도 세일럼Salem

세일럼은 오리건 주의 주도(主都)로 10만명 정도의 인구가 살고 있다. 인구의 대부분은 주로 공직에 종사하는 사람들과 그 가족들이다. 2005년 현재의 시장은 백인 여성이다.

세일럼은 해안산맥과 캐스케이드산맥 중간에 위치한 드넓은 들판과 낮은 구릉 사이에 자리 잡고 있다. 이 도시는 적도와 북극 사이의 딱 중간인 45도선이 지나고 있는 카이저 시티Keiser City를 북쪽 끝에 두고 I-5를 따라 남북으로 길게 뻗어 있다.

서부에서 가장 오랜 역사를 가진 사립대학인 윌라메트 대학교가 주 정부 청사 인근의 도심에 있다. 윌라메트 대학교는 우리나라 사람들에겐 별로 알려지지 않았지만 1842년 록키산맥 서쪽에서는 최초로 개교한 고등교육기관으로 미국서부를 개척한 많은 인재들을 배출해 온 전통을 자랑한다. 1866년 이 대학교에 설립된 의과대학은 여학생을 받아들인 최초의 의과대학으로 유명하다. 이 학교가 개교할 때는 포틀랜드나 시애틀 같은 도시도 생기기 전이었다. 태평양 연안 최초의 법과대학이 1883년 이 대학교에 창설되었다.

감리교 선교사에 의해 1885년 우리나라 최초의 서양식 교육기관인 배재학당이, 여성 교육기관으로는 이화학당이 1886년에 개교했으니 미국 사람들의 오리건 개척과 우리나라 진출은 비슷한 연대에 이루어졌다. 서부의 대학교와 우리나라의 중등교육기관이 비슷한 연대에 활발하게 설립된 것도 주목할 만한 일이다.

이 법과대학은 유구한 전통을 자랑하며 여전히 이 대학교의 일부를 이룬다. 의과대학은 한때, 오리건 대학교의 의과대학이 되었다가 1981년에는 오리건 보건과학대학교(OHSU)로 개명되었는데 교정은 포틀랜드에 있다.

윌라메트 대학교는 서부 최초의 대학이니까 서북미 대학의 할아버지인 셈이다. 이 대학교의 창립을 감리교단이 주도하였기 때문에 오늘날도 사립대학으로 유지되고 있다. 현재의 학생수는 약 2,500명 정도이고 교수는 전임교수가 136명에 불과해 대개 학생이 수만 명에 달하는 다른 주립종합대학에 비하면 규모가 작은 대학이다.

이 도시의 처음 이름은 체메케타Chemeketa인데 이 지역 원주민이었던 인디언 부족의 말로 휴식처라는 뜻이다. 그러나 선교사들은 히브리 말로 평화를 뜻하는 '샬롬Shalom'의 영어화된 표기인 세일럼으로 도시 이름마저 고쳤다. 서부의 많은 도시 이름이 인디언의 말에서 유래한 것과 달리, 세일럼은 매우 색다른 유래를 가진 이름이라 하겠다.

이 도시 주변의 평원에 19세기 들어 유럽계 서부 개척자로 덫을 놓는 사냥꾼이 해상으로 접근해 들어와 농민으로 정착하기 시작했다. 1834년에는 인디언 교화를 목적으로 하는 감리교 선교사들이 파송되어 이 지역 주민의 선조가 된 이주자들의 정착을 도왔다. 선교사들이 나서서 제분소도 건설하고 교육시설도 마련했다.

1843년 육로를 타고 오리건 개척대가 윌라메트 계곡에 정착한 다음부터 이 지역에 더 많은 백인들이 이주해 왔다. 오리건 정착민의 유입이 크게 늘면서 새로 이주해온 주민들은 이 지역을 식민지로 삼고 있던 영국인들과 분쟁이 잦아졌다. 이들은 영국 대신 미국 정부의 관여를 원했다. 잦은 분쟁은 많은 무장 충돌을 낳았고 그 결과로 1846년 영미 국경 협정이 체결되어 캐나다와의 국경선을 북위 49도선으로 정했다. 세일럼은 그래서 오리건을 대표할만한 도시인 셈이다.

우리나라의 38선을 정할 때, 북위 38도를 기준으로 남북 분할 점령을 제안했던 사람은 1945년 당시의 미군 영관급 장교 딘 러스크(후에 공화당 정부의 국무장관 역임)이다. 그의 제안은 독창적이기보다 선조들의 영토 분할과 합병의 역사를 배운 데서 나온 '교육받은 아이디어'였을 것이다. 세일럼과 미국 49도 국경선에 대한 이해로 말미암아 나는 한반도 분단선의 결정에서 이 아이디어가 떠올려 졌을 것이라는 추론을 쉽게 이끌어 낼 수 있었다. 여행은 이처럼 살아 숨쉬는 많은 지식을 공부하게 하는 매우 좋은 교육방법의 하나다.

인구 10만 정도인 대부분의 미국 도시가 그렇듯이 고층건물이 적고 시가는 널리 퍼져 있어 처음 세일럼을 방문했을 때는 길도 매우 낯설고 무척 복잡하여 헤매지 않을 수 없었다.

남편은 베트남 참전 중에 미국 PX에서 산 '세일럼'이라는 맛이 순한 양담배를 월남 사람들에게 몇 배나 더 주고 팔아 남긴 이익으로 술을 취하도록 마셨다는 베트남의 나트랑에서 겪은 무용담(?)을 들려주었다.

'세일럼'이라는 담배 때문인지, 국제 결혼한 한국 사람이 더러 이곳에 살기 때문인지, 한국에서 몇몇 사람들로부터 세일럼이 군사도시라고 들었지만 우리는 오리건의 세일럼 시내에서 군인을 본 적이 없다. 다른 주의 세일럼에 군대가 주둔하고 있는지는 아직 잘 모르겠다.

이 도시로 진입하는 I-5의 나들목은 유진에서 오면 253번이 편하다. 포틀랜드에서는 263번으로 나가 카이저 시티를 거칠 수도 있지만 258번으로 나가 포틀랜드 로드를 타고 시내 도심에 진입하는 게 더 낫다. 경제적인 숙박시설은 256번 나들목 근처에 많다.

## 세일럼 주변 작은 마을들

I-5의 253번 나들목으로 나가면 곧 세일럼의 코츠코가 있어서 시애틀이나 포틀랜드를 오갈 때, 유진에서 산 물건에 이상이 있다거나 바꾸고 싶은 물건, 더 구입할 것이 있으면 이곳에서 그 필요를 해결하였다.

세일럼에서도 유진과 마찬가지로 5월부터 10월은 오전 9시부터 오후 3시까지 매주 토요 시장이 주 정부 청사 근처에서 열린다. 또 수요일 오전 9시부터 오후 3시까지는 이 도시의 동북 지역 거리로 세일럼의 옛 이름을 그대로 쓰는 체메케타 거리Chemeketa Street에 농산물 시장이 선다.

도시의 주변에는 많은 와이너리winery(포도주 양조장)가 있어 서로 맛이 다른 포도도 따먹고 각종 와인의 향취를 맡으며 시음할 수도 있다. 남편은 광활한 들판을 가로지르며 거미줄처럼 얽힌 아스팔트 도로를 따라 이 와이너리와 저 포도밭을 오가며 색다른 맛의 와인을 맛보기에 바빴던 날이 있다.

그러나 와인에 취한 남편은 돌아오는 길에 네비게이터의 의무를 포기하고 그만 코를 골고 잠이 들어 어둑어둑해질 때야 깨어나 부스스 눈을 뜨고 지도책을 보는 모습이 영락없는 코미디언이었다. 화를 내야 할 나도 그 모습에 웃음을 참을 수 없었다.

이곳에서 큰 목재 공장이 있는 제퍼슨Jefferson까지 가는 I-5 길은 238번 나들목까지 36km(20마일) 정도가 매우 구불구불하고 경사가 심해 운전할 때 조심해야 한다.

어린이 놀이공원인 '마법의 숲Enchanted Forest' 시설들은 길가에서도 잘 보인다. 먼 길을 갔다가 이 근처에 오면 고향이 가까운 듯한 친근감이 들기도 한다.

구불구불한 언덕길을 넘어서면 항상 하얀 연기가 뭉게뭉게 솟는 공장이 있다.

포틀랜드에서 유진까지 160km(100마일)는 꽤 멀다고 느껴지는데 240번 나들목에서 하늘로 치솟는 하얀 연기를 보고는 집 동네에 다 온 것 같았다. 마치 부산이나 목포에 갔다가 서울에 올 때, 오산을 지나면 다 온 것 같은 느낌이 들듯이.

이 공장에는 누런 색의 펄프가 산더미처럼 쌓여 있다. 처음에 나는 그것이 모래인 줄 알고 건축자재 공장인가 생각했었는데 나중에 들으니 바로 나무를 잘게 썰어 만들어낸 펄프 더미란다. 펄프가 종이 원료라는 것을 책으로만 알았다가 실물을 보면서 제멋대로 상상했던 내 지식의 허구를 깨닫게 되었다.

멀리서 보이는 산중턱에 바둑무늬처럼 빈 곳이 보이는데 그것은 나무를 베어낸 자리이다.

이처럼 오리건의 푸른 나무들이 사람들의 값진 노동으로 목재와 펄프가 되고 그것을 필요로 하는 세계 각 국으로 수출되기 위해 이 주의 항구도시 쿠스베이 항으로 옮겨진다. 쿠스베이 항의 군데군데에는 작은 산더미를 이룬 목재와 펄프가 선적될 날을 기다리며 쌓여 있다.

## 세일럼의 지역신문과 신문재벌

세일럼의 지역신문은 스테이츠맨 저널Statesman Journal로 유에스에이투데이USA Today를 발행하는 가네트Gannett 그룹 소유이다.

GOOD MORNING! IT'S THURSDAY, NOVEMBER 5, 1998
Statesman Journal
SERVING OREGON'S CAPITAL AND THE MID-VALLEY
Utility will deliver 'salmon-friendly powe
SPECIAL REPORT: THE 1998 VOTE
GOP takes stock after electi

세일럼의 지역일간신문
스테이츠맨 저널 Stateman Journal

가네트 그룹은 1906년 프랑크 가네트Frank Gannett와 그의 친구들이 뉴욕에서 개업한 소규모 신문 벤처 회사였다. 하지만 1982년 9월 15일 창간한 대표적인 대중신문 USA Today의 상업적 성공으로 이제는 미국에서 최대의 발행부수를 가진 신문 그룹이 되었다.

이 그룹은 전국에 걸쳐 99개의 신문을 소유하고 있는데 스테이츠맨 저널은 이 중 하나다. 이 신문의 발행부수는 2006년 3월말 현재 59,946부(미국 ABC통계)로 발행부수 순위는 미국 내 196위다. 그러나 주도(州都)에서 발행되는 신문답게 지역사회의 언론매체로 당당한 역할을 맡고 있다.

가네트 신문 그룹은 버지니아 주에 본사를 두고 미국과 해외 여러 나라에서 영업하고 있는 최대의 뉴스·정보 전문 기업체이다. 이 신문 그룹의 영업무대는 미국 41개 주와 수도 워싱턴, 괌을 비롯하여 영국, 캐나다, 벨기에, 독일, 홍콩과 싱가포르에 걸쳐 있다.

이 그룹은 세계 60개국에 배포되는 230만부의 USA Today를 포함하여 99개 일간신문사가 하루에 약 760만 부를 판매한다. 또한, 이 그룹은 영국에서도 17개 일간신문 70만부를 발행하고 있다.

이 그룹은 방송에도 진출하여 21개 TV 방송국을 운영하고 있으며 미국 내 시장점유율 약 18%를 차지하고 있다. 인터넷 웹 사이트도 USATODAY.com을 비롯하여 미국 내에 130여 개, 영국에 80여 개나 가지고 있다.

이 조그만 주도에서 나오는 신문이지만 '스테이츠맨 저널'이 이처럼 거대한 미디어 그룹의 한 신경조직이라고 생각하니 그냥 읽고 버리기에 아까운 생각이 들었다.

## 오리건의 최대 도시 포틀랜드Portland

포틀랜드는 꽃과 녹음에 둘러싸인 '장미의 도시'라고 불린다. 시내의 정경은 영국 풍이다. 도시 서남쪽 킹스턴Kingstone의 워싱턴 공원 안에 있는 국제장미정원에서는 전국 장미 공개 콘테스트가 열린다. 이 정원 외에도 이 도시에는 아시아를 느낄 수 있는 정원이 있다.

뉴질랜드 북섬의 해밀턴에 가면 커다란 정원 단지에 각 국의 정원이 구획을 나누어 건설되어 있지만 이 도시의 정원은 각각 여러 곳에 따로 떨어져 있다.

일찍이 차이나타운이 형성되었던 포틀랜드 시내 구 도심의 서북쪽에는 명나라 풍의 '중국식 정원Portland Classical Chinese Garden'이 있고, 남서쪽의 킹스턴에는 일본식 정원이 있다. 이런 아시아식 정원들이 서북미의 대표적인 영국 풍 도시인 포틀랜드에 있어서 동서양을 합친 국제도시라는 상징적 의미를 더해준다.

중국식 정원은 차이나타운 부근 에베레트 가NW Everett에 위치하고 있다. 중국식 명칭으로는 난소원(蘭蘇園)이라고 부른다.

입장료는 어른이 7달러이고 매일 정원을 열지만 계절에 따라 개원 시간은 다르다. 겨울철(11월-3월)이면 오전 10시부터 오후 5시까지이고 여름에는 개·폐관 시간이 한 시간 씩 늘어난다.

미국의 어느 도시에서나 중국인들은 도심으로 들어오고 서양 사

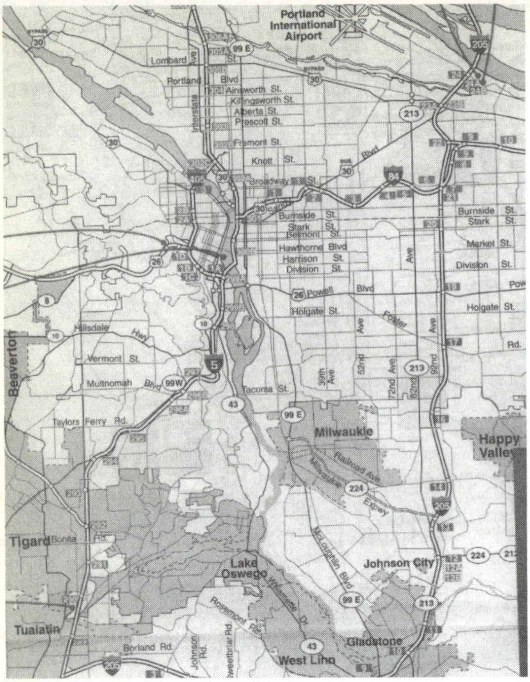


오리건의 최대도시 포틀랜드 시내지도

람들은 얼마 전까지만 해도 사람들이 붐비지 않는 교외로 주거를 옮겨갔다. 그러나 요즈음 뉴욕이나 LA 같은 대도시에서도 미국의 젊은 직장인들이 공동주거시설인 콘도미니엄, 즉 우리말로 고층아파트가 즐비한 도심으로 몰려들고 있단다.

중국인들은 선견지명이 있었는지 어느 미국 도시를 막론하고 도심에 그들의 동네를 만들고 있다. 포틀랜드에서도 중국인은 도심에 그들의 동네를 이루어 고유문화를 지키며 살고 있다.

중국식 정원에 들어서면 옛 중국 소주(蘇州)나 항주(杭州)의 어느 고관대작 댁 정원을 찾은 것처럼 중국이 느껴진다. 대나무를 비롯한 각종 수목, 초승달 모양의 돌 틈새로 흘러내린 물방울이 나무 위에 떨어지는 소리를 들으면 이 먼 서양이지만 옛 한문시가 절로 나올 것 같다.

이따금 이 정원을 통째로 빌려서 결혼식을 하는 사람도 있다. 이벤트 성의 각종 행사가 열리기도 한다. 정원 안에서 조금만 고개를 돌리면 하늘 높은 줄 모르고 쌓아 올린 거대한 빌딩들이 또 하나의 숲을 이루고 있어 기막힌 대조를 이룬다.

일본 정원은 서남쪽 언덕에 있는데 1967년 개원했다. 크고 작은 5개의 정원들로 구성되어 있는데 그 중 가장 큰 연못 정원에는 이 도시의 일본 자매도시인 사포로 시가 기증한 5층 석탑의 등이 있고 석탑의 초석은 일본 홋카이도(北海道) 모양이다. 정원은 일본식의 전형적인 신사(神社), 불교, 도교 풍에다 미국풍까지 가미되었다.

도시의 상징은 강이다. 이 도시를 흐르는 콜롬비아 강은 수심이 깊어 태평양에서 하구를 거쳐 무역선이 닿을 수 있을 정도이다. 캐스케이드로부터 흘러내려온 윌라메트 강이 도심을 관통하며 흐르다 이 도시의 서북쪽 끝에서 콜롬비아 강의 본류와 합친다.

강물은 하늘빛을 담는다. 여름에는 짙푸르고, 작열하는 태양열을 빨아들인 듯 도시를 서늘하게 해준다. 겨울에는 눈 녹은 물이 섞여 회색빛을 띨 때도 있지만 많은 비가 내리는 어느 겨울에는 흙탕물이 범람할 듯 도심을 흘러 한 여름 한강을 연상케 한다.

여름이나 가을날, I-5 에서 도심으로 향하는 300번 나들목 부근의 웅장한 교량 위에서 강을 내려다보면 강 위에 뜬 하얀 요트와 강변에 우뚝 솟은 빌딩들이 잘 그린 한 폭의 서양화 같다.

도심에는 세계에서 가장 많은 책을 보유하고 있다고 자랑하는 대형서점 파월스 북Powell's Book이 있다. 이 서점에 처음 들어서서 서가를 둘러 볼 때의 놀라움은 지금도 잊을 수가 없다. 새 책과 헌책을 모두 갖춘 이 서점은 몇 개의 큰 건물로 이루어진 서점 거리라고 해야 할 것 같다. 얼마나 큰 서점일까 하고 머리 속으로 짐작해보았지만 백문(百聞)이 불여일견(不如一見)이었다. 대학교 도서관의 서고보다도 넓은 매장을 갖춘 한 건물을 둘러보느라 꼬불꼬불한 서가 사이를 돌아 위층으로 올라갔다가 그만 길을 잃고 말았다.

사실 그럴 만한 까닭이 있다. 운동장 같이 넓은 매장에 자국(自國)은 물론이고 다른 여러 나라의 각종 서적을 종류별로 진열해 놓았다. 지식의 창고 안에 들어가 앉아 있는 느낌이 들었고 저 지식들이 내 머리 속으로 가득 빨려들어 왔으면 하는 바람에 깜박 꿈꾸는 상태가 되었기 때문이리라.

그런데 호기심을 갖고 찾아본 한국 책의 서가에는 아주 적은 양의 오래된 책이 빛이 바랜 채, 비스듬히 꽂혀 있었다. 초라함과 서글픔을 동시에 느끼지 않을 수 없었다. 문화의 세계화가 진행 중인 오늘날, 하루 빨리 정부당국이 나서서 한국의 책을 해외 유수 서점에 공급하여 진열·판매할 수 있게 해주면 좋겠다.

포틀랜드의 일간신문 '오레고니언Oregonion'은 2006년 현재 발행부수 384,729부로 미국내 29위를 점하고 있다.

## 포틀랜드의 코리아타운

포틀랜드 일대에서 한국 사람들은 서남쪽에 위치한 외곽도시 비버튼Beaverton에 많이 모여 산다. 비버튼은 I-5의 290번대 나들목으로 나가 타이가드Tigard를 거치든가 포틀랜드 도심에서 서남쪽으로 방향을 잡고 210번 도로를 따라가면 몇 십분 만에 닿을 수 있다.

이 지역에 들어서면 여느 해외 도시의 코리아타운처럼 여러 상점에 한글 간판이 붙어 있다. 한국음식점, 식료품 가게와 한국산 각종 제품을 파는 상점들이 있다. 변호사 사무실, 부동산 업소와 이발소, 미용실도 보인다.

LA에 비해 한국 물건의 값이 조금 비싸지만 김치 없으면 소화가 잘 되지 않아 나는 가끔 배추와 무 같은 김치 거리를 사려고 이 곳의 한국 식료품 가게를 찾았다. 꽤 괜찮은 한국 음식점에 들르면 자연스럽게 들려오는 우리말을 듣는다. 그러면 그간 남의 나라 말 때문에 쌓였던 스트레스도 풀어지고 기분도 한결 상쾌해 진다.

우리 나이쯤 된 우리나라 사람들은 모국어도 아니고 문법체계에 어순마저 다른 영어를 대개 책이나 테이프만으로 익혔다. 영어를 잘 한다는 사람도 어려서부터 모국어로 영어를 사용해온 그들이 듣기엔 어색할 게다. 아시아 사람들이 미국본토에서 어눌하게 영어로 말하는 것을 듣고 있노라면 마치 우리나라 TV 연기자들이 억지사투리를 쓰는 것 같으리라.

경상도 출신인 남편 식구들은 연기자들이 억지로 쓰는 경상도 사투리가 매우 어색하여 우습기도 하지만 어떤 때는 괜히 조롱을 당하는 것 같은 느낌이 든단다. 억양과 발음에 때로는 어휘마저 다른 전라도, 충청도, 강원도 사람 역시 마찬가지일 것이다

우리나라 사람은 피부색이 같고 우리말을 자연스럽게 해도 음조나 음색만으로 금방 아시아 어떤 나라사람이거나 중국 동포인 것을 알아차린다. 외국인들이 흉내 낸 우리말을 천연덕스럽게 하는 걸 들으면 대견하기도 하지만 조금만 부자연스러워도 웃음부터 나오지 않는가?

미국 사람도 그렇겠지만 그들은 다민족 국가라 일부러 내색하지 않을 뿐이리라. 기를 쓰고 영어 말을 배워 말해야 하는 외국 사람들에 대해서 말 좀 한다는 그것만으로 우월감을 느끼는 이도 있겠지. 미국 사람들은 갓 입국한 외국인 신출내기가 영어로 지껄이면 자기네 말을 잘 흉내 내는 것 같아 대견하기도 하겠지만 속으로는 웃음을 삼키고 있을지 모른다.

그래서 대학을 빼고는 우리나라 사람들을 만나기가 제법 힘든 오리건 생활에서 우리는 미국식 영어를 흉내 내는 사람들과 달리, 자연스러운 우리말 대화들이 오가는 비버튼을 즐겼다.

## 포틀랜드 국제공항을 오가며

포틀랜드 공항은 시내의 동북쪽 콜롬비아 강가에 있다. 공항에서 시내까지는 버스로 약 30-40분, 택시로는 약 20분 정도 걸린다.

내가 운전하여 처음으로 포틀랜드 공항을 찾은 것은 1998년 9월 초순이었다. 당시에는 국적기인 대한항공KAL이 델타 항공Delta Airlines과 공동으로 포틀랜드에 취항하고 있었다. 그 해 8월 대학 1학년 1학기를 마치고 미국에 같이 온 작은 딸이 어학연수 대신에 재수를 결심하고 대학 입학 수능시험을 다시 보겠다며 한국에 보내달라고 졸랐다. 둘째 아이는 미국에 와서 대학 3학년인 제 언니와 함께 약 한달 편안하게 지내다가 이처럼 귀국을 간청하니, 처음에는 말렸지만 본인의 의지가 워낙 확고하여 귀국을 허락했다.

나는 혼자 귀국하는 이 아이를 바래다주려고 할 수 없이 유진에서 약 2시간 정도 운전하여 이 국제공항을 찾았다.

재수 끝에 이 아이는 자기가 원하던 대학에 합격한 후, 3월 초 입학할 때까지 가족들과 함께 지내려고 1999년 1월쯤 다시 미국에 왔다. 이 아이를 마중 나가느라 이 공항 나들이를 했고 우리나라에 볼 일이 생겨 일시 귀국하느라, 그리고 미국 국내 여행을 위한 출발지로 이 공항을 이용한 적도 몇 번 있다.

이 공항으로 가는 길은 여러 루트가 있지만 유진에서는 I-5의 288번 나들목에서 오른쪽으로 갈라지는 우회도로인 I-205 프리웨이를 따라 달리다가 24번 나들목으로 나가면 바로 공항로가 이어진다.

공항에서는 저 멀리로 후드Hood 산이 보이고, 언제나 넉넉한 콜롬비아 강이 내려다 보여 신선한 공기가 가슴속을 훑고 지나가 상쾌한 느낌을 받곤 했다.

I-205를 약 16km(10마일) 쯤 달리다 보면 윌라메트 강이 포틀랜드 시내를 동서로 가르며 콜롬비아 강으로 흘러드는 여울목에 작은 댐과 발전소가 있다. 낙차가 그리 심하지도 않은 곳에서 전기를 발생시켜 수자원을 최대한 이용하고 자연을 크게 변형시키지 않은 채, 수력발전을 하고 있었다.

전문가는 아니지만 나도 이 댐을 보면서 충주댐, 화천댐, 청평댐 등 큰 댐으로 자연생태계가 변형되고 있는 우리나라를 생각했다. 자연을 더 잘 보존하면서 수자원을 좀 더 잘 이용할 방법들을 미리부터 검토하고 큰 댐 위주의 국토개발사업을 추진했어야 하는데….

한강수계를 비롯하여 많은 대형 댐이 다목적이라고 하지만 이 댐들 때문에 생태계는 무척 많이 파괴되었다. 이로 인해 인간이 받는 영향은 어떠한지 개발 만능의 시대에 누가 계산해 볼 엄두를 냈을까 궁금하다.

수력을 이용해 소규모의 댐과 발전소를 많이 만들어 더 많은 전력을 생산하고 화력발전이나 원자력발전은 줄여 환경 친화적인 전기공급을 하면 어떨까? 그러면 환경보호단체와의 갈등도 줄어들고 환경도 더 잘 보존되어 후세들에게 더 유익하지 않을까? 자연환경의 변형과 파괴로 인한 온갖 공해가 두려워서 해보는 평균적인 사람들의 생각도 소위 전문가라는 사람들이 잘 살펴주었으면 좋겠다.

이 곳에서 조금 더 북쪽으로 달려 I-205의 14번 나들목 부근에 이르면 서니 사이드Sunny Side라는 이름의 동네를 지나게 된다. 많은 서니 사이드라는 이름의 도시나 마을들처럼 이 마을도 작은 구릉 언덕에 자리 잡고 있다. 서니 사이드는 언제나 아늑하고 막힌 곳이 없어 햇볕이 밝게 비치는 지형에 붙여진 공통적인 이름 같다.

포틀랜드 공항의 주차장도 국제공항답게 무척 넓다. 한번은 주차장에 차를 세워놓고 눈대중으로 주변만 살피고 공항에서 볼 일을 본 다음, 조금 전 주차한 곳을 찾으려니 도대체 어디에 차를 두었는지 아득하여 차를 찾기에 수십 분을 보낸 적도 있다.

유학생들처럼 잠시 살다갈 터인데 초기 이민 온 사람들이 미국 살기에 너무 많은 수업료를 냈다는 애꿎은 불평을 흉내 내 보았다. '거 참, 미국 사는데 드는 수업료 엄청 비싸네'. 그러면서 우리는 넓은 주차장 탓만 했다.

그 후로 좀 넓은 주차장에 주차할 때면 언제나 주차권 티켓에 주차장 번호를 표기해 두는 버릇이 생겼다. 이렇게 익힌 버릇은 귀국한 후, 우리나라에서도 하루가 다르게 많이 들어서는 대형 쇼핑몰의 주차장 이용 요령으로 내 뇌리에 저장된 듯 하다.

## 유진 동쪽 126번 고속도로를 따라서

유진에서 126번 고속도로를 따라 동쪽으로 달리면 스프링필드Springfield-시스터스Sisters-벤드Bend를 거치고 20번 고속도로로 이어져 번즈Burns다. 여기서 20번은 오리건의 동쪽 끝인 온타리오Ontario까지 가서 I-84 도로와 만난다. 126번 동쪽 길을 따라 이어진 도시들 가운데 유진과 맞닿은 도시는 스프링필드이다.

스프링필드는 멕켄지 강과 윌라메트 강 사이에 아담하게 자리 잡고 있다.. 멕켄지 강은 유진 서북쪽에서 윌라메트 강과 합쳐져 북쪽으로 흘러간다. 이 곳에는 당시 소니Sony 아메리카 공장이 있고 옛날에는 목재 공장이 크게 번창했던 도시여서 노동자 풍 남자들과 유색 인종들이 제법 많이 보인다.

캐스케이드 산맥에서 흘러내리는 풍부한 수량의 맥켄지강

유진과 붙어 있는 이 도시의 서쪽 끝과 I-5 주변만 자주 다니다가 1998년 어느 가을날 이 도시를 관통하여 동쪽으로 처음 달려 보았다. 이 도시의 126번 도로변은 단풍이든 가을 나무들이 저마다 색조를 뽐내고 있다. 온갖 수목들이 오색으로 물들어 있고, 마침 한 차례 지나간 가을비로 영롱한 빛을 발산하는데 하늘과 땅에서는 파란 하늘과 굽이쳐 흐르는 물살 빠른 강물이 함께 어우러져 자연미를 더 해 주었다.

과거의 농촌 마을답게 과수밭이 넓은 땅을 차지하고 있는 한편, 어떤 이는 자기 집 앞마당 쪽을 흐르는 강물에 낚시대를 드리우고 집안에 틀어박혀 20세기의 강태공 노릇을 하고 있다.

## 토카티Tokatee 골프장

스프링필드를 지나 약 30-40분쯤 달리다 보면 울창한 삼림 사이로 푸른 숲 안에 토카티 골프장이 있다. 유진이나 스프링필드에도 수많은 골프장이 있지만 이 골프장은 풍광이 매우 수려했다.

미국인들은 지위 고하, 빈부귀천 없이 골프를 안치는 사람이 거의 없다고 들었는데 실제로는 그렇지 않았다. 전혀 골프를 안 치는 사람들도 많았고 다 늙어서 골프를 배우는 이들도 있는가 하면 십대의 소년소녀들도 골프를 열심히 친다. 그들에게 골프 치기는 수많은 취미 중의 하나일 뿐이다.

우리는 미국에 일년 동안 살면서 싼값으로 골프를 배울 수 있는 기회를 놓칠 수 없다고 남들처럼 생각했다. 마침 유진의 레인 커뮤니티 칼리지Lane Community College 평생교육 프로그램에 골프 초급 과정이 개설되었다는 카탈로그가 배달되었다. 기꺼이 정식으로 골프 학습을 받기 위해 등록을 했다. 실기 수업은 토카티 골프장에서 한다고 하여 시간에 맞춰 이 골프장을 찾아갔다. 처음 갔을 때는 단풍이 한참 곱게 물들기 시작할 무렵이었다.

마침 그 날은 비가 오는 날이었다. 하얀 비구름이 바로 뒷산 산기슭에 걸쳐 있어서 강원도의 어느 산자락에 온 것 같은 친근감이 들었다. 병풍에 그려져 있는 한 폭의 동양화 속에서 부채나 여의주가 아니라 골프채를 잡고 있었으니까 배경과는 그리 어울리지 않을지 모르지만.

골프 선생님이 설명하는 말귀를 제대로 알아듣지도 못하는 데다 룰rule이나 용어도 전연 모르는 숙맥이 골프라는 걸 처음 해보니 그 선생님이나 우리나 답답하기는 매한가지였을 것이다. 남편은 농사꾼이 곡괭이를 잡은 것처럼 골프채에 힘을 잔뜩 주고 땅만 파고 있어 골프 선생님은 '릴랙스Relax! 릴랙스!'를 연발했다.

남편은 항상 굳은 자세를 취했기에 나나 골프 선생님을 민망하게 했다. 수강생은 열댓 명 정도 되었는데 내 남편과 어느 중년부인 두 사람만 늘 자세 교정과 특별 지도를 받아야 했다.

산 허리를 휘감은 구름이 한폭의 동양화 같은 토카티Tokatee골프장

그 부인은 몇 주일 후 슬며시 자취를 감추었지만 운동신경이 매우 둔한 남편은 즐겁게 골프를 배우는 나 때문에 함께 골프장에 나와 교육을 받아야 했으니 혼자 스트레스를 많이 받았겠다.

우리나라 골퍼들이 세계에 한국을 알리고 외화벌이를 톡톡히 하지만 우리가 생각하기에 골프란 우리나라 같은 좁은 땅에서 산자락을 파헤쳐 골프장을 만들고 게다가 잔디 보호를 빌미로 농약을 많이 뿌려 국토를 멍들게 하는 것으로 생각해 왔다.

그래도 이 곳은 미국인지라 여기서만 골프를 치자고 다짐하면서 배우기 시작했지만 골프채를 처음 잡아보니 숙달되기까지는 많은 시간과 돈이 들고 노력도 해야 들어가는 운동이었다.

이렇게 골프 수업을 마치고 골프연습장에 나가 공을 쳐보았다. 여러 차례 공을 치다보니 나는 백 야드를 거뜬히 날렸지만 남편은 10야드 정도 밖에 공을 보내지 못했다. 남편은 운동신경이 둔하다는 것 외에 백내장으로 한쪽 눈을 수술하여 좌우시력이 크게 차이가

나 도대체 공이 보이지 않는다고 하니 어쩔 수 없는 일이었다.

남들은 스트레스를 풀고 건강하기 위해 스포츠로 골프를 즐긴다는데 골프 때문에 오히려 스트레스를 받게 되니 나중에 '골프 맹(盲)'이 될지언정 골프는 남편에게 맞지 않는 운동이라는 결론을 내렸다. 따라서 나 역시 부창부수(夫唱婦隨)하며 가족평화를 위해 골프 치기를 그만두었다.

하지만 캐스케이드산맥을 넘어 벤드에 가려면 꼭 이 골프장 앞을 지나가야 한다. 그럴 때마다 나는 남편을 흘낏 쳐다보고 그는 멀뚱멀뚱 무언가 어색한 표정을 짓는다. 골프 좋아하는 이들은 유진에서 멀지 않은 토카티 골프장에서 그 신선한 자연을 마시고 캐스케이드의 신비감을 만끽해 보시라.

이 골프장을 지나 멕켄지 강을 따라 점점 표고가 높아지는 길을 달리다보면 급물살을 헤치며 래프팅을 즐기는 젊은이들이 보이고 계절에 따라 풍광은 철철이 새롭다.

## 맥켄지 고개McKenzie Pass와 스리 시스터스Three Sisters

스프링필드에서 동쪽으로 126번 고속도로를 따라 '파란 강 호수Blue River Lake'를 조금 지나다 보면 멕켄지 다리를 건너게 된다. 여기서 한참 더 가면 겨울에는 도로를 폐쇄하여 7월 초부터 10월 초까지만 길이 열리는 242번 주도state road와의 갈림길이 나온다. 242번 길은 내가 숱하게 달려 본 미국의 도로 중에서 가장 조심스럽게 운전하며 달려 올라간 길이다.

큰 차가 다니기 힘든 2차선으로 시스터스까지 연결되는 59km

(37마일)의 숲길인 구불구불한 오르막을 한참 조심스럽게 달려가면 1,623m(5,325ft) 높이에서 광활한 또 하나의 다른 서부를 만난다. 산등성이로 오르면서 서부 화산대의 절경이 펼쳐진다. 맥켄지 고개McKenzie Pass라는 팻말이 붙은 도로변 주차장에 내리면 눈앞은 광대한 용암벌이다.

우리는 화산 용암이 굳어진 돌무더기 속에서 자연의 또 다른 아름다움을 보았다. 화산폭발로 인해 산 속을 가득 채웠을 나무들은 다 타버렸지만 화산재가 굳어진 돌덩이에 끼인 이끼들에서 새로운 생명을 기다리고 있는 자연의 숨소리를 듣는 듯했기 때문이다.

달 표면을 본 적이 없는 우리들이지만 1969년 달에 첫 발을 디딘 우주인들은 이 용암벌이 달 표면과 흡사하다 하여 실제로 이 곳에서 달 위를 걷는 훈련을 했다고 한다. 용암 위에 만들어진 '디 라이트 관측소Dee Wright Observatory' 꼭대기에서 사방을 둘러보면 형형색색의 용암들이 언덕과 골짜기를 이루고 있는 깜짝 놀랄 풍경을 보게 된다.

아주 가까이에 쓰리 시스터스Three Sisters 산이 있고 워싱턴Washington 산(2,376m=7,794ft)과 제퍼슨Jefferson 산(3,199m=10,497ft)도 그 위용을 자랑한다. 저 멀리에 오리건의 산 중 산인 후드 산(3,426m=11,240ft)이 웅자(雄姿)를 숨기고 보일 듯 말 듯하다. 도로의 정상 부근에서 구멍이 성성한 채, 화산재가 굳어져 만들어진 돌들의 오른편 가까이 해발 3천m가 넘는 세 개의 높은 산이 한 여름에도 흰 눈 모자를 쓰고 태고의 신비를 품은 채, 다소곳이 버티고 있다.

이 세 봉우리를 합쳐 세 자매산Three Sisters 이라고 부른다. 세 자매 산의 높이는 모두 그만그만하지만 그 중에서 가장 높은 산은 시

달 착륙 우주인들이
걷기 연습을 했던 용암벌

용암 위에 만들어진
디 라이트 관측소 Dee Wright Observatory

스터 마을을 향해 달리는 길의 오른편 가장 먼 쪽에 있는 산으로 높이가 3,157m(10,358ft) 정도인 남(南)시스터다. 그 다음은 북(北)시스터로 길에서 가장 가까이 보이는데 높이는 해발 3,074m(10,085ft)이다. 가장 낮은 산의 높이가 3,062m(10,047ft)인 중(中)시스터다.

이 곳에서 242번 길을 따라 조금만 내려가면 '스리 시스터스'라는 이름의 서부 영화의 한 장면같은 작은 마을을 만난다.

## 스리 시스터스Three Sisters 마을

유진에서 이곳까지는 126번 고속도로를 동쪽으로 달려 166km(104마일)이지만 겨울철에 폐쇄되는 242번 도로로 여름에 질러가면 147km(92마일)이다.

242번 길은 유진 기점으로 126번 도로의 88km(55마일) 지점에서 우회전하여 샛길로 접어든다. 시스터스로 가는 242번 길은 126번 길보다 거리로 19km가 짧지만 급경사와 굴곡이 심하고 노폭도 좁다.

이 마을 이름은 오리건의 주도(州都)인 세일럼에 살고 있던 감리교도들이 붙여주었다고 한다. 우리가 이 마을에 처음 들른 것은 242번 길이 폐쇄된 1998년 늦가을 10월 중순이었다. 마을은 이미 은백색 눈 속에 완연히 푹 파묻혀 있었다.

관광안내소에 들러 이 마을의 간략한 역사가 소개된 팸플릿을 살펴보았다.

이 마을은 목재업으로 한참 번성 중이었던 1920년대에 두 차례의 큰 화재를 겪었다. 1923년 5월에 마을 한 가운데에 있던 창고에서 화재가 발생해 불과 20여 분만에 이 마을의 목재건물 10채 이상이 불탔다. 당시 마을 사람들은 대부분 인근 소도시인 레드몬드Redmond에서 열린 지역 모임에 참석했기 때문에 남자라곤 10명도 채 마을에 남아 있지 않았단다. 화염이 마을을 휩싸 임업사무소까지 불이 번지자 한 부인이 얼굴과 손등에 화상을 입으면서 까지 임업사무소 서류들을 끄집어내려고 애썼지만 모두 소실되었다고 한다.

한편, 1924년 9월에도 한 호텔의 주방에서 발생한 불로 또 다시 마을의 절반이 불탔지만 주민들의 소방활동으로 마을 전체가 화재를 입는 것을 막았다.

이곳은 봄이나 가을 날씨가 낮에는 더울 듯 말 듯 하지만 밤에는 영하로 급랭하여 일교차가 심하다. 그러나 캐스케이드를 넘어가는 여행객이나 산자락 여기저기에 산재한 계곡에서 래프팅과 낚시를 즐기고 수많은 골프장을 찾는 사람들로 관광객의 발걸음이 그치지 않는다.

퀼트 재료 상점도 유명한 이 마을은 우리가 찾아간 그 날, 아직 두 달이나 남았지만 온통 크리스마스 분위기에 휩싸여 있었다. 곱고 우아한 모양으로 꾸며진 화려한 퀼트 작품이 크리스마스 장식과 어우러져 한층 그 멋을 더했다.

나는 유진에 와서 새로 사귄 아일라Ila에게서 열심히 퀼트를 배우고 있었기 때문에 한 퀼트 용품 상점에 들러 형형색색 갖은 모양의 헝겊 조각들을 샀다.

### 황량한 들판의 번즈Burns

오리건 주의 동쪽 끝 온타리오에서 20번 도로를 서쪽으로 달리면 번즈다. 이 주의 동쪽 끝과 붙은 아이다호 주의 남파Nampa로부터 I-84번 프리웨이를 타고 오리건 주에 들어서서 첫 나들목으로 나오면 바로 온타리오다. 이 곳의 20번 도로변은 겨울이면 광활한 초원이 되고 여름이면 사막이 되는 들판이다. 이 들판을 거치고 번즈와 벤드를 지나면 산맥을 넘어 서부 오리건으로 연결된다.

온타리오로부터 200km(120마일)쯤 달려오면 이 조그만 마을이 지루한 운전을 멈추게 한다. 번즈는 해발 1,400m(4,148ft)가 넘는 고원지대로 온타리오와 벤드의 중간쯤에 위치한 광활한 벌판 속의 작은 동네인데 이 지역을 일컬어 동부 오리건이라고 부른다.

동부 오리건을 안내하는 책자는 이 곳을 초록색의 비옥한 계곡에

'야생 사르비아Sage'로 덮인 언덕이라고 부른다. 주로 밀밭으로 이용되는 거대한 평원, 이따금씩 하늘로 치솟은 산봉우리가 있어 많은 관광객이 이 길을 지난다.

번즈 역시 상당한 고지대에 위치하여 바람이 몹시 심하게 불었지만 세이프웨이Safeway를 비롯하여 양식당, 중식당 등 많은 생활편의시설도 잘 갖춰져 있다.

이 깊은 들판 속 중국 식당에서 우리는 어디에서 왔는지 모를 아름다운 백인 아주머니들의 서빙을 받으며 점심식사를 즐겼고 이어 세이프웨이에서 산 앵두와 블루베리 등으로 비타민을 보충했다.

## 벤드와 하이 데저트High Desert 자연사 박물관

벤드는 중부 오리건에 있는 중소규모의 도시이다. 97번 고속도로가 이 도시의 남북을 관통하고 있고 유진에서는 126번 고속도로로 시스터즈를 거쳐 20번 고속도로와 이어지는 곳으로 여름이면 사막지대가 되는 동부 오리건 지역과 연결되는 교통요지이다. 유진에서 194km(121마일)지만 겨울에 폐쇄되는 242번 지름길로 오면 128km(80마일)가 조금 넘는 거리이다. 캐스케이드산맥에서 크게 벗어나 있지 않아 도시의 고도는 해발 1,097m(3,600ft)다.

97번 고속도로는 캘리포니아의 위드Weed에서 I-5와 갈라져 오리건 주를 지나가 비그스Biggs에서 I-84와 만난 다음, 콜롬비아 강을 건너 워싱턴 주로 이어지고 있다.

1990년 2만 명이 조금 넘던 벤드의 인구는 캘리포니아에서 오는 이주자가 증가하여 2003년에는 약 6만 명이나 되고 집값도 무척 올랐다. 좀 큰 도시 주변에 있는 코츠코의 매장도 이 도시에 있다.

1999년 따뜻한 봄날, 동쪽의 벌판으로부터 달려와 이 도시에 들렀다. 우리는 한식을 빼고 우리 입맛에 그래도 가장 맞고 값도 싼 중국 음식점을 찾았다. 한국말을 하는 40대 아주머니가 우리끼리 주고받는 말을 듣고 다가와서 주문을 받으며 말을 걸어 왔다. 이민 온 지 20여 년이 지났고 남편은 미군이었는데 이제는 퇴역했단다. 아들이 하나 있는데 대학을 다닌다고 했다.

당시만 해도 벤드에는 한국 사람들이 별로 많지 않았다. 그녀는 "오랜만에 한국말을 하는 사람을 만나니 무척 반갑다"고 했다. 미군 따라 이곳에 왔지만 마음 속 어느 한 구석에는 고향에 대한 아득한 향수와 그리움이 가득 찬 그 모습이 아직도 기억에 생생하다.

이 도시를 가장 짧게 말하면 서쪽에 우뚝 솟은 총각Bachelor 산이 세 자매Three sisters 산을 마주보며 최고봉의 높이 2,763m(9,065ft)로 그 웅자를 뽐내고 있는 산중 도시다. 남편은 총각 한 명이 세 명의 처녀를 모두 아내로 맞이했다는 전설을 만들 만한 곳이라고 말해 나를 웃겼다.

또, 디쉬터즈Deschutes강이 도시의 동서를 가르며 흐르고 있으며 아름다운 공원과 맑고 푸른 호수가 어우러진 곳이다. 2년제 대학인 커뮤니티 칼리지도 있어서 요즘에는 어학 연수생도 제법 이 도시에 온단다.

벤드는 건조한 사막기후라지만 97번 고속도로와 디쉬터즈 강 그리고 배첼러 산의 스키장으로 제법 알려져 있으나 이것으로 벤드에 대한 소개를 끝내기에는 부족하다.

이곳에는 서부지역 사막의 자연사와 개척사를 잘 전시해 놓은 한 사립 박물관이 있다. 밴드 시내에서 97번 남쪽 길로 5-6km(3.5마일) 가량 달리면 도로변에 박물관 입구가 보인다.

미국 서북부에서 우리들을 처음으로 가장 흥분하게 만들었던 것은 박물관 실내외의 전시물들과 옛날을 재현한 서부의 도로, 살아있는 생태계를 그대로 보여주는 자연의 형상 그리고 과학예술과 문화사까지 함께 진열한 생생한 교육현장인 '하이 데저트 박물관High Desert Museum'이 그것이다. 추수감사절, 크리스마스, 새해 첫날을 빼고는 매일 9시에 문을 열어서 5시에 문을 닫는다.

이 박물관은 세금 지원 없이 비영리 목적으로 운영되는 기관인데 입장료와 회원 찬조금을 재원으로 하고 있었지만 하루 종일 걸려야 관람을 제대로 끝낼 만큼 규모가 크다.

우리의 공통적인 취미는 세계 어느 곳을 가든지 작은 동네에서조차도 역사박물관이 있으면 그곳을 둘러보는 것이다. 그런데 이렇게 큰 자연사 박물관을 둘러보게 되었으니 그 거창함과 신기함에 절로 감탄하지 않을 수 없었다.

200여 년의 짧은 미국역사에서 서부 개척의 애환을 담은 오리건 탐험대의 역사를 전시한 장면을 보면서 우리는 고개를 끄덕였다. 미국 서부 사람들이 다른 지역 사람들에게 힘들여 설명해주는 대신에 한 눈에 알아볼 수 있도록 그림과 사물을 곁들여 진열하고 간단한 캡션만 달아 놓았다. 이것이 오히려 관람객들에게 이 역사적 사실을 훨씬 이해하기 쉽게 했다.

개척자들이야 동쪽에서 서쪽으로 험한 산과 깊은 강, 들판을 헤치며 이주하는 길이었지만, 원주민들에게 그들은 자신들의 땅에 쳐들어온 침략자들이었다. 이들은 생사를 건 전투를 벌여야 했을 것이다.

이 박물관에서는 이 전투 장면보다도 사막에서 마주치는 독사나 맹수들과 생존경쟁을 벌여야 하는 인간들의 혹독한 시련을 볼 수

(하이데저트 박물관) 서부개척 시대의 황량한 벌판과 이동숙소 건설현장을 재현한 모습

있다. 박물관을 찾는 어린이들은 자연스럽게 서부개척자들인 자신들의 조상에 대해 긍지를 갖고 경의를 표할 수 있는 '산 교육'을 받는다.

개척이 진행되면서 기차 철로를 부설하던 일, 광산에서의 고된 광부 생활, 집안 일을 돕는 소년 소녀들, 건설에 필요한 노동자로 고용된 중국인들, 그들과 함께 미국으로 건너와 살고 있던 중국인 한의사들이 중국 의술로 골병든 노동자들을 치료해주던 모습도 마치 실물 같이 재현해 놓았다.

또한 이곳에는 시선을 잡기 위해 매일 맹금류의 시연을 보여주고 있었다. 사막 생태계를 옮겨 놓은 그리 크지 않은 인조 사막에는 오리건의 사막지대에 실제로 살고 있는 각 가지 새들, 뱀과 야생 동물들이 있었고 사막 들판에서 피고 지는 들꽃들도 그대로 자라게 하고 있었다.

바로, 이 박물관 관람 그 자체가 훌륭한 자연학습이었다. 제재소와 통나무집, 옷감 짜는 기계, 양치기가 타고 다니던 수레 등 18-19세기의 다양한 유물도 전시되어 있다.

선생님과 함께 단체관람 온 초등학생들은 필기장을 가져와 중요한 것을 꼼꼼히 메모하면서 진지하고 의젓하게 살피고 듣는 모습이었다.

"미국의 저력이 이런 초등교육에서부터 나오는 것이로구나"하고 느꼈다.

우리네의 각종 국립전시관, 예컨대 서울의 중앙박물관, 천안의 독립 기념관, 경주 박물관 등에 수학여행을 간 학생들은 겨우 흘깃 눈 한번 주고 지나치는 게 현실이다. 박물관 관람 태도부터 다시 짚어야겠다. 우리 수학여행단은 인솔자 겸 안내역을 맡은 선생님의 수는 적고 많은 학생들은 단시간에 몇 백 명씩 떼 지어 모든 것을 관람해야 한다. 이 조건부터가 심층적 관찰과 숙고된 판단을 가로막는다. 선진국으로 가기 위해 교육관계자들부터 더 고민하며 해결책을 내놓아야 하겠다.

## 서부 각지의 인디언 박물관

인디안 박물관에 가면 왠지 모를 친근감이 든다. 지구가 한 땅덩어리였다가 지각의 변동으로 아시아와 아메리카가 나눠졌다는 학

목각으로 만든 아메리카 인디언 추장의 모습

설이 있고 인디언들이 몽골족이었다는 가설이 있다.

클라마스폴스Klamath Falls에서 네바다 주로 가다가 하룻밤을 묵은 레이크뷰Lakeview의 조그마한 박물관 겸 기념품 가게에서 남편은 목각의 아메리카 인디언 옆에 서서 사진을 찍어달라고 했다. 그 실물 크기의 조각품과 나란히 서서 안경을 벗고 찍은 사진 속의 남편 은 그 인디언과 너무나도 닮았다. 나는 이 사진 때문에 아메리카 인디언이 몽골계라는 말을 사실로 믿기로 했다.

하긴 LA 국제공항에선가 보안 검열하는 사람이 "멕시코인이냐?"고 물은 질문에 "한국인"이라고 답했지만 그는 우스개인지 참말인지 "오리지널은 멕시코인 아니냐?"고 다시 물어 웃었던 적이 있다. 멕시코에도 살고 있었을 이런 모습의 아메리카 원주민과 한국인의 얼굴은 매우 비슷하다. 많은 인디언 박물관에서 우리네 조상들의 가마니 짜기라든가 구슬 목걸이 수예품, 아기를 업은 조각 인형모습, 섬세한 여인들의 옷감 짜기 모습 등, 그들 나름대로 아름다움을 추구했던 생활상을 보면서 아시아와 신대륙은 하나라는 말이 역사적 사실이 아니라 현실일 것으로 믿어졌다.

## 오리건과 아이다호의 국경 도시(?) 온타리오

온타리오는 캐나다의 토론토Toronto가 속한 주의 이름이기도 하지만 여기서 말하는 온타리오는 오리건 주의 맨 동쪽 끝 도시이다. 아이다호 주의 보이지Boise에서 I-84를 달려 오리건 주의 동쪽 끝 온타리오로 들어서면 마치 고향에 돌아온 듯한 느낌이었다.

이 도시는 아이다호 주의 남파Nampa와 콜드웰Caldwell에 인접하고 있어 태평양 표준시 보다 한 시간 빠른 '산악 표준시Mountain Standard Time'를 쓰고 있다.

여름날의 해질 무렵이었기에 빨리 식사를 하기 위해 들어선 중국 음식점 주인은 우리가 한국인인 줄 눈치로 알아채고 "당신을 위해 특별히 준비한 음식을 준다"며 '김채'라는 발음의 음식을 먹어보라고 권했다. 이런 외딴 곳에서 김치를 맛 볼 수 있어 매우 좋아했더니 그 접시에는 소금에 절인 배추에 매운 고춧가루와 식초만 넣은 음식이 담아져 있었다. 피클도 아니고 이 맛 저 맛도 아니어서 "차라리 배추에다 마요네즈 소스나 넣어줄 것이지"하고 중얼거리면서도 김치 만드는 방법을 잘 모르면서 한국 사람을 위해 '김채'를 특별히 준비한 그 마음이 고마웠다.

이 집 주인은 우리에게 "어디서 왔느냐?"고 물어 "유진에서 왔다"고 대답했다. 자신은 "러시아학 전공으로 오리건 대학교를 졸업하고 부모님으로부터 가업을 이어받아 이 곳에서 중국음식점을 하고 있다"고 묻지도 않는 말을 걸어 왔다. 그는 "장사도 매우 잘 된다"고 호탕하게 웃으며 우리를 단골손님인 듯한 같은 동네 백인들보다 더 살갑게 대해 주었다.

종업원 대신 우리 테이블로 다가와 말을 거는 젊은 주인은 오지에서 자신이 졸업한 대학 도시에서 온 같은 피부색을 가진 인종을 만났다는 것이 무척 반가웠나보다.

## 오리건 코스트의 기억들

오리건 코스트는 오리건의 태평양 연안을 따라 이 주에서만 580km(362마일)의 해안선을 따라 달리는 101번 고속도로 주변을 일컫는 말이다.

도시로 말하자면 북쪽의 아스토리아Astoria에서 남쪽의 브루킹스Brookings에 이른다. 101번 해안도로를 따라 남북으로 태평양을 바라보고 달리는 길에는 아스토리아Astoria, 틸라묵Tillamook, 링컨시티Lincoln City, 뉴포트New Port, 플로렌스Florence, 노스밴드North Bend, 쿠스베이Coos Bay, 골드비치Gold Beach, 브루킹스Brookings 등의 중소도시들이 연이어 있다.

이 해안은 지금은 한가한 휴양지이지만 제2차 세계대전 중에는 일본군의 공습에 시달렸던 곳이다. 1942년 2월 24일 캘리포니아의 산타 바바라Santa Barbara 인근 정유 공장에 폭격을 가한 일본 해군 항공대는 미국과 캐나다 해안 삼림지대에 대한 공습을 감행했었다.

이 해안의 서북쪽 끝에 있는 포트 스티븐스Fort Stevens는 아스토리아 남쪽 와렌톤Warrenton에서 서북쪽으로 13km(8마일) 지점에 있다. 이 곳은 초기 개척대가 미주리로 돌아간 다음에 새로 온 정착민들이 캐나다로부터 해안선으로 접근하는 영국인들의 침략을 막기 위해 만든 요새였다.

이 요새는 1941년 12월 진주만을 폭격한 일본 해군이 1942년

레저시설로 개발된 캘리포니아 코스트와 달리 환경보호를 위해 자연상태 그대로 보존된 오리건 코스트

들어 미국 본토 공습을 감행하면서 두 번째로 폭격을 한 당시의 해군 기지이다. 이 기지는 1812년 영국 해군이 미군 기지를 폭격한 이래 140년 만에 1942년 6월 22일 두 번째로 또 당했던 곳이다. 당시 사망자는 없었으나 부상자가 발생했고 기지 시설 일부가 파괴되었다고 한다.

요새는 제2차 대전이 끝난 후에 폐쇄되었다가 오리건 주립공원이 임차하여 1975년부터 지금까지 30년 가까이 복원 사업을 벌이고 있는 중이다.

일본 해군은 이 요새 외에도 같은 해 9월 9일 밤 오리건 남부해안의 브루킹스를 공습, 2개의 폭탄을 투하하여 삼림지대를 불태웠다.

당시 이 도시를 공습한 일본해군 하사관은 1962년 이 도시의 초청으로 도미하여 '미국 본토를 공습한 유일한 적국의 영웅'으로 환대를 받고 명예시민이 되었으며 패전국인 만큼 속죄의 의미로 이 지역에 나무 심기를 했다는 일화가 있다.

역사는 항상 승자의 기록인 모양이다. 이 승패의 역사를 묻은 채, 오리건 코스트는 오늘 레크레이션의 대명사가 되었다.

아스토리아 남쪽 약 8km(5마일) 부근의 캐논 비치Cannon Beach 조금 북쪽에는 에콜라Ecola 주립공원이 있다. 이 공원에 있는 포트 클랫숍Fort Clatsop은 루이스와 클라크 원정대가 1805-1806년 태평양에 도착하여 겨울을 지낸 곳이다.

이 도로에 연이어 상록수 우거진 삼림, 험준한 절벽, 10곳이 넘는 등대, 높이 솟은 모래 언덕, 고운 모래가 깔린 해변 등에 여름이면 수많은 관광객이 몰려들고 다른 계절에도 추억을 회상하는 여행객들이 즐겨 찾는다.

이따금 관광객을 가득 실은 버스가 경관이 빼어난 곳에 멈춰 선다. 차에서 내린 사람들은 각각 제나라 말로 감탄사를 연발하면서 사진을 찍느라 분주한 모습이다.

해안선을 따라 곳곳에 골프장이 널려 있다. 해변에는 연날리기하는 사람, 바다에는 요트를 즐기는 이, 서핑을 하는 이, 카약을 타는 이, 보트를 타고 고래 구경을 나간 이, 큰 그물을 바닷물에 담갔다가 끌어올리며 게를 잡는 이, 바닷가를 후비며 조개를 캐는 이, 부둣가를 오가며 사진을 찍는 이 등을 볼 수 있다.

### 아스토리아Astoria

우리가 결혼한 서울의 아스토리아 호텔 예식장을 떠올리며 이 도시를 찾은 날은 1999년 5월 22일이다. 결혼한 지 만 22년 5개월

아스토리아 대교의 아스라한 전경

이 되는 날이었다.

아스토리아는 오랜 역사를 가진 어항으로 언덕 위에는 개척 초기의 부자들이 살던 집들이 재건되어 그들의 풍요로운 생활을 보여주고 있다. 이 도시의 현재 인구는 일만 명이 채 안 된다.

이 도시에서 처음 주차한 곳은 해사박물관Columbia River Marine Museum 앞이었다. 남편은 상륙함LST을 타고 월남전에 참전했던 기억이 새삼스러운지 박물관 안에 전시된 LST함의 조타실에 들어가 조타기를 잡고 회상에 잠기었다. 그가 주로 함정생활로 보낸 월남에서의 경험담을 설명해 주어 나에게도 잊을 수 없는 추억의 장소가 되었다.

이 곳에서는 콜롬비아 강이 태평양으로 흘러드는데 101번 해안

고속도로는 강인지 바다인지 가늠하기 어려운 물 위의 긴 다리로 오리건 주와 워싱턴 주를 이어주고 있다.

제2차 세계대전이 끝난 후인 1946년부터 크게 늘어난 자동차 교통량 때문에 그 동안 주요교통수단이던 페리Ferry로는 부족하여 1953년부터 2개 주가 공동건립계획을 세웠지만 1962년 11월 5일에야 교량 건설을 시작, 약 4년만인 1966년 8월 27일에 아스토리아 대교를 준공하였다.

이 웅장한 다리는 아스토리아와 워싱턴 주의 '포인트 엘리스Point Ellice'를 잇는 세계에서 가장 긴 트러스truss교량이다. 트러스란 3각형 받침대로 교량을 연결시켜주는 구조물이다.

6.5km(4.1마일) 길이의 이 다리는 아스토리아에서 가까운 곳의 수심이 깊어 포틀랜드로 가는 선박을 위해 교량을 높게 만들었다. 워싱턴 주 쪽에 가까워지면서 바다가 얕아져 물 속이 들여다보이는 곳도 있다.

철근과 시멘트가 수 없이 들어간 이 다리는 1960년대에 만들었으니까 1937년 중국 사람을 비롯한 많은 노동자가 희생되며 건설했던 샌프란시스코의 '금문교Golden Gate Bridge'와 달리 어떤 피부색을 가진 노동자들이 주로 일했을까?

위대한 자연으로부터 오리건과 워싱턴을 자유롭게 왕래하게 하기 위해 희생된 노동자들을 생각하니 이 웅장한 다리를 앞에 두고 저절로 숙연한 마음이 들었다.

2000년에 완공된 아시아 최대의 길이를 자랑하는 우리나라 서해대교 건설을 위해 강도 높은 노동을 제공했던 이름 모를 노동자들에게 감사하는 마음을 여기서 다시 한번 가다듬는다.

## 틸라묵Tillamook의 치즈공장

오리건의 101번 해안고속도로 남쪽으로 아스토리아에서 약 한 시간 남짓 100km(65마일) 내려오면 치즈 이름으로 세계에 널리 알려진 틸라묵에 다다른다.

이 곳은 한때 원목 선적항으로 유명했지만 원래는 인디언들이 고래잡이를 하던 가리발디Garibaldi만의 일부다. 오늘날은 틸라묵이 이 지역에서 제일 큰 도시다. 도시의 역사는 가리발디 박물관에 진열되어 있다.

틸라묵에는 치즈 공장 외에도 해군항공대 박물관Naval Air Museum이 있다. 이 박물관에는 제2차 세계대전에 참전한 20년 기령(비행기 나이)의 퇴역 비행기가 보수되어 잔디로 덮인 넓은 초장 건너편의 활주로에 전시되어 있다.

무엇보다도 우리의 식탁에 오르는 치즈의 상표로 인해 세계적으로 유명한 틸라묵 치즈 공장에 들르면 숙달된 안내원들이 공장 투어의 안내를 맡아 세계 각지에서 온 관광객들에게 치즈 제조를 위한 각종 설비들과 제조 공정들을 설명해 준다.

반쯤은 알아들을 수 있지만 축산가공 전문지식이 거의 없는 나는 교사 연수 때, 그저 경기도 이천에 있는 제일제당 햄 공장을 방문하던 기억을 되살리며 제조 공정을 이해해보려 애써 보지만 쉬운 일이 아니었다.

이 공장에서는 5월의 좀 더운 여름날이었는데도 아이들을 데리고 견학 나온 부모들을 비롯하여 많은 관광객들로 붐볐다. 이곳에서 전 세계로 판매되는 신선한 치즈 몇 가지를 샀더니 더운 날씨에 상하지 않도록 보온 가방에 넣어서 잘 포장해 주었다.

코츠코의 서울 점포에서도 틸라묵 치즈가 판매되어 귀국해서도 어렵지 않게 틸라묵 치즈를 볼 수 있다. 이 상표를 볼 때면 언제나 틸라묵에서 맛본 향긋한 냄새와 독특한 맛이 느껴지는 듯하고 오리건 해안가 산골길을 오르내리면서 보았던 틸라묵 주변 경관이 떠오른다.

끝없이 넓은 들판에서 한가로이 풀을 뜯고 있던 누런 소들과 얼룩 젖소들, 그리고 군데군데 남겨져 있는 건초 창고들, 지은지 오래되어 세월의 풍상을 견딘 듯 반쯤 허물어져 한쪽으로 기울어진 낡은 건물들도 아름다운 영상으로 되살아나곤 한다.

## 케이프 파울웨더Cape Foulweather

케이프 파울웨더는 지금까지 미국인들에게도 그리 잘 알려지지 않은 지명이지만 일찍이 1778년 5월 영국인 제임스 쿡 선장이 하와이를 발견한 후 미국 본토의 태평양 연안을 처음으로 항해하면서 붙인 이름이다. 이 곶Cape은 링컨시티에서 뉴포트로 가다가 아주 험악한 산길 모퉁이에 있는데 우리는 어느 여름날 자그마한 기념품 가게에서 생리현상을 해결하려고 주차를 겸해 들렀다.

이곳은 그 역사적 의미를 비경 속에 숨긴 채, 오리건 코스트의 한 야영장 주변 절벽으로만 알려져 있었는데 2003년 5월 25일 바다에 접한 해발 152m(500ft)의 깎아지른 듯한 절벽 위에 한 채의 기념품 가게가 세워지면서 사람들의 발길이 머무르게 된 곳이다.

제임스 쿡 선장은 한 미국인 하사관과 함께 두 척의 배로 이 곳을 항해한 후부터 동부 중심이었던 미국인의 관심을 이 곳으로 끌고

와 마침내 오리건 지역이 동부에 알려지고 모피 거래를 시발로 미국역사의 일부로 편입되었다.

단 몇 시간만 머무르면 바닷가 절벽에 아슬아슬하게 서서 해안선에 부딪쳐 흩어지는 파도와 물거품, 바닷가 암석 위에 보금자리를 마련한 물새 떼들의 먹이 사냥, 물살을 헤치고 작은 파도를 일으키며 물장구치는 돌고래, 시간이 되면 빛을 거두며 바다 위로 떨어지는 태양과 함께 할 수 있다.

잠시 더 머물며 오솔길을 걸으면 '잔잔해지지 않는 파도는 없다'는 진리를 확인시켜 주듯 강렬한 폭풍이 지나간 후의 고요한 바닷가를 체험할 수 있는 곳이기도 하다.

바닷가 언덕 152M의 깎아지른 절벽인 파울웨더 곶의 기념품 가게 정면. 가게 안에 들어서야만 절벽 위에 강고하게 버티고 선 건물임을 실감한다.

## 뉴포트Newport

틸라묵에서 101번 해안고속도로를 타고 약 110km(69마일) 남쪽으로 가면 뉴포트가 있다. 플로렌스에서는 90km(50마일) 북쪽에 있는 바닷가의 아주 아름다운 도시다.

유럽인이 들어와 어항으로 출발한 이 도시의 현재 인구는 약 1만 명 정도이다. 해안도로에서 멀지 않은 해변의 모래 언덕에서 태평양의 낙조를 볼 수 있어 유진에 살 때는 태평양 저 건너 고향산천을 그려보기 위해 가끔 달려왔던 곳이다.

뉴포트 인근 역시 제임스 쿡 선장이 태평양 쪽으로 현재의 미국 서해안 지역에 처음으로 상륙했던 지점이다. 뉴포트에 연이어 약 40km쯤 북쪽으로 불과 30분쯤 달리면 링컨 시티 도심이다. 북쪽에서 내려오려면 틸라묵에서 약 1시간 거리에 링컨 시티가 있고 30분쯤 더 달리면 제법 번화한 뉴포트다.

포틀랜드에서는 210km 정도(133마일), 자동차로 2시간 반쯤 서쪽으로 달려오면 링컨 시티가 있고 도시의 남쪽이 뉴포트다. I-5에서는 233번 나들목으로 나와 서쪽으로 20번 국도를 약 3시간쯤 달리면 바로 이 부근 바닷가다.

이 도시의 명소 가운데는 미국 10대 수족관의 하나라는 뉴포트 수족관이 있는데 해달(海獺)을 비롯하여 바다표범과 상어가 인간이 마련해준 보금자리에서 인간들이 보기에 자연스럽고도 안전하게 제 삶을 이어가는 모습을 볼 수 있다.

근처에는 많은 포도밭과 포도주 양조장이 있다. 우리가 살던 해인 1998년에 이 지역에서 생산된 포도주가 좋은 기후 조건 때문에 가장 맛있는 와인으로 세계적 명성을 얻었단다. 이들 양조장들에서 오리건의 윌라메트 와인을 공짜로 얻어 마시고 고유한 맛과 향을 바닷바람과 섞으며 더욱 가볍고 싱그러운 기분에 젖기도 한다.

도시의 남쪽 방향에 있는 '오리건 해안 역사센터'에 들어서면 그 내부에 2개의 박물관이 있다. 박물관 안에는 인디언들의 원시적 어업과 통나무배 제조 장면을 재연하여 자세히 전시하고 있어 해안 지대의 원시공동체 생활에 대해 생생한 이해를 돕는다.

도시 주변에는 해안선을 따라 30-40 달러짜리 값싼 모텔부터 100달러가 넘는 고급호텔까지 즐비하기 때문에 특별한 시즌이 아니면 골라잡아 잘 수 있다.

### 바다사자 동굴(Sea Lion Caves)

플로렌스에서 101번 길 북쪽으로 산을 타고 18km(11마일) 정도 올라가거나 뉴포트에서 남쪽으로 60km(38마일) 정도 내려오면 바다사자들이 물장구를 치며 노니는 동굴이 있다. 이 바다사자 동굴은 2천 5백만 년 전에 형성되었다고 하는데 크기가 축구장 정도나 된다.

저 멀리로 헤세타Heceta등대를 마주보는 언덕에 세워진 바다사자 동굴 입구에서 엘리베이터를 타고 63m(208ft) 정도를 내려가면 자연이 만든 원형극장 모양의 동굴 속 바위에 무리를 지어 물질을 하는 바다사자를 가까이서 볼 수 있다.

바다사자는 포유류의 온혈동물이다. 이곳 북태평양의 바다사자는 오리건 주 정부의 보호를 받아 푸르고 깊으며 드넓은 바다에서 언제나 즐겁고 자유롭게 뛰논다.

봄과 여름에 여행객들은 이 바다사자들이 자연을 즐기면서 동굴 밖 바다에서 살고 있는 모습을 볼 수 있고, 가을과 겨울에는 동굴 안에서 놀거나 자는 모습을 볼 수 있다. 뿐만 아니라 때로는 동굴을 망원경 삼아 저 멀리 태평양을 유유히 헤엄치는 고래들도 만날 수 있다.

동물원의 좁은 수족관에서 사람들의 구경거리가 되는 바다사자나 고래들에 비해 이 곳의 바다 동물들은 인간으로부터 아무런 구속 없이 오히려 진정한 보호를 받으며 자연의 삶을 누리며 살고 있다. 이들 바다동물들의 모습을 보며 평화로운 창조 세계를 지키려는 인간들의 심지 깊은 노력이 '바로 이렇구나' 하고 생각하니 자연사랑이 내 몸에도 그대로 번지는 듯 했다.

이 동굴로 가는 언덕길에는 아이들이나 노인들이 실족하지 않도록 비탈을 구비 구비 돌아가며 난간을 쳐 놓았다. 난간을 잡고 산책로를 따라 자연 그대로 바닷가 언덕에 핀 들꽃을 들여다보고 구름 낀 바다의 은빛 물결에 반사되어 반짝이는 햇빛을 맞으며 오존이 가득한 바다 냄새를 가슴 깊이 들이마셨다.

다른 많은 관광객들도 한 폭의 수채화 같은 아름다운 모습에 취해 넋을 잃고 경관을 바라보다가 이를 사진에 담느라 여러 각도에서 카메라 셔터를 누르고 있었다.

### 플로렌스Florence

유진에서 126번 서쪽 길 끝까지 100km(60마일)를 달려가면 오리건 해안의 자그마한 마을인 플로렌스다. 캘리포니아 쪽에서 올

플로렌스 어항 부두. 다리 뒤로 오리건 코스트 상징인 모래 언덕이 보인다.

라오면 쿠스베이에서 101번 해안도로를 타고 북쪽으로 75km(47마일) 정도니까 한 시간이면 닿을 수 있다.

플로렌스의 상주인구는 주로 은퇴자들인데 약 7천여 명 정도다. 하지만 이 도시를 오가는 유동인구를 합치면 약 2만 명이다.

이 소도시에는 개척 초기 오리건 해안의 역사가 깃들어 있다.

관광객들은 이 도시의 박물관에서 초기의 정경을 경험할 수 있다. 세계 각 국에서 수집한 2,500개 이상의 인형이 전시된 박물관Dolly Wares Doll Museum도 있다.

인형을 만드는 취미를 가진 사람들이 이 도시를 찾아오면 퀼트 용으로 헝겊들을 산다고 해서 나도 이 도시의 한 상점에 들러 몇 가지의 천 조각을 샀다.

수십 미터 높이의 모래 언덕과 이어진 해안선을 타고 요트를 즐기거나 승마나 수상비행기를 타는 등, 다양하게 여가를 즐기는 사람들의 모습에서 우리는 마음이 풍요로운 삶을 위해 노후를 뜻 깊게 보낼 방법을 곰곰이 생각했다.

### 오리건 모래언덕(Oregon Dunes National Recreation Area)

프로렌스에서 2km(1마일) 남짓, 서쪽으로 더 나가면 해안선을 따라 끝없이 펼쳐진 모래 언덕길을 만난다. 66km(41마일)나 되는 이 언덕 이름이 오리건 모래언덕Oregon Dunes이다.

이 모래언덕은 플로렌스와 그 남쪽의 항구도시인 쿠스베이 사이에 그림처럼 펼쳐져 있는데 이미 오래 전부터 지정된 국립 휴양지다. 모래 언덕 주변은 자연의 변화가 보여주는 경이로움으로 하여 많은 관광객의 눈길을 끈다. 오랜 세월에 걸쳐서 때로는 짧은 시간에도 바닷바람이 휘몰아쳐 끊임없이 모래 언덕의 형태를 변화시킨다.

우리가 이 곳을 찾은 1년 사이에도 이 곳에서는 인간들이 형용하기 어려운 알 수 없는 새로운 조형이 만들어 졌다가 얼마 후에 보면 옛 모습이 흔연히 사라지고 때로는 언덕 위에 높은 탑 모양이 더해지기도 했다.

관광 표지판에는 이 일대에 137종이 넘는 조류가 모여든다고 적혀 있다. 여러 곳에서 온 애조가(愛鳥家: 새를 좋아하는 사람)들이 환호성을 지르며 카메라 셔터를 누르고 있었다.

하니맨Honeyman 주립공원을 포함하여 듄시티Dune City 근처의 맑디맑은 호수에서는 물과 하늘 사이를 자유롭게 부상했다가 또 어느새 급강하하는 비행보트 타기, 물고기 낚시에 요트 타기까지 각종 레크리에이션을 자기 마음대로 즐기는 사람들이 우리에겐 또 색

다른 구경거리였다.

많은 다른 관광지 인근처럼 이 곳에도 여가용 차량의 주차장RV Park이 있어 동부나 남부에서 온 여유 있는 미국인들과 "어디서 오셨수?"하고 짧은 인사를 건네며 농담을 나누었다. 예를 들어, 우리가 "유진에서 왔소"하고 답하면, 반어법으로 "어휴! 무척 멀리서 오셨군요. 우리는 앨라배마에서 왔지요"라고 답해 준다. 여기서는 아주 가까운 동네에서 놀이 나온 우리들과 자기들의 처지를 뒤바꾸는 말장난으로 웃지 않을 수 없는 분위기를 만들어주는 우리 또래 여행객들도 심심찮게 만나곤 한다.

이 때를 기다렸다는 듯 남편은 또 월남전 참전 미군들과 함께 지내던 얘기로 그들과 농담을 주고받으며 자신의 기구한 경험담을 늘어놓아 나를 심심하게 한다.

이 공원의 입구에는 자동으로 요금을 계산하는 곳이 있다. 처음 여기에 왔을 때는 요금 징수원이 없어서 퇴근시간이 지났기 때문에 그냥 들어가도 되는 줄 알았다. 국립공원이나 국가지정지역으로는 처음 가 본 곳이라 사전 지식이 없

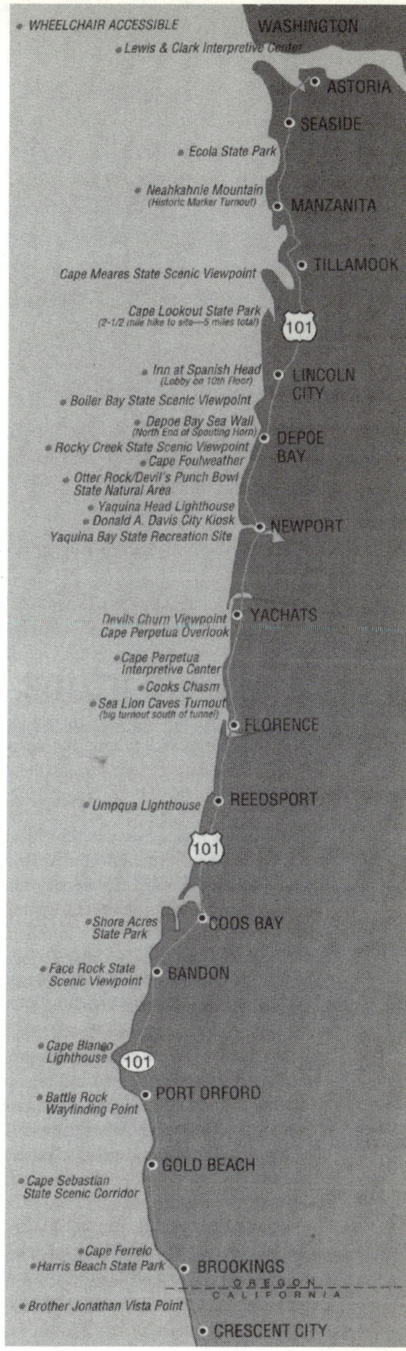

오리건 코스트의 관광 안내지도

어 입장료 징수원이 없어도 입장료를 내고 들어가야 하는 곳인 줄 알 턱이 없었으니까.

한참 구경하다보니 순찰차가 주차 차량의 앞 유리창을 하나하나 확인하고 있는 것이 보였다. 무슨 일인가 싶어 차로 뛰어갔다. 제복 입은 사람이 "영수증을 보여 달라"고 하여 "없다"고 하니까 벌금을 내라는 것이다.

우리는 처음에 이들이 경찰관인 줄 알고 우리나라에서처럼 죄도 없이 겁부터 집어먹으면서 "입구에 아무 사람이 없어서 요금을 내는 줄도 모르고 얼마를 내야 하는지도 몰랐다"고 하니까 "벌금은 그만두고 입장료만큼만 내라"고 했다. 다행이었다.

어리벙벙한 우리들에게 끝까지 벌금을 물라고 강요하지 않은 것만도 고마웠다. 나중에 안 일이지만 이들은 국립공원경비원이었다. 입장료를 내었더니 공손하게 영수증을 교부해주면서 "구경 잘 하고 좋은 여가시간 보내라"는 인사말도 잊지 않았다.

이렇게 하나하나를 다시 배우며 태평양 바닷물이 들고나는 바닷가 모래밭을 한참 동안 거닐면서 점점 기울어져 서쪽 바다로 넘어가는 해를 바라보았다. 저 태평양 건너 어디쯤에는 우리의 동해가 있을 테지. 강릉도 있고 포항도 있고 울산과 부산도 있겠지.

고국이 생각나면 달려가는 이 곳에서 우리는 갈 때마다 달라진 모래 둔덕  모습을 보면서 거대한 바다 태평양이 내뱉는 자연 바람의 위력을 실감했다. 센바람으로 인하여 우리가 방금 밟고 지나왔던 모래밭의 발자국이 금새 빗자루로 쓸어 놓은 듯 흔적조차 사라져버릴 때도 있으니까.

이 관광지대의 길목에 자리 잡은 모래언덕에서는 주로 젊은 남녀들이 오토바이를 타고 '모래땅의 모험Sand Land Adventures'을 즐

오리건 해안의 변화무쌍한 모래언덕

기고 있었다. 이름을 물었더니 '샌드버거Sand Bugger'라고 알려주었다.

그저 '모래 벌레' 정도로 이해했다. "이게 아마 살아 있는 영어다"라고 생각하며 이 표현을 알게 된 것만으로도 우리는 만족했다.

이 경기는 오토바이나 삼륜차를 타고 150m(500ft) 높이에 경사 각도가 아마 60도 이상 되는 것 같은 가파른 모래 언덕을 빠른 속도로 기어오른 다음, 정상에 잠시 머무른 후에 급히 질주하여 모래 언덕 기슭 아래로 내려온다.

울퉁불퉁한 오토바이 바퀴와 각양각색의 깃발을 펄럭이며 남녀노소 가리지 않고 이 모험을 즐기는 모습이 너무 멋졌다. 그러나 플레이어 대부분은 젊은이들이었다. 경기는 매우 위험해 보이지만 플레이어들은 짜릿한 스릴이 있을 것 같아 신기한 듯 넋을 잃고 한참이나 이 장면을 지켜보고 있었다.

"우리, 저 경주를 시도하기엔 이미 늙은이야!" 제법 용감해 보이는 남편이 나의 팔을 끌며 말했다. 이제 젊은이들과 어울리기엔 정말 너무 늙었는가 아니면 남편의 조로(早老) 정서 때문인가! 아주 정열적인 이 사람이 '샌드버거' 타기는 왜 이렇게 꺼리는가!

나는 샌드버거를 꼭 타 보고 싶었다.

모래 언덕 가장 높은 꼭대기에 서서 고개를 뒤로 돌려 망망대해 저 아름다운 태평양을 보고는 다시 고개를 앞으로 돌려 사이유슬로 강 하구의 반짝이는 물결을 내려다보면 얼마나 기분이 상쾌할까.

마침, 어떤 젊은이가 다가와 "개인이 탈 수 있는 차와 가족들이 함께 탈 수 있는 차도 있고 숙련된 드라이버가 동승해 주는 차도 있으니 타고 싶은 사람은 마음대로 차종을 선택하며 경주를 즐길 수 있다"고 말했다. 그래도 우리는 다치지 않을까 겁이 나서 아쉬움을 접으며 다음을 기약해 보았다.

한꺼번에 120명이 탈 수 있다는 안전한 유람용 대형 샌드버거로 이 모래 언덕에 오르자면 그만한 예약 손님이 있어야 한다. 우리는 이곳에 느닷없이 가끔 들렀기 때문에 이것을 한번도 타보지 못했다. 여전히 아쉬운 마음이다.

### 쿠스베이Coos Bay

유진에서는 플로렌스를 거쳐 101번 해안도로를 타고 남쪽으로 약 64 Km(40마일) 쯤 내려가다 보면 항구도시인 쿠스베이에 다다른다. 캘리포니아 쪽에서도 101번 길로 오리건 코스트를 따라 해변가를 북쪽으로 달리면 이 곳이다.

이 도시는 포틀랜드보다 매우 작은 항구지만 주로 아시아를 향해 오리건 주 일대의 목재와 펄프를 운반하는 무역선이 오고 간다. 요즘은 목재산업의 침체로 별로 분주하지 않다.

1998년 여름, 쿠스베이 연안에서 유조선이 두 동강나면서 파손되는 바람에 기름이 바다로 유출되었다. 텔레비전 화면에는 두 동강이 나 멀리 떨어져 버린 선체를 보여주며 바다로 쏟아진 기름이 태평양 연안을 오염시킨다는 뉴스와 해설 및 주민들과의 인터뷰가 여러 날에 걸쳐 화면에 비춰졌다.

TV는 은빛 찬란해야 할 해변과 바닷가 자갈밭이 온통 시커먼 기름을 뒤집어 쓴 채 번들거렸고 물새들이 온 몸에 기름을 묻힌 채, 날갯짓조차 힘들어하는 모습을 보여 주었다.

우리는 그 현장에 달려가서 언덕 아래의 해변으로 내려가 텔레비전 화면의 모습을 재확인했다.

모래와 바위를 밟은 신발에는 덜 건조된 아스팔트를 밟은 것처럼 기름찌꺼기가 들어붙었고 바닥이 시커매져서 며칠 동안 모래밭을 밟았으나 씻어지지 않았다. 우리나라의 바닷가에서도 본 적이 있지만 해변을 오염시킨 기름띠가 없어지고 원래의 상태를 되찾을 때까지는 몇 해가 걸릴 것이다.

석양에 붉게 물든 저 먼 바다를 비추며 수평선으로 빨려 들어가는 태양을 관조하고 있노라면, 해변에 부딪쳐 하얗게 부서지는 파도와 어울려 멋진 풍경화가 될 저 해안과 근해가 귀에 들릴 듯 말 듯 앓는 소리를 내지르고 있는 것 같았다.

저 평화로운 바다가 시커먼 기름때와 기름띠에 숨이 차 헉헉거리는 모습을 본 것이다. 신음하는 자연의 울부짖음이 바다 바람으로 대신하고 있었기 때문이다. 현대 문명에 의해 파괴되고 있는 생태계의 현장을 목격하면서 무심한 여행객도 파괴된 환경 앞에 숙연해졌던 기억이다.

### 태평양도 잔잔한 골드 비치Gold Beach

골드 비치는 오리건 코스트의 남부에 위치하고 있어 캘리포니아 쪽의 도시에서 더 가깝다.

101번 해안도로로 북 캘리포니아의 크레센트 시티Crescent City에서 이 곳까지는 주 경계를 넘어 1시간 반쯤 걸린다. 미국의 동·서·남부 여러 비치 가운데 이처럼 아기자기한 모습을 본 적은 그리 많지 않다.

넓은 비치에서 하얀 거품을 뒤집어 쓴 물결을 배경으로 승마를 즐기는 이, 쌍안경으로 수평선 아득히 먼 바다를 응시하는 이, 바닷게 잡기를 놀이 삼아 즐기는 이, 이들은 형형색색의 복장으로 우리의 이목을 잡아당겼다.

물고기 잡기에 나선 갈매기와 물독수리 따위 물새들의 활갯짓까지 합쳐 태평양으로 흘러드는 이 넓고 깨끗한 해변을 수놓아 하나의 자수 병풍을 연상시킨다.

이름이 널리 알려지지 않은 로그Rogue강이 바다로 흘러드는 광경 또한 골드비치의 장관이다. 101번 도로가 로그 강을 건너는 둑의 양쪽에서는 낚시질이 한창이었다. 반짝이는 물결에 우리가 찾아간 날 특별히 호수처럼 잔잔한 태평양 바다 위에서 느릿느릿 요트를 즐기는 이가 아득한 느낌을 더해 주었다.

이와는 대조되게 로그 강 물위에는 제트 보트가 속도를 내어 물살을 가르고 있고 함성을 지르는 남녀노소 관객들의 소음이 엔진 소리와 뒤섞여 마치 사람과 자연이 하나인 듯 했다.

## 오리건 동굴(Oregon Caves)을 향하여

유진 시내에서 오리건 동굴로 가려면 I-5의 남행 길로 로즈버그 Roseburg에서 엄프쿠아Umpqua강을 건너고 그랜츠 패츠Grants Pass를 거쳐야 한다.

오리건 주의 I-5 58번 나들목으로 나가면 산자락에 아담하게 감싸 안긴 그랜츠패스Grants Pass의 시가지가 펼쳐져 있다. 1996년 통계로 이 도시는 인구 약 2만 명 정도였지만 2004년에는 2만5천 명 정도로 인구 증가속도가 빠른 도시다.

이 도시는 시스키유 국유림Siskiyou National Forest의 무성한 수풀 사이로 흐르는 로그 강을 끼고 육(肉)가공업과 임산물 가공업이 일찍부터 발달된 곳이다.

또한, 이 지역 특산인 글라디오라스를 비롯한 화훼 원예에다 각종 청과물과 유제품 교역 중심지로도 유명하다. 도시 부근에 이르면 물동량이 증가한 때문인지 갑자기 자동차들이 부쩍 는 듯하여, 운전자는 주행속도를 줄여야 할 때가 많다.

오리건 동굴은 이 도시의 세 갈래 갈림길에서 캘리포니아의 크레센트 시티로 연결되는 199번 도로를 타야 한다. 이 길로 50km (30마일) 정도를 서남쪽으로 달리다 보면 케이브 정션Cave Junction 이라는 마을이 나온다.

여기서 46번 도로를 타고 다시 30km(20마일) 쯤 동쪽을 향해 산등성이를 타고 달리다 보면 오리건 동굴로 오르는 꼬불꼬불하고 가파른 길이 나온다. 그래도 '오리건 케이브 하이웨이Oregon Cave Highway'라는 이름이 붙어 있다. 미국의 고속도로는 일반도로와 무엇이 다른지 궁금하다.

캘리포니아에서 오리건 동굴로 가려면 101번 해안도로를 타고 오다가 크레센트 시티에서 울창한 레드우드가 하늘을 가리는 199번 길을 따라 오리건의 케이브 정션으로 와도 된다.

우리는 5월 중순경 이 동굴을 찾았다.

산자락은 따뜻하고 맑은 날씨였지만 구불구불한 산길을 한참 달리다 보니 어느새 우리는 하얀 눈이 꽤 많이 덮여 미끄러운 산간 도로를 달리고 있었다. 크리스마스카드에 그려진 눈 덮인 정경에 자동차 한 두 대가 오갈 뿐이어서 자신도 모르는 사이에 카드 안에 그려진 주인공이 된 느낌이었다.

겨울이 끝나가면서 동파(冬破)된 탓인지 도로는 이따금씩 군데군데가 움푹 패이고 무너져서 때마침 보수공사를 하고 있었다. 이제부터 긴 겨울을 나고 깊은 산 속에 숨겨진 오리건 동굴을 찾는 여행자들이 좀 늘어나기 때문인 것 같다.

뜻하지 않은 사고를 당하지 않도록 철저히 대비하는 모습이 보기 좋아 이따금 차량 통행을 통제하는 깃발 든 사람들에게 잘 협조하면서 편안하게 이 길들을 지나 갈 수 있었다.

우리나라의 5월 중순이면 초여름인데 별천지에 온 것 같이 눈길을 감상하며 천천히 약 4-50분쯤 꼬불꼬불한 산등성이를 달려올라갔다.

마침내 한 폭의 잘 찍은 풍경사진이 눈앞에 나타났다. 눈에 덮여 하얗게 된 오리건 케이브 롯지Oregon Caves Lodge다. 해발 1,220m(4,000ft) 높이에 위치한 관광안내소에서 동굴입장권을 사려니까 매표원은 동굴에 들어가기 전에 일정한 수의 관람객이 모여야 한다기에 우리가 먼저 표를 사고 기다렸다.

기다리는 시간에 우리는 동굴 주변의 눈 덮인 숲길을 오르내리다가 샤또Chateau라는 이름이 붙여진 목조의 '성채(?)'에 자리 잡은 기념품 판매점을 잠시 둘러보았다.

나는 야생 들꽃으로 만든 목걸이를 하나 샀다. 우리나라에서도 카드나 양초와 액자 등 여러 가지 장식용 물품에 야생 들꽃을 쓰고 있지만 이곳의 작은 들꽃이 앙증맞아 보여 견물생심(見物生心)으로 이 목걸이를 샀다.

이 동굴이 세상에 알려진 건 130여 년 전이다. 1874년에 사냥꾼인 데이비슨Elijah J. Davidson이 곰을 쫓아 동굴 안으로 들어갔는데 곰은 온데간데없고 미국 서북부의 명승지가 된 광대한 풍경의 이 동굴을 발견하게 되었단다. 이 동굴은 관광객의 안전과 동굴 보호를 위해 12월, 1월, 2월에는 관광객의 출입을 허용하지 않는다.

이삼십 분 정도를 기다리자 드디어 동굴관광 가이드는 입장권을 구입한 사람들로 한 팀을 구성하여 우리들을 동굴 안으로 안내하였다. 6세 이하나 키가 107cm(42인치)미만인 작은 어린아이들은 따로 안전성을 점검 받아야 하고 관광 시간은 한 시간 내지 한 시간 반 정도에 둘러 볼 거리는 약 800m(반마일)라고 설명했다.

가이드가 앞장 서 걸으면서 동굴 한 구비에 들어서면 불을 켜서, 동굴 속을 환하게 밝혀 동굴 내부를 자세히 설명해 준다. 그리고는 다른 구비로 가기 위해 이제껏 둘러 본 장소를 벗어나게 되면 꼭 전등을 껐다. 되도록 생물을 포함하여 동굴 속 모든 것이 원래의 자연

오리건 동굴 속에서 수만년 자랐을 기기묘묘한 석순들의 모습

상태를 유지하기 위해서 라는 것이다. 관광객들에게 오리건 동굴의 묘미를 맛보이면서도 자연을 사랑하려는 두 가지 목적을 조화하려는 노력이 돋보였다.

1980년대 국내의 동굴 여행을 즐길 즈음에 고수 동굴을 비롯하여 울진 성류굴 등이 사람 몸살을 앓고 있었다. 요즘 동굴관리자들이 이런 방식으로 안내하는지 아닌지는 잘 모르겠다. 어쨌든 이처럼 상반되는 가치가 잘 조정되었으면 좋겠다.

동굴 여행을 위한 팀 구성을 기다리느라 추운 바깥에 서 있다가 동굴 안으로 들어서니 훈훈한 대기가 우리를 다시 데워 주었다. 이 대리석 동굴 안은 사시사철 항상 섭씨 5도(화씨41도) 정도로 일정한 온도를 유지한단다.

현장 가이드는 관광객들에게 옷을 따뜻하게 입고 동굴 바닥이 미끄러우므로 걷기에 편한 신발을 신어야 한다고 일러주었는데 동굴 안은 오히려 덥게 느껴졌지만 동굴 바닥은 가이드의 주의대로 제법 미끄러웠다.

깊은 동굴 벽에는 밧줄 같은 것이 실타래처럼 이리저리 얽혀있었다. 그것들은 전깃줄이 아니라 모두 얽히고설킨 나무 뿌리였다. 땅 위에서 땅 밑으로 동굴을 타고 몇 십 m 깊이 까지 뿌리를 내린 나무들의 생명력을 동굴 안에서 직접 눈으로 확인했다.

약 60만평(200만 제곱m=480에이커)에 이르는 거대한 넓이의 동굴 일부분을 보았을 뿐이지만 동굴 속은 기기묘묘한 형상들로 삼라만상을 재구성해 놓은 듯 했다.

신랑 신부와 하객들을 재현한 듯한 결혼식장의 모습, 남자 성기 모양의 석순, 팝콘 모양의 석회석 더미, 동굴 속을 흐르는 맑은 지하수를 가로막은 댐 모양의 돌들, 대성당의 웅장한 석주(石柱) 모양도 볼 수 있었다. 또한 어떤 사람도 통과할 수 없는 좁고 깊은 통로 사이로 최장 26년을 살고 있는 신기록을 가진 별종 박쥐들이 휙휙 소리를 내며 날고 있었다.

동굴 속은 드나드는 사람들이 적고 관람시간을 제한하는 탓에 자연 상태의 보존이 거의 완벽해 보였다. 이 동굴의 모습과 수많은 관람객들 때문에 관람시간 내내 계속 불을 켜놓을 수밖에 없는 우리나라 동굴의 생태계가 오버랩되었다.

## 로즈버그Roseburg

로즈버그는 I-5의 120번 나들목부터 127번 나들목 사이에 좌우 양쪽으로 펼쳐져 있는 도시로 124번 나들목에서 바로 도심에 연결된다.

유진에서는 100km(63마일) 남쪽으로 약 1시간 정도 달리면 되는데 '크레이터 레이크Crater Lake' 북쪽 출입문으로 가는 관문이기도 하다. 이 도시는 유진 시내에서처럼 북쪽으로 흐르는 윌라메트 강과 달리 이 도시에서 서쪽으로 흘러가 태평양에 이르는 '엄프콰Umpqua 강'의 수많은 계곡들이 서로 합쳐져 '엄프콰 국유림'의 심장부라는 소리도 듣는다.

엄프콰 인디언 부족의 주권을 행사하는 '카우 크릭 부족Cow Creek Tribe'의 자치 정부 청사도 이 곳에 있다. 인디언 정부 청사는 미국 국기와 부족기가 펄럭이는 게양대를 앞에 두고 있는 단층 건물로 스티븐스Stephens 거리에 있다.

I-5의 123번 나들목 부근인 시내 입구에 '더글러스 카운티 역사와 자연사 박물관Douglas County Museum of History and Natural History'이 있다. 고속도로 옆에, 축제나 큰 모임을 열 수 있는 넓은 마당fairground이 있어 금세 이 박물관을 찾을 수 있다. 우리는 대낮의 더위에 밀려오는 오수(午睡)를 피하기 위해 이 마당을 보고 고속도로를 나왔다가 뜻하지 않게 또 하나의 박물관 기행을 하게 되었다.

우리는 두 사람의 입장료로 7불을 지불했다. 그 대가로 1967년에 신축되어 십 년마다 한 차례씩 두 번 증축된 이 조그만 박물관의 여러 가지 진열품들 앞에서 더글러스 카운티의 인간사와 자연사를 함께 머리 속에 담을 수 있었다.

2층짜리 건물인 박물관 내부의 2층에는 엄프콰 골짜기에 인간이 깃든 다음의 아메리카 원주민 8천년 역사, 캐스케이드에서 태평양 연안까지의 땅위에 살고 있는 천연 동물의 박제와 사진들이 전시되어 있다.

박물관 아래층 안마당에 전시된 1916년산 닷지자동차

1층에는 서부 개척 초기의 농기구들이 가지런히 정리되어 있다. 아래층 마당에는 1916년 캘리포니아와 오리건 사이의 99번 국도를 달리던 초기의 '닷지 자동차Dodge Brothers Touring Car'가 아직도 달릴 것처럼 정차되어 있다. 하지만 자동차는 세월의 이끼를 머금어 어쩔 수 없이 낡은 모습이다.

우리나라의 왕골로 만든 바구니처럼 곱게 채색한 아메리카 원주민의 바구니는 미국의 여느 인디언 박물관에도 다 있다. 그래도 인구 2만 명 정도의 중소도시지만 이 동네 꼬마들은 자기가 살고 있는 고장의 문화유산을 고스란히 재현한 모습들을 멀리가지 않고 가까이서 직접 눈으로 보고 배운다.

로즈버그는 유진에 비해 1년 내내 날씨가 훨씬 부드럽고 온화하다. 겨울에 비 오는 날도 더 적다. 로즈버그 관광안내소의 직원은 이 곳을 처음 찾는 여행객에게 이 도시 주변에서는 수준 높은 양질의 포도주가 많이 생산되니까 포도밭양조장에 들르라고 당부한다. 최근 오리건 주는 캘리포니아 주나 워싱턴 주처럼 우수한 와인 생산에 힘을 쏟고 있다.

## 남 오리건 대학교에 대한 기억

남 오리건 대학교Southern Oregon University는 애쉴랜드Ashland에 있다.

도시로는 캘리포니아와 오리건의 주 경계에서 제일 가깝다. 캘리포니아에서 오면 해발 2,300m(7,533ft)나 되는 애쉴랜드 산 중턱의 고갯길로 약 1,300m 지점의 6부 능선 언덕길을 넘어 약 20Km(14마일) 정도에 있다. 오리건에서는 높은 산을 넘기 전, 주의 가장 남쪽에 위치한 도시이다.

주 경계선은 캐스케이드산맥을 타고 우뚝 선 준봉들을 굽이굽이 돌아 많은 사람들이 힘들여 자연을 개조해 뚫어 놓은 I-5 프리웨이의 산길들을 오르내려야 한다.

이 도시의 남쪽 산비탈에는 스키장도 있고 캘리포니아에서 오리건으로 올 때는 관광안내소에 들러 오리건 주의 지도와 명승지의 안내 책자도 얻을 수 있다. 안내원들은 대부분 아주머니들로 온화한 미소를 머금으며 친절하고 또렷또렷 떨어지는 알아듣기 쉬운 영어로 여유 있게 애쉴랜드와 오리건 주를 안내해 준다.

우리가 애쉴랜드를 처음 찾았던 1999년 4월 19일, 남 오리건 대학을 잠시 둘러보려고 주차하면서 30분에 10센트라고 적힌 매우 적은 주차료(유진의 오리건 대학 부근은 30분에 25센트다)를 보고는 별 뜻 없이 주차대에 동전 몇 개만 넣었다.

이 대학교는 셰익스피어 축제로 미국 전역에 널리 알려진 대학이다. 교정에 들어서자 건물 사이의 정원에는 형형색색의 봄꽃이 화사하게 피어 있었고 마침 점심시간이 되었다. 그룹별로 식당을 찾는 대학생들, 특히 일본어를 주고받는 아시아인 어학연수생들의 모습을 유심히 살펴보다가 꽤 시간이 흘러버렸다.

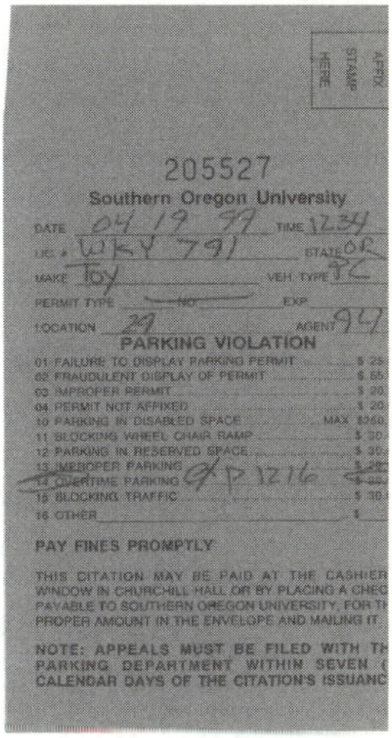

벌금티켓

마침 우리도 점심을 먹어야 하기에 그들 뒤에 줄을 서서 간단히 식사를 때웠다. 주차시간이 지나지 않았나 걱정되면서 '아차' 싶어 부지런히 주차장으로 뛰어 나왔다. 어느새 그 잠깐 사이에 주차 위반 딱지가 붙어 있었다.

주차시간 초과 차량을 단속하는 학생들이 붙여놓은 벌금이 자그마치 20달러였다. 1달러나 2달러 정도만 넣었으면 되는데 하필 동전이 얼마 없어서 또 과외지출을 하게 되었으니 기분이 갑자기 언짢아졌다.

'이의가 있으면 주차위반 단속 사무실에 들르라'고 쓰여 있었지만 우리는 갈 길이 바빠 사무실이 어디에 있는지 찾을 시간이 없었다. 클라마스폴스를 거쳐 네바다로 가야 할 그 날의 일정 때문이었다.

유진에 가서 아는 사람들에게 물어보고 나서 서면으로 항의하면 되겠거니 생각하고 주차위반 딱지를 챙긴 채, 자동차를 몰아 14번 도로를 타고 동쪽으로 향했다.

석 달도 더 지나 1999년 8월 귀국 무렵에 주차 위반을 알리는 붉은 딱지가 한 장 날라 왔다. 그 대학교에서 온 주차위반 벌금납부 통지서였다. 차량번호를 추적해서 주소지로 날아온 것이다.

귀국 준비에 바쁜 때에 항의해 보았자 시간 낭비만 될 것 같아 수표책을 꺼내 개인수표 한 장에 20달러를 적어 그들에게 보냈지만 죽은 '셰익스피어' 생각하며 괜한 영미문화에 솔깃했던 우리 자신들이 얄미웠다. "도대체 셰익스피어가 우리에게 무엇인가?" 그 이름 때문에 시간 가는 줄 몰라 아까운 외화 20달러를 날리게 되었던 남오리건 대학교였다.

이 학교에서는 일본인 유학생들이 유난히 눈에 많이 띄었다. 교정이나 식당에서는 영어보다 일본어가 더욱 많이 들렸다. 당시 IMF 사태가 터져 오리건대학교처럼 큰 대학교에도 한국인 어학연수생이 급격히 줄었기 때문인지 아니면 우리나라 학생들이 대도시와 대학교 이름을 선호하는 바람기 때문인지 여기서는 한국말 소리를 듣지 못했다. 그러나 유진에 비해 물가가 비교적 더 싼 애쉴랜드의 이 대학교에서 어학연수를 받으면 한국 사람이 없기 때문에 훨씬 더 효과적일 게다.

요즘 미국에 어학연수를 가는 학생이 있으면 나를 홀린 '셰익스피어' 귀신도 잡을 겸, 이 대학교에 가기를 권하고 싶다. 한국인이 득실거리는 유명대학이나 대도시에서 영어를 배우기는 일본인이 너무 많은 이 대학교에서 일본인 어학 연수생이 영어를 배우기 어려운 것과 같을 것이다. 교정 곳곳에서 일본어로 지껄이고 있으면 영어로 말하기가 부지하세월(不知何歲月), 언제 가능하겠는가.

## 애쉴랜드에서 주 경계선까지

I-5로 오리건 주와 캘리포니아 주의 경계선은 애쉴랜드에서 남쪽으로 약 22km(14마일) 달려 애쉴랜드 산등성이 1,314m(4,310ft) 지점이다. 이 지점이 I-5에서 가장 높은 곳이다.

이 길에서 오리건의 1번 나들목은 시스키유 산꼭대기Siskyou Summit로 1,067m(3500ft)의 고개 마루다. 캘리포니아 주의 최북단 I-5의 해발 표지가 914m(3000ft)니까 주 경계선의 프리웨이는 매우 가파른 오르막길이다.

오리건의 이 길 6번 나들목에서 접근하는 애쉴랜드 산은 해발 2,293m(7,523ft)나 되니까 고산지대를 달리는 고속도로인 셈이다. 하지만 미국 고속도로는 6% 이상의 경사도를 허용하지 않기 때문에 운전자로서 나는 그렇게 높은 산이라는 생각을 하지 못한 채, 겨울철에도 눈 덮인 이 산길을 자주 넘었다.

그러다가 한 겨울 눈 내리는 어느 날, 이 고개에서 낭패를 당할 뻔한 적이 있다. 오리건의 1번 나들목인 고개 마루에서 애쉴랜드까지 10Km(6마일), 5분 거리를 넘는데 한두 시간이나 걸렸다.

2006년 1월 17일이었다. 부슬부슬 진눈깨비가 내리는데 바깥 기온은 섭씨 영도 내외. 주 경계선에는 꼬리를 물고 자동차들이 늘어서 있었다. 자동차 운전자들이 체인을 감고 있었고 한편에서는 체인 판매상들이 체인을 팔거나 설치하고 있었다. 콜로라도에서는 이 보다 더 많은 눈이 쌓여 있는 데다 계속하여 눈이 내리고 있었지만 체인을 감았는지를 단속하지 않았다.

그래서 우리는 그냥 이 산길을 넘고 싶었지만 '체인 없는 차량은 더 이상 통행금지'라는 팻말이 보였다. 많은 차들이 늘어서서 모두들 체인을 감고 있고 체인 설치 업자들이 호객행위를 하고 있었다. 체인 없이는 이 고개를 넘을 수 없다면서 설치를 은근히 독촉했다.

보통 상점에서 50달러 미만인 체인 값은 70달러이고 설치비 25달러를 합쳐 95달러를 달란다. 부득이 우리도 고개를 넘어야 하니 체인을 설치했다. 털털거리며 고갯길을 오르다 보니 설치비가 15달러라는 팻말을 들고 서 있는 사람도 있었다. 체인 설치 대목인 모양이다. 이 대목에는 부르는 게 값이다.

괜히 10달러를 잃었다는 기분으로 차창 밖을 봤더니 오리건의 셰리프 유니폼을 착용한 예쁜 모습의 백인 여순경이 무엇이 좋은지 방긋방긋 웃으면서 길을 통제하며 안내하고 있었다. 그 예쁜 모습이 인상적인 한편으로 이 고갯길의 엄격한 법 집행과 운전자들의 요란스러움이 대조되었다.

고갯길을 오르다보니 염화칼슘 같은 제설제는 보이지 않고 눈 위에는 흙만 뿌려져 있었다. 가난한 주여서가 아니다. 오리건 주에서는 환경보호단체인 그린피스Green Peace를 비롯한 운동단체들의 활동이 활발하고 주정부도 강력하게 환경보호정책을 펴기 때문이었다. 제일 추운 산꼭대기에서도 외부 온도는 화씨 32도, 섭씨 0도 그대로였다.

불과 4~5 Km(2~3마일) 눈길을 달리기 위해 95달러의 통행료를 내고 짐 덩어리로 체인 하나만 늘어난 셈이다.

고개를 넘자 이미 눈은 모두 녹아 강물처럼 길바닥에 넘쳐흘렀다. 우리도 다른 차들처럼 애쉴랜드를 향한 내리막길에서 갓길에 차를 세우고 체인을 풀었다. 대부분의 차들과 함께 다시 속도를 내야 했기 때문이다.

## 클라마스폴스Klamath Falls에 폭포가 없다니(!)

아이다호 주를 처음 찾았을 때, '왜 아이다호에 호수가 없는가?' 하고 한국어와 영어를 조합해서 생각한 적이 있었다. 그때 보다 영어 이해력이 늘었을 때에 클라마스폴스에 갔는데 역시 '클라마스폴스에도 왜 폭포가 없는가?' 하고 한참이나 지도를 찾다가 또 한번의 실소를 머금었다.

오리건 주 남쪽에서는 애쉴랜드의 I-5의 14번 나들목으로 나와 66번 국도를 타면 언뜻 보아 사막지대를 닮은 지형이 나타난다. 이 길의 동쪽으로 약 90Km(60마일) 가면 꽤 아담한 도시가 나온다.

이 도시의 북쪽에는 댐을 막아 아주 넓은 호수가 있다. 옛날에는 클라마스라는 이름의 폭포가 있어 이와 같은 지명에 붙여졌다지만 지금은 사막 속의 아름다운 호반 도시이다. 이곳에서 62번 길을 타고 서북쪽으로 올라가면 크레이터 레이크의 동남쪽으로 오르는 길목이어서 많은 관광객들이 머무는 곳이기도 하다.

그 전 해 초가을, 처음 방문했을 때는 크레이터 레이크에서 내려오던 길에 이 곳에 들러 하루를 묵었다. 이 도시는 지열을 동력원으로 이용하여 난방과 온수를 공급하고 발전도 하는 지역이다.

가정교과 시간에 나는 학생들에게 미래에는 환경 보호를 위해 지열 발전, 파력 발전, 조력 발전, 풍력 발전, 태양열 발전 등이 활발해 질 것이라고 가르치긴 했다. 하지만 이렇게 지열을 이용하여 전기를 생산하는 클라마스폴스라는 도시를 직접 방문하여 지열로 덥혀 놓은 따뜻한 방에서 좋은 밤을 지내고 온천욕에 비길만한 온수욕도 즐긴 것은 참 색다른 경험이었다.

바깥 날씨는 추웠지만 호텔 객실은 훈훈했다. 김이 모락모락 나는 옥외풀장에서는 비키니 차림의 멋진 젊은 여성들과 같은 물에서 놀 수 있었으니 그 자체만으로도 무척 기쁜 일이었다.

풀장의 물도 지열로 데워 졌으니 기름 한 방울 나지 않아 취사와 난방을 수입한 석유로 해결해야 하는 우리 형편에서는 참으로 부러웠다. 우리나라도 기술만 잘 개발하면 지열 발전을 할 수 있는 지역이 있을 텐데…….

## 미국의 백두산 천지, 크레이터 레이크

크레이터 레이크Crater Lake National Park는 수심 589m(1932ft)로 미국에서 가장 깊은 호수이고 세계에서 7번째란다. 세계에서 가장 깊은 호수는 시베리아의 바이칼 호수로 무려 1,637m다.

이 호수는 마자마 산Mt. Mazama이 대폭발을 일으킬 때 생겼다고 한다. 호수 언저리의 산봉우리 가운데 가장 높은 곳은 호수의 남쪽에 있는 스코트 산Mt. Scott으로 해발 2,721m(8,929ft)이니까 호수 바로 언저리의 산봉우리는 2,744m인 백두산보다 조금 낮다.

처음 이 산 꼭대기 호수에 오른 때가 10월 초순이었지만 수년전 비바람 속에 올랐던 8월의 백두산 천지에서 받은 신비로움과 오묘함에 비길 만했다. 차량 1대 당 입장료로 10달러를 내고 들어가면 다른 국립공원처럼 1주일간 공원 안을 들락날락하며 또 머물 수도 있다.

크레이터 레이크로 가는 길은 여러 갈래가 있다. I-5의 30번 나들목에서 62번 고속도로를 타고 동쪽으로 약 115Km(72마일) 쯤 달리면 이 호수의 남문을 통해 호수 주변을 순환하는 도로에 들어

서게 된다.

캘리포니아에서는 I-5의 샤스타 산Mt. Shasta 갈림길에서 97번 길을 타고 북쪽으로 캐스케이드산맥을 넘으면 클라마스폴스에 도착한다. 이 도시의 시내구간을 벗어나 97번 길을 그대로 북향하여 약 34Km(21마일) 가면 62번 도로와 만난다. 여기서 우회전해 서쪽으로 약 46Km(29마일) 가면 호수의 순환도로가 나온다.

처음 이 곳을 찾은 1998년 10월 1일은 서늘한 기온에 맑은 날씨였다. 그 전 날, 우리는 이 호수를 향해 유진을 떠났다. 오리건을 방문하는 한국 사람들이 꼭 가본다는 곳이고 미국 출신 여행전문가 한 사람이 죽기 전에 꼭 가봐야 할 1000곳의 명승지 가운데 하나로 꼽는 곳이 이 분화구 호수이다.

아침 일찍 일어나 I-5를 타고 남쪽으로 조금 내려가다가 고센Goshen에서 58번 길을 타고 133Km(83마일)를 남동쪽으로 달려가서 97번 길 남쪽 방향으로 29Km(18마일) 내려가면 다이아몬드레이크Diamond Lake로 가는 삼거리 길목이 나온다. 이 길목 근처에 있는 작은 마을의 허름한 모텔에서 우리는 하루 밤을 묵었다.

다음날, 동서로 뻗은 138번 직선 길로 접어들어 약 24Km(15마일)를 서쪽으로 달리니까 네거리 갈림길이 나왔다. 갈림길에서 남쪽 방향으로 약 한 시간 정도를 달리다 보니 우리는 점점 비탈진 산길을 오르고 있었고 마침내 크레이터 레이크의 안내표지가 보였다. 거의 북문에 가까이 왔을 것으로 생각하고 차창 밖으로 호수가 보이기를 기다렸지만 한참 동안이나 험준한 산길을 이리 꼬불 저리 꼬불 돌아가야만 했다.

남문과 호숫가의 관광안내소인 '림 빌리지Rim Village'는 1년 내내 열려 있지만 북문과 호수 주변 순환도로Rim Drive는 첫 눈이 내리는 10월초나 중순경에 문을 닫고 다음 해 5월 중순이나 6월 중순에 다시 문을 연다.

북문으로 들어가는 코스를 택한 우리는 10월 1일이라 북문이 폐문(閉門)되었으면 다음 날 다시 남문으로 접근을 시도해야 할 판이었는데 다행히 그 날은 입산이 가능했다. 국립공원 안으로 들어서자 길섶은 장벽처럼 눈이 쌓여 있지만 차도에는 눈이 없었다.

한참 비탈길을 달려 오르다 보니 도로는 완전히 빙판이었다. 아침이라 사람들이 아직 이 산길로는 자동차를 몰고 오지 않았기 때문이다.

겨울에 숱하게 많은 미국의 도로를 달려보니까 눈이 많이 내리는 지방에서는 내리자마자 좋은 장비들을 갖추고 제설작업을 빨리하지만 인적이 드문 곳은 제설작업이 아무래도 굼뜨다.

얼마 전 한국인 여행객 여러 명이 이 국립공원으로 자동차를 몰고 여행을 왔다가 비탈진 눈길에 차가 굴러 떨어지는 바람에 죽거나 다쳤다는 얘기를 들었던 터라 가족의 생명을 책임진 운전자로서 나는 조심에 조심을 더하여 달렸다.

가슴이 두근거렸지만 태연한 척 했다. 옆에는 남편이, 뒷좌석에는 딸아이가 앉아 있는데 아무 소리도 내지 않고 있다. 아마도 무사하기를 기도하는 모습이리라. 드디어 정상에 거의 도달하니 산장이 보였지만 서서히 눈발이 날리기 시작하였다.

산장 앞 주차장에는 벌써 많은 차들이 서 있어 참 의아스러웠다. 처음에는 우리보다 먼저 올라온 사람들이 이렇게 많은가 보다고 생각했다. 나중에 알고 보니 어제 또는 며칠 전 산장의 모텔이나 남쪽 길로 와 산장 바로 아래 마을에서 자고 온 사람들의 자동차였다.

이 산장의 매점에 들어가 따끈한 차를 한잔씩 마신 후 기념품을 사고 호수가로 걸어가 수면을 바라보니 과연 백두산에 올라 천지를 내려보는 기분이었다. 약 53Km(33마일)에 이르는 호수 주변의 산과 나무들은 하얀 눈을 뒤집어 쓴 채 카드에서 보던 장면 그대로였다. 이 호수를 찾는 관광객이 한 해 50만 명이나 된다고 하니 그야말로 절경 중의 절경인 것이다.

이 희한한 장면을 기록으로 남기려고 카메라 셔터를 눌렀다. 잘 찍힌 사진이 나오기를 기대하면서. 그런데 이 웬 일인가? 아니면 그저 우리의 불찰인가? 셔터를 눌렀지만 카메라는 사진을 찍지 못했다. 카메라의 배터리가 완전히 방전된 것이다.

매점에 다시 들어가 우리 카메라에 맞는 배터리를 찾았다. 점원은 해당 규격의 배터리가 없다고 하며 우리에게 맞는 것을 찾아보라고 했지만 아무리 살펴보아도 맞는 것을 찾을 수 없었다. 결국 우리는 일회용 카메라를 하나 새로 사서 이 멋진 설경(雪景)을 찍었으나 멍텅구리 카메라가 좋은 사진을 만들어 남겨 주지는 못했다.

다시 자세히 호수를 둘러보니 호수 안에는 작은 산봉우리로 이루어진 섬이 있어 우리의 백두산 천지와 완전히 달랐다. 하지만 1994년인가 중국 쪽으로 백두산에 올라 구름이 조화를 부리는 천지를 내려다 본 기억을 애써 떠올리며 가슴 벅차했다.

백두산의 여름처럼 크레이터 레이크는 초겨울인데도 잠시 후 심한 안개가 수면을 가렸다. 드러냈다가는 다시 감추기를 반복하는 높은 산과 호수가 부리는 조화가 호수 수면과 구름을 분간하기 어렵게 했다. 변덕스러운 날씨이다.

이 호수 자리는 원래는 해발 3,660미터(12000ft)의 마자마Mazama산 정상이 있었으나 화산이 폭발하면서 정상 부분은 동쪽으로 조금 밀려나고 화산폭발지점은 가라앉아 생긴 분화구에 물이

차 깊은 호수가 되었다. 호수 표면이 해발 1,882미터(6,176ft)나 되고 호수 안에는 화산의 제2차 폭발 때 생긴 마술의 섬Wizard Island과 유령의 섬Phantom Ship 두 섬이 떠 있어 안개가 걷힐 때면 이 호수의 신비를 더해 준다.

약 7,700년 전에 마자마 화산이 처음 폭발했을 때는 1980년에 폭발한 워싱턴 주의 세인트 헬렌스Mt.St. Helens 화산보다 42배나 더 큰 폭발력으로 용암을 분출했다. 화산재가 네브라스카Nebraska 등 현재의 인근 8개 주와 캐나다 3개 주에 걸쳐 15cm(6인치)의 두께로 13,000 제곱km(5000 제곱마일)를 덮었다고 한다.

우리 남한의 면적이 대강 10만 제곱 km이니까 대한민국 땅의 약 8분의 1정도나 되는 땅에 15cm의 화산재가 덮었던 모습을 상상해 보시라.

화산의 분화구에 물이 채워져 만들어진 호수 중에서 이보다 더 큰 호수는 뉴질랜드의 타우포Taupo에도 있지만 그 때는 이 호수의 나이를 정확히 몰랐다. 나이를 계산한 과학자들에 따르면 화산 폭발 이후의 기후 조건이 현재와 같았다면 아마도 600-800년 걸려서야 현재만큼의 수심을 채울 수 있었을 것이란다.

이따금 구름과 안개 사이로 드러나는 호수의 빛깔은 하늘빛을 닮았다. 하늘빛이 변하듯이 호수면은 그 기막히게 아름다운 자태를 시시각각 변화시키고 있어서 우리는 잠시도 수면으로부터 눈을 뗄 수 없었다.

이 호수를 안내하는 책자에는 수면의 퇴적물들과 구름의 변화무쌍한 모양, 바람의 흐름, 그리고 물위에 떠 있는 것들과 녹아 있는 것들, 호수 가장자리의 얕은 곳에서 자라는 수초들도 호수의 신비로운 색깔을 만들어 내는 요소들이라고 적혀 있었다.

크레이터 레이크의 두 모습—안개구름에 사라졌다 다시 나타나는, 눈에 둘러싸인 가을날의 호수 모습(위)
청명한 여름날의 모습(아래)
호수 속의 섬은 '마법의 섬(Wizard Island)'

이 호수의 맑고 투명한 물은 흘러나가는 곳 없이 폐쇄된 상태이기 때문에 빗물이나 눈 녹은 물이 채워지면 매우 긴 세월을 두고 천천히 낮은 곳으로 새나가거나 증발한다. 그래서 지리학자들은 호수가 오염되는 날이면 자체정화에 엄청난 세월이 걸릴 것이므로 환경보호에 각별히 주의해 줄 것을 경고하고 있다.

다양한 형태의 구름 속에 숨었다 나타나기를 반복하는 태양으로 인해 숨바꼭질하듯 각양각색으로 변하는 산과 나무의 그림자, 무지개 빛 벌판에 핀 야생화를 보며, 다음에는 꼭 한 번 더운 여름날 남문으로 다시 이 호수에 올라오기로 마음을 먹었다. 어떤 이는 여름에 오는 것이 가장 좋은 구경을 할 수 있다고 하기에.

## 한 여름 맑은 날의 크레이터 레이크

맑디맑은 여름날, 우리는 이 호수를 다시 찾았다. 처음 이 곳을 찾은 지 약 5년이 지난 2003년 8월 한 여름 어느 날이었다.

가을에 오르던 산길과 달리 이번에는 I-5의 99번 나들목을 나와 꼬불꼬불한 숲길을 따라 온갖 푸른 나무들을 뒤로 보내며 달리다보니 어느새 낯익은 푯말이 보이고 높은 산봉우리가 나타났다.

눈이 다 녹아, 건너편 저 멀리 길 아래로 낭떠러지까지 다 내려다보이는 곳을 지나오자니 한 겨울 눈 덮인 빙판길 옆 낭떠러지를 보면서 조심조심 운전하던 기억이 새로웠다.

하얀 눈으로 덮여 세상 때 묻지 않은, 순수함 그 자체인 아름다웠던 길이지만 지금은 모든 것을 드러낸 숨김없는 솔직함으로 또 다른 감동을 주었다. 지난번엔 추위에 떨고 눈을 맞으며 들어섰던 호수 가의 산장에 다다르니 각지에서 온 수많은 관광객들로 선물 가게는 매우 분주하였다.

크레이터 레이크는 전처럼 푸른 물을 더욱 시원하게 드러내놓고 위용을 자랑하였다. 8월 더위가 한창인 지금도 절벽 끝과 호수면의 경계선에는 간간이 하얀 눈을 숨길락 말락 보여주면서.

호수 주변을 한바퀴 돌며 겨울에 구름과 안개가 숨바꼭질하던 푸른 호수 물을 바라보며 다시금 백두산의 장관을 회상했다. 그리고는 여름과 겨울의 아름다움이 다르듯이 또 다른 모습을 하고 있을 봄과 가을의 모습을 그려보았다.

### 후드산Mt. Hood

후드 산은 오리건 주에서 가장 높은 산으로 높이가 3,426m(1만1천2백40피트)나 되는 미국 서부의 손꼽히는 명산이다. I-5로 오리건 주의 북부를 달리면 차장 밖으로 멀리서 가까이서 다가왔다가는 다시 멀어져 가는 거대한 산 덩어리를 보게 된다. 멀리서 보면 일본의 후지산처럼 정상을 중심으로 삼각형 모습이 대칭 형태를 이루고 있고 그 꼭대기는 흰 삿갓을 쓴 것처럼 만년설을 뒤집어 쓰고 있다.

산 아래는 윌라메트 강줄기를 따라 넓은 들판이 펼쳐져 수십 마일 떨어진 먼 곳에서도 이 산을 바라볼 수 있다. 후드 산은 오리건 북부의 온갖 산과 들판 뿐 아니라 워싱턴 주의 산과 콜롬비아 강을 가로질러 그 웅장한 모습을 확연히 보여주고 있다.

워싱턴 주와 오리건 주의 경계선을 이루는 콜롬비아 강변을 따라 달리다가 저 멀리 서쪽으로 아련히 떠오른 후드 산 정상이 보인다.

우리가 처음 이 산을 찾은 것은 오뉴월 여름날의 캄캄한 밤이었고 잠자리로 정상 부근에 있는 스키장 호텔을 떠올렸다. 하지만 그 깊은 밤중에 산중에서 찾은 그 호텔에는 잠자리가 없었다. 발길을 돌리자니 황당한 느낌이었다.

앞에 썼듯이 이 날 밤, 호텔 찾기에 동행해준 미국 경찰과의 첫 만남과 그들이 베풀어 준 친절이 내게는 신선한 기억으로 남아 있다. 그들 덕분에 운전하기 힘든 후드 산길을 한밤중에 달렸지만 나는 조금도 힘들지 않았다.

청량한 밤공기가 오히려 가슴 속을 훑으며 강한 힘으로 탄산가스를 내뿜어 주는 듯 했다. 멀리서 보던 이 높은 삿갓 봉우리 근처까지 달려갔다는 생각에 가슴이 뿌듯했다.

콜럼비아 강 건너로 보이는 여름날의 눈덮인 후드산 원경

### 더 댈러스The Dalles의 와스코Wasco 현립 역사박물관

포틀랜드에서 콜롬비아 강을 거슬러 올라가다 마주치는 더 댈러스The Dalles에는 와스코 현Wasco County의 역사박물관이 있다.

포틀랜드 쪽에서는 I-84의 82번 나들목으로 나오거나 동쪽에서는 84번 나들목으로 나와 30번 고속도로를 따라 조금 더 달리면 더 댈러스The Dalles 시내 외곽에 이 박물관이 있다.

이 박물관에는 콜롬비아 협곡Gorge이 형성되는 40만 년 동안 화산시대와 대홍수시대를 거치는 지질학적 역사변천 과정을 설명하는 각종 전시물들이 시각적으로 잘 정리되어 실감나게 이 지역의 자연사를 이해하게 해준다.

또한, 각종 유적과 그림으로 일만 년 전부터 이 곳에 살고 있던 미국 인디언의 생활상과 이곳을 정착지로 개척한 백인 이주민의 목숨을 건 탐험 여정을 만날 수 있다. 열병과 풍토병에 쓰러지며 이를 악물고 서부로 달려간 포장마차 행렬을 보는 듯 형상으로 재현한 그림들 속에는 낙천적으로 새 시대를 열어 간 사람들의 장엄한 정신력과 고귀한 노동의 흔적이 만져지는 듯 했다.

아울러 수천 년 한결 같은 삶의 방식으로 이 땅에 살았던 아메리카 원주민이 어느 날 갑작스레 찾아 온 환난을 이겨내는 모습도 우리들의 시야에 오버랩 되었다. 저 강인한 서부 개척정신과 마주친 원주민의 끈기 있는 정신력이 충돌하면서 어떻게 서로를 지양하며 조화를 이루어 왔는지 관람객 각자는 나름대로 답을 얻었을 것이다.

건물 밖으로 나오면 저 아래로 굽이쳐 흐르는 콜롬비아 강물과 건너편 워싱턴 주의 14번 도로를 따라 달리는 자동차가 햇볕에 반사되며 붉은 지층과 함께 어우러져 협곡의 수려한 풍광을 과시한다.

한쪽에는 옛날 서부의 비포장 길을 달리던 마차가 서 있었고 그 장면을 설명해주는 아가씨 안내원도 있었다. 손에 쥐고 있었던 다 떨어진 퀼트 요를 가리키며 아주 자랑스럽게 자기 할머니가 만들어 어머니께 주셨던 것이고 어머니가 다시 자기에게 물려주신 아주 소중한 유산이라는 것이다.

내가 보기에 그 다 떨어진 요는 우리나라에서라면 이미 오래 전에 버려졌을 아주 낡은 것이었다. 아마도 그녀는 조상들이 바늘 한 땀 한 땀 정성을 들여 만들어 준 요에서 조상의 손끝과 따뜻한 숨결을 찾고 있는지도 모르겠다.

나는 이사를 여러 번 하면서 어려서 신었던 예쁜 꽃버선도, 고모님께서 쓰셨던 조바위도, 어머니가 손수 놓아주신 수저집도 한 세대가 다 지나기 전 자취를 감춰버리게 했다.

미국의 동네 박물관들을 관람하면서 나는 과거가 있었기에 현재가 있고 새로운 미래가 현재로부터 출발함을 다시 인식했다. 이미 내버린 낡은 물건들에 대한 아쉬움이 잠시 내 마음을 적셨다.

## 오리건의 공업단지 펜들턴Pendleton

펜들턴은 이 주의 동북부 끝 부분에 위치한 도시로 워싱턴 주의 동쪽 끝과 아이다호 주에서도 그리 멀지 않은 곳으로 이 주는 물론이고 미국 전역에서 알아주는 공업도시이다.

많은 굴뚝산업의 공장이 유색 인종의 노동자들을 고용한 탓인지 길거리나 슈퍼마켓에서 만나는 사람들은 흑인, 히스패닉 등의 유색인들이다. 이들은 대개 젊은 사람들로 건강하고 부지런해 보였다.

미국 여러 곳에서 자주 만났던 뚱뚱한 사람들을 이 도시에서는 별로 볼 수 없었다.

도시 입구에 있는 관광안내소에는 언더그라운드 투어를 권하는 광고가 보인다. 광고를 보고 도심에 위치한 언더그라운드 건물을 찾았다. 가이드를 따라 어두컴컴한 지하 공간에 들어서자 타임머신을 타고 19세기 미국의 어느 소도시에 온 것 같은 착각에 빠졌다.

마약에 취해 몽롱해 하는 노동자, 도박에 열중하는 남정네들의 모습을 재현한 지하도시에서 지상으로 올라오자 우리나라의 미아리 텍사스나 청량리 588 같은 미국의 집창촌이 나타났다. 집창촌에서 창녀들이 손님을 받아 성을 팔고 사던 실내의 모습을 재현하여 관광객들의 웃음을 자아내게 하는 관광 상품으로 보존하고 있었다. 당시 창녀들이 거주하며 성을 팔았던 방에는 그녀들이 목욕을 하고 화장을 하던 장면과 실내의 가구들이 전시되어 있었다. 이 중의 백미는 단속이 있을 때, 급하게 몸을 숨기느라 침대 밑으로 기어 들어가면서 제대로 몸을 감추지 못해 발이 삐죽이 나온 한 쌍의 남녀 마네킹이었다.

초등학교 5-6학년 정도 되는 사내아이가 부모들과 함께 이를 구경하면서 부모가 상세하게 상황을 설명하자 "모든 것을 이해한다"는 듯 씩 웃으며 부모들의 설명에 동의를 표하는 모습이 우리 부모들로는 전혀 이해가 되지 않을 것 같다.

우리나라에서도 최근에 여성부가 주도하여 서울의 유서 깊은 집창촌들을 없애고 도시를 말끔하게 정리하려는 구상을 실천하려는 듯하다. 하지만 매매춘의 현장을 없앤다고 우리의 성문화가 일순간에 바뀌지는 않을 것이다.

다음 세대들에게 사람들이 성적 행복을 추구하던 모습의 시대적

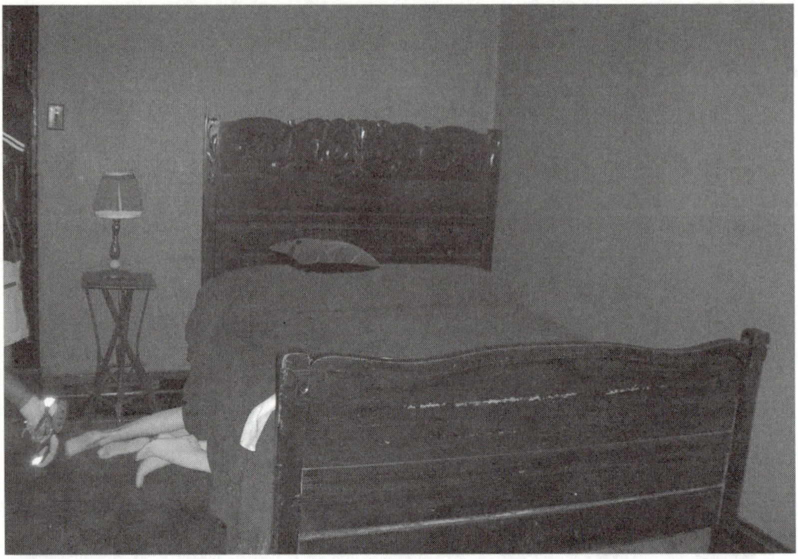

집창촌 단속을 피하는 남녀의 모습을 형상화한 마네킹과 침대(위)
서부개척당시 펜들턴의 육고기 판매점을 재현한 모습(아래)

변화상을 올바르게 이해시키면서 역사 발전의 구체적인 사례들로부터 미래의 바람직한 가치를 추구하게 하는 것이 더 낫지 않을까? 그러자면 집창촌의 기억을 모조리 없애버리기보다 여성이 자신의 성을 팔아 삶을 유지해야 했던 과거의 시대상황을 있었던 그대로 접해 보게 해 진짜 역사의식을 갖게 하는 교육장이 있는 것도 좋을 법하다.

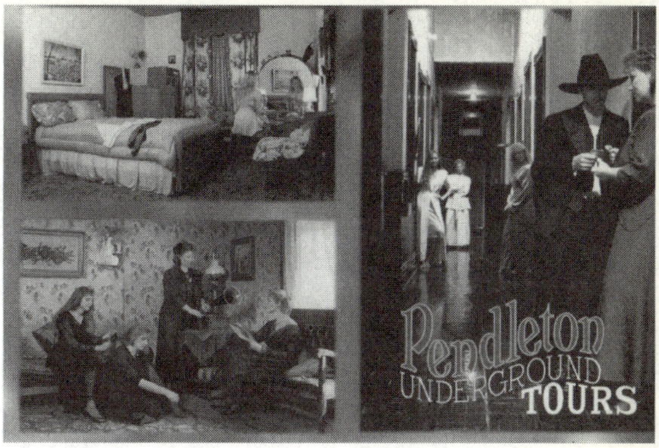


펜들턴의 지하관광 안내엽서

지하의 방에서 마약이나 도박을 즐기다가 단속하는 경찰관이 들이닥치면 비밀리에 뒷문을 통해 밖으로 달아날 수 있게 하는 벨까지 장치한 재미있는 공간 조형이었다.

보도에 유리블록을 깔아 지하 공간에 태양 빛이 투과되도록 해 놓았다. 이 유리블록은 천정 역할을 하면서 이 지하도시의 밝기를 조절해 주고 있었다.

지하의 공간은 19세기 무렵 이 마을의 대표적인 상점이었을 정육점, 육고기를 보존하던 냉장창고, 가축의 부위별 절단 과정을 재현한 전시물, 우유 짜기와 양털 깎기 등에 사용하던 연장과 도구들이 당시의 광고 포스터와 가격 등을 표시한 상점 간판과 더불어 잘 보존되어 있었다. 관광객의 눈길이 자연히 끌릴 수밖에.

## 오리건 인디언들

미국 원주민들은 인디언이라는 이름으로 지금은 유럽 정복자들의 보호를 받으며 미국 각지에 흩어져 살고 있다. 알래스카의 223개 인디언 부족을 비롯하여 미국에는 모두 550개의 인디언 부족이 275개의 보호구역에서 연방 정부의 인정을 받고 특별한 법적 관계를 맺고 있다.

인디언 부족들은 자치권을 가지고 미국 연방과 법적으로 동등한 정부 대 정부의 관계를 가지고 있다. 하지만 인디언 보호구역은 '법'이라는 무기를 들고 사실상 아메리카의 광활한 토지를 개척이라는 이름으로 빼앗아간 역사의 유물이다.

물론, 아직도 인디언 부족과 그들의 거주 지역 가운데는 연방 정부의 인정을 받지 못하고 주 정부의 인정만 받고 있는 부족이나 지역이 있고 최근 들어 연방 정부와 소위 '정부 대 정부' 관계를 수립하고 있는 부족도 있다. 소유권이라는 법적 개념을 이해하지 못해 광활한 땅을 유럽인들에게 빼앗겼던 조상들의 거주지역은 미국 법에 따라 신탁 지역, 특별 상속 지역, 인디언 개인별 토지 신탁구역의 3가지로 나뉜다.

미국 땅에서는 사유재산권을 최대한 보장한다고 하지만 그래도 예외가 있다. 그것은 군사보호구역과 인디언 보호구역이라는 2개의 보호구역이다. 이들 지역에서는 재산권의 자유로운 행사가 제한을 받는다.

인디언 보호구역에는 카지노라는 위락시설과 함께 수천 년 전부터 자신들의 조상이 물려준 땅을 '법'이라던가 소유권이라는 이름으로 백인과 기타 이주자들에게 빼앗기고 '일단은 서양의 법 적용이 제한된 땅(Reservation)'에서 살아가고 있는 아메리카 원주민들의 서글픈 이야기가 묻혀 있다.

## 왐 스프링스 인디언과 인디언 헤드 카지노

후드산 언저리의 '왐 스프링스Warm Springs 인디언 보호구역'인 카니타Kah-Nee-Ta에는 리조트와 인디언 헤드 카지노Indian Head Casino가 있다.

포틀랜드에서 26번 길을 타고 후드 산기슭을 따라 동남쪽으로 내려올 수도 있고 I-84의 동쪽길로 오다가 더 댈러스에서 97번 길로 남행하여 마드라스Madras에서 서북진하는 26번 길을 따라가면 된다. 벤드에 들렀다면 97번 북쪽 길로 약 40분 정도 더 달려간 마드라스에서 26번 길로 서북진해도 좋다.

'왐 스프링스Warm Springs 인디언 보호구역'에는 각각 다른 곳에서 고유한 전통과 문화를 향유하며 살고 있던 3개 부족이 연합해 살고 있다. '와스코Wasco', '왈라 왈라Walla Walla', '파이우트Paiute'가 그들이다.

'와스코 인디언'들은 원래 해안 쪽에 많이 사는 치누크Chinook 인디언 말을 쓰는 부족 중에서 가장 동쪽인 콜롬비아 강 연안과 캐스케이드 산악 지대에 살고 있었다. 이들은 주로 어업에 종사하며 나무뿌리를 채취하거나 구슬을 만들어 인근의 다른 부족들이 가진 옷이나 말과 교환하거나 식료품으로 바꾸는 교역을 해 왔다.

'왈라 왈라 인디언'은 '왐 스프링스 인디언'의 가장 가까운 선조이다. 이들은 여름과 겨울에 사는 곳을 옮겨 다니며 폭포에다 걸개 그물을 설치하고 연어를 잡아 식품으로 쓰기도 했다. 이들은 언어가 서로 다른 '와스코 인디언'들과도 무난하게 거래를 했다.

'파이우트 인디언'은 두 부족과 언어와 문화도 다르고 생업도 낚시가 아니었다. 이들은 광활한 서부 지역을 떠돌며 다른 인디언들과의 전투에 익숙한 사람들이었다. 이들의 거주 지역은 오리건 남부로부터 네바다, 아이다호, 유타 주 동부에 이르렀다. 이들도 백인들에 쫓기다 18세기 무렵에는 '왐 스프링스' 인근에 모여들어 정착했다.

19세기 들어 수 천 수만 명의 백인 새 이주자들이 이 지역으로 밀려오면서 1855년에는 '협정'이라는 이름 아래 원주민들은 이주민에게 많은 땅을 양도한다. 그리고 자신들은 정해진 인디언 보호구역 내에서만 자신들의 생업과 전통을 이어갈 수 있는 권리를 가졌다.

이들 3개 부족에게 나라가 지정해준 보호구역은 콜롬비아 강 유역처럼 연어 낚시도 어렵고 기후조건도 열악했으며 토양도 농사를 지을 수 있을 만큼 비옥하지 않았다.

미국의 인디언 동화정책은 이들이 자신들의 고유한 문화를 지키며 살아 갈 수 있게 하지 않았다. 인디언들은 하는 수 없이 이 지역의 임산 자원 개발을 위해 제재소에 노동력을 제공했다. 이들의 2세들은 현대식 학교 교육을 받고는 보호구역을 떠나기 때문에 인디언 부족의 사회와 문화는 점차 붕괴되거나 소실되었다.

'파이우트 부족'이 이 지역에 영구 정착한 것 역시 인위적이었다. 이들은 미군과의 전쟁에 져서 1879년 워싱턴 주의 '야카마 인디언 보호구역Yakama Indian Reservation'으로 강제 이주 당했다가 38명만이 사실상 전쟁포로로서 이 보호구역으로 귀환했다. 이들 38명이 이 곳에 정착한 후 많은 '파이우트 인디언'들이 워싱턴 주와 오리건 주의 여러 곳에서 옮겨와 미국 정부가 만든 '왐 스프링스 인디언'의 일부를 구성하게 되었다.

1934년 인디언 재조직법이 제정되었다. 그러자 이 지역 인디언들은 1937년 왐 스프링스 인디언 연합부족회의를 결성하여 헌법과정관 등 자치규약을 만들고 자급자족을 위한 산업 진흥에 나섰다. 목재회사의 설립을 시작으로 댐들을 완공하여 발전소를 건설하고, 방송국의 설립과 박물관의 건립에 이어 1996년에는 인디언헤드 카지노를 개장했다. 이어 이 지역 경제의 자금 회전을 위한 금융기관도 설립하여 운영을 시작했다. 인디언의 이 슬픈 역사를 묻어 버린 카지노에서는 많은 여행자들이 심심풀이로 여가를 즐긴다.

리조트의 객실은 향나무 냄새가 온통 진동하여 하루 밤을 묵고 나니 속세에서 온 우리도 어느새 신선(神仙)이 된 느낌이었다. 이 카지노 리조트의 산굽이 아래에 위치한 노천 온천에서는 한 겨울에도 모락모락 김이 피어오르는 뜨거운 온천욕을 즐길 수 있다.

## 코킬Coquille인디언과 밀Mill 카지노

태평양 연안의 쿠즈베이 부근에는 '코킬Coquille 인디언' 부족이 운영하는 '밀 카지노Mill Casino'가 있다. '코킬 부족'은 원래 오리건 주의 남서부에 정착해 평화롭게 살고 있었다. 그런데 18세기말 백인들이 나타나면서 천연두와 홍역 등의 전염병이 휩쓸어 많은 사람들이 생명을 잃었다. 1850년대에는 또 하나의 열병(?)인 금광(金鑛)에 사람들이 몰려들면서 원주민에 대한 이유 없는 적대감으로 마을마다 파괴되고 숱한 살인이 자행되었다.

1855년에 백인들과 협정을 체결했지만 의회의 비준을 못 받았다. 그러자, 원주민들은 고향을 떠나 해안선을 따라 북상하는 과정에서 많은 사람들이 질병으로 죽었다. 그래도 살아남은 이들은 고향으로 다시 돌아와 협정 비준을 위해 끈질긴 투쟁을 전개했다. 그

코킬 인디언이 운영하는 밀 카지노

결과로, 1989년에야 연방정부의 인정을 받아 이 부족은 주권을 회복했다.

이 부족들은 21세기에도 살아남아 더욱 번영하려면 현대적인 과학기술을 체득해야 한다면서 정보고속도로의 건설에 박차를 가하고 있었다. 오리건 코스트의 어느 도시보다 '코킬 인디언'들이 많이 사는 쿠스베이 부근은 인터넷 시설이 매우 빨리 보급되었다.

하지만 많은 미국인들은 전화로 인터넷에 연결하는 방식 외에 유선시설의 인터넷망을 그리 많이 보급하지 않고 있다. 무선 인터넷의 실용화가 멀지 않았음을 알기 때문이다. 나중에 이들 부족민들에게 오히려 일찍이 설치한 유선인터넷이 무용지물이 되지는 않을는지…….

'밀Mill 카지노'는 이들 부족이 운영하는데 카지노 안에는 백인들보다 더 많은 원주민들이 종업원으로 일하고 있다. 유진에서는 자동차로 두 시간 정도 걸리지만 셔틀버스를 무료로 운행하면서 고객들을 유치하는 등, 관광산업으로 경제적 지위 향상에 애쓰고 있는 모습이었다.

## 인디언 연합부족과 카지노 3개소

오리건 서부 지역에 살고 있는 '쿠스Coos', '로어 엄프콰Lower Umpqua'와 '사이유슬로Siuslaw' 인디언의 3개 연합부족은 '스피릿 마운틴Spirit Mountain 카지노'를 공동 운영한다. 이 카지노는 포틀랜드나 세일럼에서 태평양 연안의 링컨 시티로 향하는 길목에 있다. 이 카지노에는 대도시 주변에 사는 동양사람들도 많이 찾아온다.

링컨 시티에는 남부 워싱턴 주에서 북 캘리포니아에 이르는 27개 인디언의 연합부족이 운영하는 '치누크윈즈Chinook Winds 카지노'가 태평양의 바닷바람을 꿋꿋이 견디며 오리건 해안을 여행하는 나그네들을 불러 모은다.

엄프콰 강 계곡 I-5의 99번 나들목 바로 가까이에 '세븐 페더스 카지노Seven Feathers Casino'와 리조트가 있다. 지금은 카지노에서 위락을 즐기는 사람들이 이 지역 인디언의 엄혹한 역사를 아는가?

I-5로 오리건 남부를 달리는 여행객들은 고갯길 너머로 바람 같이 사라진 전설 속의 인디언을 만난다. 엄프콰 인디언의 카우크릭Cowcreek 소부족이 고향 땅을 잃었던 1850년대의 싸움터에 지금은 고요가 흐르고 이따금 프리웨이를 달리는 자동차 소리가 정적

세븐 페더스 카지노 앞의 독수리상

을 깬다.

오리건 남부의 엄프콰 강과 로그 강은 이 전쟁의 참상을 기억하고 있을지 모른다. 엄프콰 강은 이 역사 어린 산과 들 사이로 322Km(200 마일)를 북쪽과 서쪽 두 갈래로 흘러 태평양에 이른다. 로그 강은 오리건 남부의 캐스케이드로부터 발원하여 그랜츠 패스를 거치며 남쪽으로 흘러 골드비치에서 태평양에 이른다.

1850년대에 발효된 '오리건 영토 기부법Oregon Donation Land Act'은 이 지역 인디언 주민의 거주 여부를 묻지 않고 원주민 동의 없이 인디언이 아닌 사람도 토지에 대한 소유권을 주장할 수 있게 했다. 백인 정착자들은 인디언과 협정조차 맺지 않았다.

땅을 차지하기 위해 백인 정착자들은 인디언 거주 지역을 침략하여 원주민을 끌어내고 마을을 불태웠으며 잔인한 살육을 자행했다.

인디언과 싸우는 주로 백인들은 정규 군부대원이 아니라 제멋대로 구성된 무장 세력이었다. 이들은 오두막집에서 술에 찌든 상태에서 인디언 습격 계획을 세우고 공격을 일삼았다. 인디언들은 단지 살아남기 위해 전투 외에는 다른 방법이 없었다.

인디언의 기록에는 백인들의 공격에 처절하게 당한 이야기가 나온다. 1851년 6월 어느 날, 17명의 '로그 인디언'이 해변에서 무참하게 살해되자 인디언들은 로그 강 계곡에서 가해자인 군대를 공격했다. 이 공격에 군인들은 무차별 소탕작전으로 맞서 33명의 인디언이 더 피살되고 30여명의 인디언 여성과 아이들이 포로처럼 붙잡혔다.

1852년 8월에는 굶주리다 못한 로그 인디언들이 정착민들을 공격하여 2명의 남자를 죽였다. 그러자 잭슨빌Jacksonville에 살고 있던 정착민들은 2명의 아무 죄도 없는 인디언들을 살해하고 소리치며 울부짖는 일곱 살짜리 소년까지 목 졸라 죽였다. 다시 공격에 나선 군인들과 정착민들은 인디언 15명을 더 죽이고 여러 명에게 부상을 입혔다. 공격자들은 불과 4명이 죽었을 뿐이다.

오리건 각지에서 불과 150년 전 인디언과 서부 개척자들의 땅 싸움은 이렇게 잔혹했다.

## 클라마스 인디언과 클라모야 카지노

클라모야Kla-Mo-Ya 카지노는 97번 길을 따라 클라마스폴스에서 35Km미터(22마일) 북쪽의 도로변에 있다. 이 지점은 크레이터 레이크로 진입할 수 있는 62번 길과 97번 길의 분기점에서 약 3Km(2마일) 남쪽이다.

카지노의 규모는 비록 작지만 슬롯머신 외에도 블랙잭과 포커를 즐길 수 있어 캐스케이드 동쪽에서 접근하여 크레이터 레이크를 관광하는 사람들이 잠시 쉬었다 갈 수 있는 유일한 오락장이다. 이 카지노의 운영권을 '클라마스 인디언'이 가지고 있다.

클라마스 인디언 부족은 캐스케이드산맥 넘어 오리건 동쪽의 광활한 사막 고원 지대에 퍼져 살고 있는 6개의 서로 다른 인디언 소부족들로 구성되어 있다. 클라마스 카운티의 강변에서부터 레이크뷰Lakeview 남쪽의 구스 레이크Goose Lake에 이르는 넓은 대지가 이들 삶의 터전이었다.

이들 부족들의 전설에 따르면 세계와 동물이 창조된 다음에 동물과 창조주들이 모여 앉아 토의한 후에야 인간을 만들기로 결정했다. 창조주는 인간이 살기에 필요한 모든 것을 캐스케이드 동쪽의 비옥한 땅에 남겨두었다. 인간들은 이 땅에서 열심히 일해 풍요롭게 살았다.

긴긴 겨울밤이 지나고 식량이 바닥나는 3월말이 되면 여름철에 말라붙는 강에 큰 물고기 떼가 물살을 헤치고 모여들고 사람들은 이 물고기들을 열심히 잡아먹으며 겨울 나기에 부족했던 영양분을 보충했다. 그들은 자연을 섬기면서 우리나라 사람들이 넘겼던 보리고개보다 더 축복 받으며 살았다는 얘기다.

이 평화로운 땅에도 1826년 백인들이 발을 내디뎠다. 개척자들은 처음에 탐험가로, 다음에는 선교사로, 마침내 정착민과 목장주로 이 땅을 차지했다. '클라마스 인디언' 부족민들은 1864년 많은 땅을 이들에게 양보하는 대가로 사냥과 낚시의 자유에다 인디언 보호구역 내에서 안전하게 영원히 거주할 권리를 인정받았다. 주객이 전도되었지만 말이다.

인디언 보호구역이 지정되기 이전에 클라마스 부족들에게 말(馬)은 부유(富裕)의 상징이었다. 인디언에게 백인들의 가축인 소는 그들이 사육하는 말과 같았다. 소를 사육하는 백인들은 소 목장을 소유하고 소의 사육에 온 힘을 함께 쏟았다.

백인이 온 후, 180년이 지난 지금까지도 이 지역 인디언들에겐 소나 말을 키우는 목축업이 가장 선호되는 사업이고 경제적인 재산 만들기 방법이다.

원목 채취 산업이 진흥되자 이 부족들은 목재를 가공 생산하여 보호구역 바깥의 수요에 부응했고 운송사업에도 적극적으로 참여하여 1911년 철도개통과 더불어 상당한 부를 축적했다. 1950년대에 클라마스 부족은 미국 내에서 가장 부유한 인디언 부족이 되었다.

그러나 1954년에는 클라마스 부족원의 줄기찬 반대에도 불구하고 법에 따라 연방정부로부터 인디언 보호 종결 처분이 내려졌다. 이 처분은 인디언보호구역도 미국 정부의 공공목적에 따라 재산이 수용되고 인디언 부족으로서의 권리와 의무가 종결됨을 의미하는 것이다. 겉보기에는 차별을 받지 않는 미국인이 된 것이다.

1974년에 미국연방대법원은 1864년에 체결된 미국과 인디언 부족간의 협정에 따라 부족 구성원들에게는 수렵권right to hunt, 어획권right to fish, 집합권right to gather과 조약상의 권리에 영향을 미치는 토지 관리에 관한 상담권 등을 인정하는 판결을 내렸다. 이에 따라 1986년에 클라미스 인디언 부족원들은 비로소 연방 차원의 평등한 권리를 인정받았다. 하지만 이 지역의 토지 소유권은 인디언 부족에게 다시 되돌아오지 않았다. 이미 타인에게 이전된 소유권을 법적으로 무효화할 수는 없기 때문이다.

이 부족은 경제적 자급자족을 통해 인디언들이 지역경제에서 계속하여 중요한 역할을 맡는 것에 대한 연방정부 차원의 지지를 얻었다는 것으로 만족하면서 부족회의의 결정으로 1997년 클라모야Kla-Mo-Ya카지노를 개장했다.

## 번즈 파이우트 인디언 부족과 올드캠프 카지노

앞에서도 말했지만 용감하고 호전적이었던 '파이우트Paiute 인디언'의 상당수는 오늘날 다른 부족들과 연합하여 '왐 스프링스' 보호구역에서 연합 인디언의 부족원으로 살고 있다.

그러나 '파이우트' 중에서 '북부 파이우트 인디언' 부족원은 아직도 동북부 오리건의 광활한 대평원에서 자연과 어렵게 공존하며 대를 이어 살고 있다. 이들 부족 중의 하나인 '와다티카Wadatika 소부족'은 번즈를 비롯하여 오리건 동남부 지역에 살고 있다. 이들을 '번즈 파이우트 인디언'이라고 한다.

이들은 9천년 전쯤, 현재는 사막 땅인 대평원이 당시 넓은 호수일 적에 호수 연안의 동굴 속에서 생활하고 있었다. 이 지역은 빙하기와 대홍수를 거친 뒤인 약 7천년 전에 기후가 다시 따뜻해졌지만 토양이 메말라 식품이 귀했다. 그래서 이들은 산과 들을 헤매며 씨앗, 나무뿌리나 풀뿌리, 나뭇잎과 풀잎, 열매와 야생동물로 조악한 식생활을 유지해 왔다.

1973년 10월에야 이 지역은 처음으로 '번즈 파이우트Burns Paiute 인디언 보호구역'으로 지정되었다. 1988년에는 주민의 동의를 얻어 기본협정을 개정하여 주민들의 이익을 더욱 잘 지키는 방법들을 찾고 있다.

유럽인들이 이 지역을 점령한 역사 역시 다른 지역과 크게 다르지 않다. 이 지역에 처음 나타나 인디언을 접촉한 서양인들은 모피 상인들에게 수달 가죽을 공급하는 사냥꾼들이었다. 이들과 접촉하면서 1830년대에는 면역력이 결핍되었던 인디언들이 다른 지역에서처럼 천연두나 콜레라 같은 전염병으로 죽어 갔고 유럽인들은 가축용 목장을 개척하며 이 지역에 파고들었다.

1866년에 유럽인 보호를 명분으로 크루크Crook 장군은 이 지역에 흩어져 살고 있던 인디언들을 부족 구분 없이 한 보호구역에 강제 이주시키려고 시도했다. 인디언은 이에 저항했고 무장 병력들은 대드는 인디언들을 무자비하게 살육하다가 백인 정착민에 대한 습격과 적대 행위의 중지를 조건으로 일단 인디언 소탕 작업을 멈추었다.

그의 후임으로 1873년 이 지역에 배치된 패리시Parrish 행정관은 원주민들에게 식료품과 주거, 교육과 농업을 개시하는데 필요한 자원들을 제공하며 유화 정책을 폈지만 백인 개척자들에게는 당연히 인기를 얻지 못해 교체되었다. 새로 부임한 그의 후임 행정관은 인디언에게 제공해야 할 생활필수품들을 상업용으로 판매하는 등 부패와 비리를 일삼았다.

정부는 패리시를 다시 이 지역 행정관으로 보냈으나 이제는 증가하는 인디언 인구를 먹여 살릴 자원이 부족했다. 그런데도 이 지역 개척자들은 인디언 보호구역에까지 들어와 목장을 만들고 가축을 사육하였다. 패리시는 이 과정에서 교체되었다.

1878년에는 보호구역내의 악화된 생활 조건을 견딜 수 없어 보호구역을 떠나는 인디언 원주민들이 늘어났다. 그 무렵, 군인들이 인디언 마을을 습격하여 파괴했다는 소식이 전해졌다. 때마침, 호전적

허드슨 회사 모피를 공급하기 위해 오리건 각지를 이동하던 19세기 이지역 인디언의 생활상을 그린 모습

으로 소문난 '배노크Bannock 인디언' 46명이 백인들에 저항하여 싸울 동지들을 찾아 이 보호구역에 찾아들었다.

식량부족으로 굶어죽을 위기에 직면했던 '파이우트 인디언'들은 이에 가담하여 폭동을 일으켰으나 서부영화에서 보았듯이 많은 인디언들이 집단 학살당하는 것으로 막을 내렸다. 이것이 후일 '배노크 인디언 전쟁'이라고 불려지는 말도 안되는 전쟁이다.

이 충돌에서 사실상의 전투는 거의 없었지만 백인 군대는 '우마틸라Umatilla 인디언'을 고용하여 배노크 인디언의 두목을 유인, 살해했다. 이 전쟁에서 '북부 파이우트 인디언 부족'은 2천명의 인구 가운데 3분의 2를 잃었고 목숨을 부지한 '배녹크 인디언' 부족원들은 동족들이 많이 살고 있는 아이다호 주의 남부로 달아나고 말았다.

살아남은 '파이우트 인디언'도 모두 이유 없이 체포되어 1879년 1월의 추운 겨울날 중무장한 군대의 감시를 받으며 워싱턴 주의 '야키마 인디언 보호구역'과 포트 밴쿠버로 강제 이주 당하였다. 무릎까지 파묻히는 눈밭 속에서 남자들은 두 사람씩 묶인 채 행군해야 했고 여자들과 아이들은 이들과 분리시켜 포트 보이시Fort Boise로 보내졌다.

나머지 사람들의 운명은 알려지지 않았으나 이 지역의 역사책에는 원주민들이 군대의 대량 학살에 희생되어 저 언덕 아래로 사라져 버렸을 것이라고 적혀 있다. 강제로 자신들의 고향을 떠난 미국 원주민의 이 고통을 인디언의 역사책은 '파이우트의 눈물'이라고 전하고 있다.

고향을 빼앗기고 야키마 까지 살아서 끌려간 사람들도 대부분은 그 곳 인디언의 환영을 받지 못한 채 얹혀 살다가, 5년 후에야 귀향이 허용되었다. 하지만 고향인 번즈로 돌아온 사람은 얼마 되지 않았다.

몇몇은 야키마에 남았고 어떤 이들은 인근 부족의 보호구역에 살고 있는 친척들과 합류했다. 길고 험난한 귀향 길을 택한 사람은 몇몇이 또는 홀홀 단신으로 콜롬비아 강을 헤엄쳐 건너고 험준한 산맥을 넘어 고향 땅에 도착했다. 당시 행정관의 명령에 따라 이들은 텅 빈 보호구역이 된 고향이지만 그 곳에도 발을 붙이고 들어가 살 수 없었다. 그래서 이들은 언덕 주변에서 수렵과 채취에 종사하거나 개척자의 목장에서 노동자로 살아야 했다.

1883년 보호구역이 공유지public domain가 되었다. 1948년, 당시 90세로 '왐 스프링스 인디언 보호구역'에 강제 이주해 살고 있던 '파이우트 인디언'의 장로 한 사람은 이런 말을 남겼다.

"배녹크는 전투로 그들의 보호구역을 지켰다. 군인들과 친하게 지냈던 착한 우리 '파이우트'들은 보호구역을 잃고 야키마로 강제 이주 당했다가 다시 우리들의 적에게 넘겨졌다. 하지만 우리는 우리들의 보호구역을 포기하지 않았다"

연방정부는 과거의 보호구역에 살고 있던 사람들에게 땅을 주어

'와다티카 소부족' 일부는 번즈 인근으로 돌아와 살았다. 정부에 대한 불신과 공포 때문에 적지 않은 부족민들은 이 제안을 계략의 하나로 보고 귀향을 포기했다.

돌아온 인디언들은 번즈 근처에 모여 오두막을 짓고 살면서 남자들은 목장의 인부로, 여자들은 꽃, 설탕과 커피를 얻기 위해 사슴가죽장갑 만들기를 부업으로 가정을 꾸리고 살다가 1928년 목재소가 들어서면서 대개 이 공장 노동자가 되었다.

1927년에는 가톨릭 신부가 이 지역에서 선교 활동을 전개하면서 주민들을 교화시켰다. 그는 주민들의 동의 없이 국가가 빼앗아간 보호구역 되찾기 운동을 전개했다. 1969년 '파이우트 인디언'들은 토지 상실대가로 1인당 741 달러의 거금(?)을 인디언 보호구역에 대한 토지 보상금으로 지급 받게 되었다.

741달러를 거금이라고 주장한 남편은 당시 베트남 전에 참가한 한국군 병장의 월급이 54달러이고 하사의 월급이 57달러였는데 그 돈은 당시 우리나라 사무관급 월급 보다 많은 액수였단다. 그러니 요즘 돈 5-6천만원은 족히 되리라는 것이다. 인디언 1인당 741달러를 지급했다는 것은 목숨을 걸고 미국이 주도하는 전쟁에 참가한 한국인 사병의 몸값 1년 치보다 훨씬 많았기 때문이란다.

고향 땅을 모두 빼앗아 가고 죽을 고생을 다 시킨 후 원주인에게 베푸는 돈이 그 정도이니 참으로 어이없는 일이 아닐 수 없다.

이것이 아마 백인들이 피부색이 다른 사람들에게 베푸는 평등이요 정의인가, 그리고 이런 일을 해 내는데 앞장서는 것이 인도주의적인 박애를 내세우는 가톨릭을 비롯한 기독교 정신이란 말인가 정말로 헷갈린다.

1968년 윤곽을 드러낸 '파이우트 인디언 기본법'은 1988년 개정되었다. 이에 따라 인디언들은 자치정부를 구성하고 고유한 문화와 전통을 복원하면서 더 강력하고 건강한 공동체를 건설하겠다고 다짐하고 있다. 하지만 2005년 현재 부족원은 기껏해야 모두 341명인데 그 중에 이 보호구역에 영주하는 사람은 121명에 불과하다. 오리건을 동서로 관통하는 20번 고속도로가 캐스케이드를 넘어 벤드와 온타리오를 잇는 한 가운데 위치한 번즈에는 이러한 역사를 안고 새로운 생활 터전으로 '올드 캠프 카지노'가 개설되었다.

그리고 바람과 빗줄기를 헤치고 이 지역의 새로운 경제단위가 된 '올드 캠프 카지노'에 들렀다. 그렇게 손님들이 많지는 않았지만 지루하게 20번 길을 달려오다 가솔린도 넣고 식사도 한 여행객들이 서로 반가운 인사들을 나누며 슬롯 머신의 버튼을 누르고 있었다. 오후 4시부터는 블랙잭 테이블에 손님들이 옹기종기 모여들었다.

이 카지노는 주말이면 오전 2시까지 영업하지만 평일에는 11시에 문을 닫기 때문에 I-5 프리웨이에서 가까운 다른 카지노처럼 손님이 도박과 식사 외에 다른 환락을 즐길 시설이 당시에는 없었다.

# 2.

# 워싱턴 주

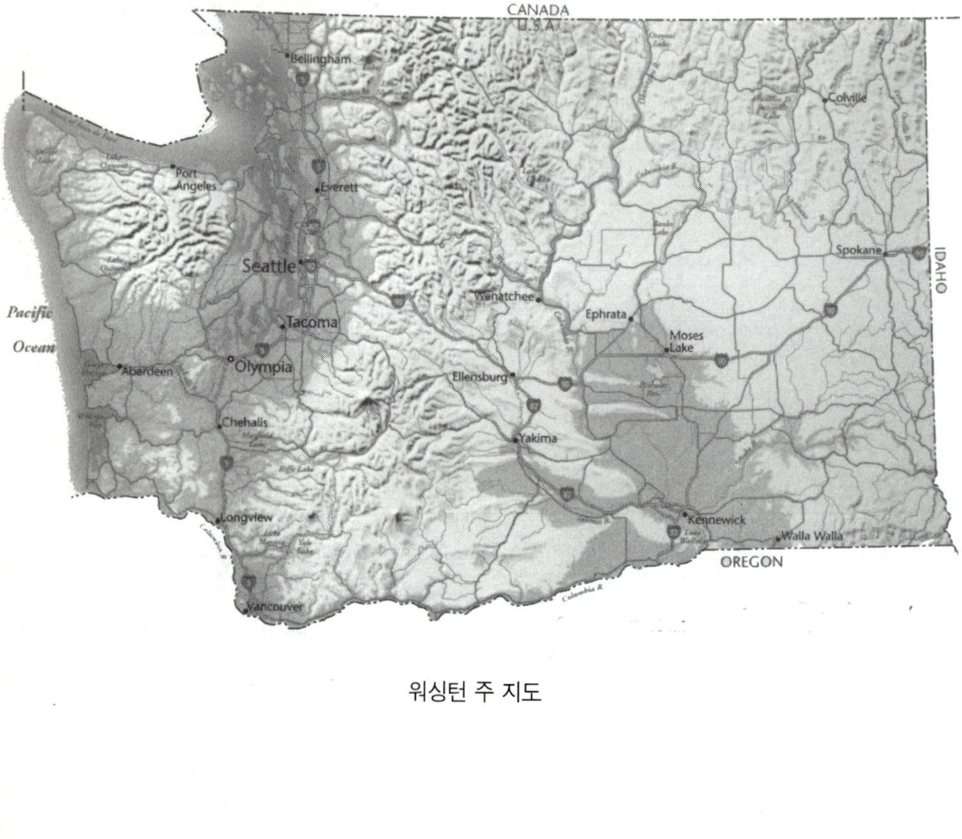
CANADA
U.S.A.
Bellingham
Colville
Port Angeles
Everett
Seattle
Spokane
IDAHO
Wenatchee
Pacific Ocean
Ephrata
Tacoma
Moses Lake
Aberdeen
Olympia
Ellensburg
Chehalis
Yakima
Longview
Kennewick
Walla Walla
OREGON
Vancouver

워싱턴 주 지도

## 워싱턴 주의 역사

워싱턴 주는 1889년 미국을 구성하는 42번째 독립주가 되었다. 이 주의 근세사는 유럽인이 상륙하면서 시작된 땅 차지하기 경쟁에서 찾을 수 있다. 제일 먼저 이 곳에는 스페인 사람들이 도착했다. 이들은 자기네 식민지인 멕시코에서 해안선을 따라 항해해 왔다.

1778년 영국인 제임스 쿡 선장이 이 지역을 탐사하고 해상을 통해 모피무역을 개시한 후, 영국인들이 이 지역에 본격적으로 이주해 왔다. 1792년에는 영국이 파견한 조지 밴쿠버가 서북항로 개척에 나서서 이 지역의 해안 지도 작성을 시도했다.

워싱턴 주에 처음 들어왔을 때, 이들이 마주친 사람들은 아메리카 대륙 어디서나 그렇듯이 인디언부족들이었다. 이들 부족의 이름은 '치누크Chinook', '코스트 샐리시Coast Salish', '네즈 퍼스Nez Pierce', '야키마Yakima' 등이다.

미국인들은 1792년에 한 무역업자가 콜롬비아 강을 알아낸 후, 루이스와 클라크 원정대가 서부 개척을 시작해 1812년에 이르러 이 지역의 모피무역을 거의 장악했다. 그러나 1840년대부터는 세계적 무역상인 영국의 허드슨만 회사가 이 지역에도 영향력을 행사하기 시작하여 영국계 이주민과 미국인들의 갈등이 개시되었다.

미국인 개척자와 영국계 정착민 사이에 자주 분쟁이 일어나 소규모 전투도 여러 차례 발생했다. 하지만 1846년 체결된 오리건 조약에 따라 영국 정착민은 북위 49도선 이북, 현재의 캐나다로 물러남으로써 영미 간 더 이상의 확전은 없었다.

그 이후에 현재의 워싱턴 주 일대는 오리건 주와 함께 미국의 서북부 변방으로써 오리건 지구Oregon Country 또는 오리건 지역

Oregon Territory이라고 불려졌다.

워싱턴 주와 미국 서북부 지역의 근대사에 나타난 공통된 특징은 유럽 이주민들이 항로 개척을 시도한 것, 미국의 동부지역과 모피 무역을 개척한 것, 가톨릭 및 개신교 선교사들이 뒤따라와 인디언들을 기독교도로 만들려고 시도한 것 등이다.

## 워싱턴주의 지리와 문화

이 주는 콜롬비아 강과 북위 46도선을 경계로 남쪽의 오리건 주와 접해 있다. 워싱턴 주는 미국 연방의 수도인 워싱턴 디씨(D.C.)와 혼동되기 때문에 흔히 대표적 대도시인 시애틀로 잘 알려져 있다.

사실 이 주에 사는 많은 우리 교포들은 I-5의 80번 나들목 부근인 시할리스Chehalis부터 260번 나들목 인근의 벨링햄 까지 무려 약 300Km미터(180마일)에 퍼져 있으면서도 "미국 어디에 사느냐?" 고 물으면 "시애틀에 산다"고 말할 정도로 시애틀은 워싱턴 주의 대명사다.

시애틀 부근에는 우리나라 1960년대 취업 이민자의 일터였던 항공기 제조회사 보잉Boeing사가 있고 최근에는 컴퓨터 억만장자인 빌 게이츠Bill Gates의 저택과 마이크로소프트Microsoft의 본사가 자리잡고 있다. 국적기로는 아시아나가 먼저 취항했으나 요즘에는 대항항공도 취항하고 있다. 이 도시의 관문은 국제선 항공기가 드나드는 씨택Seatac(시애틀-타고마) 국제공항이다.

시애틀을 비롯한 서부 워싱턴 주의 여름은 항상 시원하여 더위를 잊고 지낸다. 그러나 겨울은 편서풍의 영향으로 별로 춥지는 않지

올림피아에 있는 워싱턴 주정부 청사

만 위도가 높아 해가 늦게 뜨고 일찍 지기 때문에 음침하고 우울하기까지 하다. 게다가 우기(雨期)가 되어 거의 매일 비가 오다 시피 한다.

이 주의 별칭은 '늘푸른 주Evergreen State'다. 주 면적의 55%가 삼림지대로 수많은 상록수와 푸른 숲이 둘러싸고 있다. 워싱턴 주 동부의 공업지대 몇 곳을 빼고는 공기 또한 사시사철 맑기 그지없다.

워싱턴 주의 면적은 17만 제곱 Km가 조금 넘으니까 남한의 약 두 배이고 남북한을 합친 면적보다는 조금 작다. 주의 수도는 I-5를 기준으로 할 때 전장 442Km(276마일) 가운데 100번 나들목 부근으로 주 경계선에서 북쪽으로 160Km 정도, 시애틀에서는 100Km (60마일) 정도 남쪽에 있는 올림피아Olympia에 있다. 올림피아에서 캐나다 국경선까지는 282Km(176마일)다.

만년설을 이고 있는 레이니어 산Mt. Rainier 줄기인 캐스케이드산맥을 경계로 주 전체 면적의 3분의 2는 주의 동부, 3분의 1은 주의 서부라고 부른다. 인구의 4분의 3은 주의 서부 지역인 태평양 연안에 살고 있다.

주의 면적은 미국에서 20번째이다. 이 주의 총인구는 2003년 추계로 610만 명 정도로 15번째다. 인구가 가장 많은 도시는 시애틀로 위성도시의 인구를 빼고도 약 57만 명 정도이다. 그 다음은 20만 명 정도가 살고 있는 타코마Tacoma이다. 타코마는 페더럴웨이Federal Way에 이어 시애틀과 바로 연결되는 도시이다. 벨뷰Bellvue에 약 11만 명, 에베레트Everett에 10만 명, 페더럴웨이와 켄트Kent에 각각 8만 명 정도의 인구를 합치면 시애틀에서 1시간 정도의 통근 거리에 약 1백만 명 넘는 인구가 살고 있다. 이 지역의 인구가 크게 늘어난 것은 1940년 이래 공업화가 추진되었고 종업원 7만여 명의 보잉사가 많은 고용을 창출했기 때문이다.

주의 동부 지역에서 가장 큰 도시인 스포케인Spokane City에는 약 20만 명이 살고 있다.

2003년의 인종분포는 백인이 81.8%, 흑인이 3.2%, 아시아계 5.5% 등이었다. 2000년에 비해 백인이 다소 줄고 흑인과 아시아계가 늘었다는 설명이다.

앞으로 워싱턴 주는 아시아인이 점점 늘고 경제활동 규모도 커질 것으로 예상되고 있다. 아시아인의 비중이 느는 것은 고향에서 태어나 태평양을 건너온 아시아인들의 수구지심(首丘之心) 때문일 게다. 고향이 그리워도 못 가는 신세를 이 곳에서 위안 받을 수 있을는지….

도시 순위 4위는 주의 남부에 위치한 밴쿠버인데 인구 약 15만 명 정도이다. 이 도시는 오리건 주의 포틀랜드 생활권으로 콜롬비아 강을 사이에 두고 오리건 주와 맞닿아 있다.

워싱턴 주의 기후는 과일 생산에 쾌적하다. 미국에서 사과를 가장 많이 산출하고 있고 블루베리Blueberry나 딸기도 많이 나며, 오리건 주와 비슷하게 목재가공도 주요 산업이다.

시애틀은 1월 평균기온이 섭씨 5도, 7월 평균기온이 섭씨 19도이다. 동부인 스포케인의 1월 평균기온은 섭씨 영하 4도이고 7월 평균기온은 섭씨 21도다. 주의 서부가 동부보다 사람 살기에 쾌적하다. 캐스케이드 동부는 건조한 편으로 스포케인의 연 강우량은 432mm(17인치)이고 야키마 계곡은 사막 지대에 가까울 정도로 연 강우량이 203mm(8인치) 미만이다.

이 주에도 많은 대학들이 있다. 1861년에 시애틀에서 설립되어 서부의 명문으로 자리를 굳힌 워싱턴대학교University of Washington (UW)는 이 주에서 가장 규모가 큰 교육기관이다. 정식으로 미국의 주가 된 다음해인 1890년 주의 동부지역인 풀만Pullman에 설립된 워싱턴주립대학교Washington State University는 농학과 공학을 특화한 대학이다. 많은 고등교육기관 가운데 위의 두 대학교가 가장 대표적이다.

### 시애틀 시내를 향해

시애틀에 가자면 오리건 주에서 북쪽으로 I-5를 따라 워싱턴 주의 밴쿠버-켈소Kelso-시할리스Chehales-센트랄리아Centralia-올림피아-타코마 등의 도시를 거친다.

우리나라에서 비행기로 가면 씨택 국제공항에서 내려야 한다. 비행기에서 내리는 사람들은 아시아에서 미국 각지로 여행하기 위해 이 곳에서 국내선으로 갈아타는 사람들도 많지만 모두 이 국제공항에서 입국 수속을 해야 한다.

이 곳에서 내려 자동차를 타고 여행하는 사람들은 대개 캐나다 사람이거나 오리건, 몬태나, 아이다호 등 인근 주로 가는 사람들이다. 씨택 공항에는 위성Satellite이라는 이름의 남쪽 터미널과 북쪽에 있는 주Main 터미널의 두 터미널이 있다. 두 터미널 사이에는 무료 전철이 운행된다. 아시아나 항공은 남쪽 터미널에 착륙하기 때문에 전철을 타고, 본 터미널로 와야 입국 수속을 마칠 수 있다. 짐 찾는 곳은 1층 남쪽 끝 편에 있다.

Bank of America Tower 75층에서 내려다본 시애틀 항 컨테이너 부두

공항은 시애틀 도심에서 남쪽으로 약 20 km(약 12마일) 떨어져 있다. 공항에서 나와 조금 달리면 I-5의 154번 B 나들목에 연결되고 이 길을 따라 북상하여 163번 나들목부터 171번 나들목 부근까지가 다운타운이다.

시애틀은 세계적으로도 아름다운 항구도시로 영화나 책을 통해 우리에게 익히 알려진 도시다. 이 도시의 첫 인상은 호수, 산, 바다로 둘러싸여 푸른 색깔 끼리끼리 오묘한 차이를 실감케 하는 것이다. 다만 이 말은 여름에 한한다. 이처럼 햇볕 좋고 청량한 날씨의 여름이지만 겨울의 시애틀을 애써 색으로 표현하라면 회색이 적합할 게다.

## 시애틀 정경과 페리에서 본 시내

시내의 번화가는 커다란 유조선과 상선, 크레인과 연안 창고, 컨테이너를 가득 실은 배가 보이는 항구이다. 인근의 섬들을 오가는 페리와 여객용 부두, 한쪽으로는 요트를 비롯한 오락용 배들이 정박해 있다. 이따금 회색의 군함들이 오가는 풍경이 어우러져 항구도시의 총천연색 종합을 연출한다.

바다에 붙어 있는 고급 레스토랑과 활기찬 어시장에 연이어 부둣가에서 언덕 위까지 계단과 에스컬레이터로 연결된 파이크 플레이스 마켓Pike Place Market을 둘러보면 이 대도시의 미려한 도시계획에 반할만하다. 마켓에는 어패류를 파는 가게를 비롯하여 각종 장신구와 형형색색의 꽃을 파는 모습이 우리 재래시장과 같다.

1962년 세계박람회가 개최된 장소에는 시애틀센터라는 거대한 공원이 꾸며져 있다. 이 곳에는 오페라하우스, 사이언스 센터를 비롯하여 시내 전체를 내려다 볼 수 있는 전망대가 일품인 스페이스 니들Space Needle이 있다.

이 도시 관광의 묘미는 여름날 연안의 섬을 연결하는 페리를 타고 바다로 나가 시내 전경과 저 멀리 캐스케이드를 연이은 흰 머리의 산들을 관망하는 것이다.

부둣가의 55번 피어Pier에서 베인 브리지Bainbridge 섬을 연결하는 페리는 엘리어트만Elliot Bay을 빠져나가 베인 브리지 섬까지의 주요한 공공교통수단이다. 이 페리는 관광자원으로서도 빼 놓을 수 없는 명물이다.

페리호 선상에서 본 시애틀 시내 모습

페리에 올라 선미에서 내뿜는 해수의 색깔을 관찰하며 햇볕을 쪼이고 싶었지만 풍광은 나를 오래 자유롭게 내버려두지 않았다. 소금기 섞인 공기가 허파로 스며들어 공해에 찌든 가슴을 소독하는 듯하여 심호흡을 해 보지만 그것도 잠시, 돌고래가 펄쩍 펄쩍 뛰어오르고 갈매기가 저공비행과 고공비상을 반복하는 모습에 다른 여행객들과 마찬가지로 연신 카메라를 눌러대지 않을 수 없었다.

바다에서 바라본 시내는 사진작가가 포스트카드로 만들어 내놓은 사진 한 장과 꼭 같았다. 시애틀의 전경이 육안으로 한 눈에 들어오기 때문이다. 구름 한 점 없는 여름 날씨에 푸른 하늘과 푸른 바다가 수평선에서 맞닿고 육지 저 멀리에는 흰 눈 쌓인 레이니어 산이 웅장하게 버티고 있다.

바다 바람이 너무 세차 온 몸이 날아 갈 것 같은 선상에서 나는 불현듯 영화 '시애틀의 잠 못 이루는 밤Sleepless in Seattle'이 생각났다.

## 치텐덴 락스의 갑문

시애틀의 '치텐덴 락스Chittenden Locks 갑문'을 찾아간 날, 서부의 웅장한 도크가 말없이 보여준 이야기를 할 차례다.

초등학교에 다닐 때, 우리나라 인천이 갯벌은 넓고 민물과 썰물의 차가 커서 대형 선박이 드나들 수 없기 때문에 인천항을 국제 무역항으로 만들기 위해 갑문식 도크를 만들어야 했다고 배웠다. 이 갑문을 통과할 때는 대개 도선사maritime pilot라는 그 항구의 전문항해기술자가 승선하여 선박 운행을 지휘한다.

시애틀에도 유명한 갑문식 도크가 있다 하여 이 도크에 찾아갔더니 많은 사람들이 구경 와서 넓은 바다를 항해하던 배가 이 좁은 수로로 드나드는 장면을 지켜보고 있었다.

이 도크는 태평양 바다 한끝인 '퓨젯 사운드Puget Sound'와 워싱턴 대학교 앞 호수로 그 중앙에 '머서 아일랜드Mercer Island'를 두고 있는 담수호인 워싱턴 호의 서로 다른 수위를 조절하기 위하여 1916

년 건설되었다. 그래서 아마도 워싱턴 호수는 시애틀의 상징처럼 아름다운 자태를 곱게 간직하고 있나 보다.

관광객들은 한참을 기다렸다가 수위를 조절하면서 워싱턴 호수 깊숙이 자리 잡고 있는 미 해군 지원단으로 향하는 작은 군함을 포함해 커다란 배들이 협수로를 드나드는 모습을 몇 차례 지켜보며 신기한 듯 탄성을 지른다.

## 시애틀의 내력

시애틀도 여느 미국 땅들과 마찬가지로 용맹스럽지만 '계약'과 '협정'이라는 이름의 종이 몇 장으로 자신들의 땅을 빼앗긴 아메리카 인디언들의 슬픈 사연을 간직하고 있다. 시애틀은 원래 퓨젯 사운드Puget Sound 지역에 살고 있던 스콰미시Squomish 인디언 부족 추장의 이름인 시야틀See-Yahtlh이 기원이다.

그는 1786년 생으로 루이스와 클라크가 서부 대장정에 나설 1804-1805년 무렵, 이 지역에서 진행된 인디언 부족 간 전쟁에서 용맹을 떨쳐 스콰미시 부족뿐만 아니라 두와미시Duwamish 인디언의 추장도 겸하며 몇 명의 노예 겸 애첩까지 두고 살았다.

1832년 허드슨만 무역회사가 이 지역에 들어오자 시야틀은 상황을 잘 이용하여 돈도 많이 벌었다. 당시 백인들은 기독교 선교에 관심을 두었으므로 그는 재빨리 개종하여 노아Noah라는 세례명을 받고 교회 지도자가 되었다.

그의 개종은 백인과의 관계를 개선하고 그에게도 많은 반사이익을 가져다주었다. 한편으로는 주변의 인디언 부족을 공격하여 강력한 기반도 다졌다.

1850년에 이 지역의 인디언 행정관으로 부임한 사람이 도시 이름을 시애틀이라고 명명했다. 추장 시야틀은 만족했지만 이 지역 두와미시 인디언의 풍습으로는 살아 있는 사람의 이름은 부르지 않는 법이었기 때문에 달가워하지 않았다.

1854년에 대통령의 임명을 받아 부임한 초대 워싱턴 주지사 스티븐스Stevens는 인디언들에게 이 지역 묘소 방문권을 인정해 주는 조건으로 인디언들이 땅을 팔고 모두들 보호구역으로 이주하기를 권고했다. 이 때 추장 시야틀이 부족민을 상대로 자신의 사상을 피력하는 연설을 행했다.

오늘날까지 전해지는 연설은 스콰미시 인디언 말로 고향 땅을 내놓고 인디언 보호구역으로 떠나야 하는 이들을 위한 위로와 격려의 말인데 영어로는 두 개의 버전이 있다.

그의 연설은 장문의 서사시로 '땅은 하늘과 마찬가지로 사고파는 것이 아니며 자연은 조상들의 유물인 만큼 훼손해서는 안 될 것'이라는 요지였다.

어쨌든, 그의 연설이 있고 나서 백인들과 인디언은 이를 확인하는 서류상의 협정을 체결했다. 조약 서명자들은 보복 살인에 가담하지 않겠다고 약속했다.

주지사는 두 부족의 행정관으로 시야틀을 임명했지만 두와미시 인디언들은 이를 인정하지 않았다. 주지사는 스콰미시 인디언들에게 보호구역을 주었으나 두와미시 인디언에게는 주지 않았다.

시야틀은 백인들이 협정을 지켜 두와미시에게도 보호구역을 할애하라고 요청했지만 백인들은 계약법을 내세워 그 요청을 거절했다. 그는 1863년 링컨이 노예 해방을 선언하자 자신의 노예도 해방시키고 부족회의의 재판관으로만 남았다.

또, 1862년 선물 분배 잔치를 열고 자기가 가진 모든 것을 부족민들에게 나누어주었고 보호구역 행정관에게 주민들의 요구를 전달하며 기도에만 전념하였다.

1866년 6월 7일 그가 80세의 나이로 사망한 후 장례식에는 많은 인디언과 백인들이 참석하였다. 그의 비문에는 라틴어로 '나는 당했다in hoc spiritus' 라는 글귀가 적혀 있다.

## 레이니어 산Mt. Rainer 국립공원

레이니어 산 일대는 1899년에 국립공원으로 지정되었다. 이 공원의 중앙에는 백년설을 백발처럼 머리에 인, 웅장하고 용맹스러운 장군의 인상을 연상시키는 레이니어 산이 있고 그 주위에는 빙하가 41개나 있다.

빙하에 둘러싸인 레이니어 산의 정상 높이는 4,392m(14,411ft)로 백두산보다 1,648m나 높으니까 특수 장비를 갖춘 산악인이 아니면 오를 수 없다.

자동차로 이 산에 접근하는 루트는 여러 갈래가 있다. 우리는 시애틀에서 오번Auburn을 거쳐 164번 길을 동쪽 방향으로 달리다가 410번 길을 타고 국립공원에 진입하였다. 우리가 향한 곳은 해발 1,950m에 위치한 '선 라이즈Sun Rise' 관광안내소였다.

산기슭에는 목장도 있었지만 높이를 더해 가면서 침엽수림이다. 우리는 수목들 속에 자리 잡은 한 쉼터에서 가져간 숯으로 불을 지펴놓고 김치를 곁들인 등심구이로 대자연과의 만남을 알렸다. 중턱에 오르자 나무들은 점점 적어 졌지만 이름 모를 들꽃들이 아름답게 피어 있어 우리는 한여름에서 초봄으로, 그리고 고도를 더해 가자 저 멀리 눈꽃들을 올려다 보며 산자락 아래로 펼쳐진 다른 계절들을 감상했다.

레이니어 산 안내 팜플렛

안내소에는 어디서 온 차들인지 모르지만 수많은 자동차와 알비 RV들이 주차해 있고 아이들이 뛰어나와 재잘거린다. 주차장에서부터 우리 일행은 가벼운 옷차림에 여름 슬리퍼를 신고 구불구불한 산길을 한참 올라가니 어느새 눈 쌓인 산길 안쪽으로 기념품을 파는 산장이 있었다.

산장 주변에는 눈으로 덮인 비탈이 있는데 애 어른 할 것 없이 한 여름에 만난 겨울철에 미끄럼을 지치며 넘어지고 일어나다가 다시 뒹굴어 서로 웃고 "괜찮냐?"는 인사를 주고받았다. 우리는 산장으로 들어가 우선 따뜻한 차 한 잔을 음미하곤 기념품 몇 가지를 챙겼다.

산자락에서는 반 팔 윗옷, 짧은 바지에 여름 슬리퍼를 신어도 좋았지만 이 산장까지 걸어 올라오면 방한복 차림에 눈썰매를 타고 눈싸움을 하며 즐길 수 있는 이 대자연까지 기껏해야 한두 시간이면 올 수 있으니 이것이 곧 시애틀 부근에 사는 사람들이 누리는 복이겠지.

### 올림픽 국립공원Olympic National Park

우리는 2001년 8월 9일, 이 곳을 찾았다. 시애틀 북쪽 린우드Lynnwood 부근의 에드몬즈Edmonds 부두에서 페리에 자동차를 싣고 몇 십 분 지나 킹스턴Kingston에 도착했다. 여기서 104번 길을 타고 해상 교량을 지나 서쪽으로 약 42km(26마일) 쯤 달려가니 101번 길이 나왔다. 101번 길의 서북쪽 방향으로 약 60km(37마일) 쯤 달리면 올림픽 국립공원의 입구인 포트앤젤레스Port Angeles 항구다. 그러니까 여름날에는 시애틀에서 점심 식사를 마치고 달려와도 이 국립공원 언저리까지 올 수 있다.

포트앤젤레스에서는 해협을 건너 캐나다 브리티시 콜롬비아British Colombia 주의 주도가 있는 밴쿠버 섬Vancouver Island의 빅토리아Victoria와 하루에도 몇 차례 페리가 운항하고 있기 때문에 미국 서북부와 캐나다를 한꺼번에 여행하려는 사람들에게 권할만한 코스다.

올림픽 국립공원은 사계절 내내 얼음으로 뒤덮인 고산 지대, 태평양 연안, 우거진 삼림지대로 삼분되어 있다. 포트앤젤레스에서 일박을 하고 올림픽공원 관광안내소와 공원본부가 있는 곳까지는 자동차로 십 분이면 너끈하다. 여기서부터 꼬불꼬불한 산길로 접어들어 잘 포장된 도로를 10분 남짓 달리면 높이가 1,707m(5,600ft)인 번트Burnt 산을 옆으로 지나 허리케인 릿지Hurricane Ridge 관광안내소다.

이 안내소에서는 육안으로도 올림픽 산의 위용을 감상할 수 있고 한 여름에도 백년설을 이고 있는 정상이 갑자기 나그네를 신비한 산골에 쳐 넣은 것 같은 환상에 빠뜨린다. 이 안내소 부근에서 우리

한여름에도 백년설을 이고 있는 워싱턴주 서부의 올림픽 산

는 긴 잠바를 걸쳐 서늘한 기운을 물리친 후, 그 높은 곳에서도 아름답게 피어 있는 이름 모를 들꽃 앞에서 사진 몇 장을 찍었다.

올림픽 국립공원은 1938년에 국립공원으로 지정되었다. 이 일대의 연간 강수량은 3,300mm 나 되어 수량이 풍부하기 때문에 기후에 맞게 거창한 온대림이 우거져 있다.

이곳에 뿌리를 내리고 바람을 맞고, 눈비에 젖으며 버티고 선 나무들은 전나무, 삼나무, 가문비나무 등으로 우리에게 익숙한 수목들이었다. 이 수목들이 우거진 수풀을 이루고 있다. 숲 속의 주인들은 사슴과 곰 그리고 수많은 산새 등 야생동물이다.

이 안내소에서 정상을 올려다보는 것으로 구경을 끝내고 내려와

101번 길을 서쪽으로 달리면 크레센트Crescent라는 이름의 호수가 맑은 물을 담고 펼쳐 있는 가장자리에 캐빈cabin과 야영장이 보인다. 운전을 잠시 멈추고 반짝이는 태양 아래, 호수의 맑은 물에 손을 담궜으니 시원하기 이를 데 없는 여름날 낮이었다.

이어 101번 도로를 타고 남쪽으로 달리면 또 하나의 담수호가 나타났다. 호수를 따라 길 양쪽으로는 원시림이 우거지고 수풀 속 좁은 길을 따라 달리다 보니, 한낮인데도 주변은 어두컴컴하고 이따금 겁 없는 사슴들이 길을 가로질러 건너곤 한다.

수풀이 우거지고 길이 좁아드는 지점에서 우리는 사진을 찍으려고 잠시 차에서 내렸다. 그러자, 안내판에 눈에 익은 글자가 보였다. 이 외딴 곳에서 한글을 보니 반갑고도 놀라왔지만 글을 읽은 우리는 금세 씁쓸해졌다.

영어, 스페인어, 한글, 베트남어 등 4개 국어로 쓰인 안내문의 내용은 '숲을 보호하기 위해서 산나물을 채취하지 말라'는 것이었다. 간단하게 표현된 한글은 '임산물 채취 금지'라는 경고문이었다.

중국어와 일본어가 없는 것으로 보아 그들은 이곳에서 산나물을 채취하지 않는 모양이지만 왜 하필 한글 경고문이 베트남어와 함께 이 깊은 산중에 적혀 있어야 하는가?

시애틀에 사는 사람들한테서 "올림픽 산에는 고사리가 많고 또 한국의 고사리보다도 줄기가 더 굵고 부드러우며 맛도 좋아서 한국 사람들이 고사리를 꺾으러 이 산에 많이 간다"는 말을 들은 적이 있었다. 그렇지만 바로 이 안내문을 읽으니 주인 있는 밭고랑에서 몰래 나물 캐다 들킨 처녀처럼 가슴이 쿵쿵거렸다.

숲길을 헤치고 조금 더 자동차를 운전해 숲 속으로 들어가니 너무나 아름다운 풍광이 우리를 내리게 했다. 남편이 사진을 찍으려고 포즈를 취하는 순간, 수많은 벌떼가 쏜살 같이 날아와 남편 주위에 몰려들었다. 남편은 필사의 노력으로 벌떼에 물리지 않고 간신히 빠져 나왔다.

몇 년 후, 유럽에서 룩셈부르크의 한 고속도로 휴게소 야외 간이 테이블에 앉아 식사를 하는 도중, 벌떼들의 습격을 받았다. 남편은 이 때, 가족들을 보호하기 위해 벌떼들을 물리치다가 끝내 용감한(?) 벌 한 마리에 쏘여 응급용 연고를 발라야 했던 기억이 난다. 벌떼에 물릴 예정이라도 있었다는 건가?

그래도 이 날은 천만 다행이었다. 만약 우리 둘 중 한 사람이 응급용 약품도 없이 이 산중에서 벌떼에게 쏘였더라면 어떤 일이 벌어졌을까? 우리 외에는 아무도 보이지 않는 곳에서 상비약도 준비하지 않은 채, 돌발사고가 생겼다면 얼마나 당황했겠는가?

이 조그마한 사건을 겪으며 우리는 경치 좋은 곳이라 하여 사진부터 찍는 걸 조심하게 되었다. 추억의 사진을 찍기에 앞서 지리적 상태와 자연 상태도 잘 파악해야겠다.

이 후, 어느 여행길에나 우리는 각종 상비약은 물론이고 특히, 벌이나 개미에게 쏘였을 때 바르는 약품도 꼭 준비해 간다.

## 타코마 인근 지역

시애틀 일대에도 여러 곳에 조그마한 코리아타운이 있다. 여기서는 한국 음식을 먹으며 타향살이 교포들이 향수를 달랠 수 있어 좋다. 타코마에는 군부대가 있어 미군들과 국제결혼한 사람들, 세계 최대의 항공기 제작사인 보잉사 관련자들, 한진을 비롯하여 컨테이너를 가득 실은 선박들이 정박하고 있어서 한국선원을 비롯한 많은 한국 사람들을 만날 수 있다.

서울에서 시애틀을 향하는 비행기내에서 한번은 미국인 노인네 옆 좌석에 앉게 되었다. 나는 영어도 별로 잘 못하고 말주변도 없기에 그저 창 밖만 내려다보고 있었는데 그녀가 먼저 내게 말을 걸어왔다.

"며느리가 한국 사람이고 손주들도 무척 예쁘다"고 자랑하면서. 한국시간과 미국시간을 맞춰 놓은 듀얼 손목시계를 차고 있던 나를 보고 "한국 사람인줄 알았다"고 했다. 땅에서는 제스처를 섞여 가며 미국인들과 그럭저럭 소통을 하며 지냈지만 비행기 안에서 내가 외국사람과 나눈 첫 번째 대화가 이 때였다.

나는 장시간 비행을 하면서 대화를 하자면 신경도 쓰이고 피곤하여 한국 여자가 옆자리에 앉아도 별로 대화를 하지 않는 성격이다. 그런데 이 분은 다행히 노인이라 말도 천천히 해 주었고 한국에 대해 잘 알고 있는 사람이어서 용기를 내어 떠듬떠듬 대화를 이어갔다. 그러나 외국말 하기가 그렇게 힘든 줄은 몰랐었다.

아마도 미국에서 잠시 대학을 다닌 우리 딸애도 이렇듯 무척 긴장하며 살았겠구나 하는 생각이 들었다. 한국의 많은 부모들이 자식을 어학연수다 유학이다 하여 외국에 보내 놓고 금의환향은 못하더라도 성공의 지름길이 있지 않을까 노심초사하는 사정들이 주마등처럼 뇌리를 스쳤다.

여행 중에 우리는 필요한 말을 남편과 분담하며 무리 없이 잘 해왔지만 일대일 대화는 이렇게 힘들었다. 학교에서 아이들에게 '다른 사람들과 이야기를 나눌 때 세 번쯤 생각하고 상대방이 오해 없이 자신의 말을 알아듣게 말하라'고 가르친 기억이 떠올랐다. 단지내 머리 속의 생각을 표현하는 말 한마디를 위해 서너 번씩 이 말이 문법에 맞는가를 생각해야 했으니 참으로 어려운 게 외국말인가 보다.

외국에서 박사 학위를 받고 외국 대학 특히 미국 대학의 교수로 자리 잡은 한국 사람들이 어려서부터 영어를 모국어로 써온 미국 학생들과 의미 있는 대화를 잘하지 못해 학생들의 불평이 많다는 기사를 읽은 적이 있을 것이다.

이 노부인은 자신의 집이 타코마에 있다고 하면서 한국도 아름답지만 타코마도 아주 아름답고 주민들도 친절하다고 자랑했다. 시간이 있으면 자기 집에 한번 놀러오라며 주소와 전화를 적어 주었다.

아마도 부인의 속내는 진짜 나를 자기 집으로 초대하려 했다기보다 미국 사람들의 비행기 대화 예절 정도일 게다. 씨택 공항에 내려 입국 수속을 밟으러 총총 걸음으로 흩어지며 그와 나눈 바이bye의 진정한 의미는 '그래, 잘 가' 정도일 테니깐 말이다.

## 센트랄리아의 한국인 모텔과 럭키 이글 카지노

포틀랜드와 시애틀을 잇는 I-5의 중간 정도에 센트랄리아가 있다. 이 도시는 I-5의 81번과 82번 나들목으로 드나들 수 있다. 도심은 프리웨이의 동쪽에 있다. 부근에는 시할리스가 있다. 가까운 인접 도시들을 미국의 많은 도시가 그렇게 부르듯이 이 곳에서도 이 두 도시를 트윈시티Twin-Cities라고 부른다. 이 도시들에는 워싱턴 주의 명산 가운데 화산으로 유명한 세인트 헬렌스St. Helens와 만년설에 뒤덮인 레이니어가 남·북쪽에 모두 인접해 있다.

센트랄리아에는 한국인이 운영하는 모텔도 있다. 호수를 끼고 있어서 조용한데다 새벽에는 안개가 피어오르는 모습도 볼 수 있다. 한국 사람들이 여러 곳에 흩어져 뿌리박고 살고 있지만 이곳에서 만날 줄 생각도 못했었는데 우리 부부가 하는 한국말을 듣고서 자기도 한국 사람이란다. 무척 반가웠다. 다른 말을 쓰는 땅에서 같은 말을 쓰는 사람들을 만나면 한 핏줄인양 친근감을 느끼는 것 역시 자연인 모양이다.

여기서 조금 더 북쪽으로 올라가 I-5의 88번 나들목에서 12번 길

한국인이 운영하는 센트랄리아의 한 모텔-발코니에서 본 눈 덮인 호숫가

서쪽으로 로체스터Rochester를 향해 20분쯤 달리다가 앤더슨Anderson 로드에서 좌회전하면 '럭키 이글 카지노'가 있다. 자그마한 카지노이다. 이 카지노는 '시할리스 인디언 보호구역'에 위치한다지만 누가 인디언인지 도무지 구별할 수 없을 만큼 인종 차이를 느끼지 못할 정도로 서로 '하이 데어Hi, There!'를 주고받는다.

규모는 작지만 그래도 이 카지노에서는 라스베가스에 있는 각종 슬롯머신과 블랙잭을 비롯한 룰렛, 키노 등의 게임을 두루 즐길 수 있다. 점심과 저녁 뷔페 음식값은 매우 싸다. 특히 스테이크 맛이 일품이다. 우리는 시애틀을 오갈 때, 식사시간이 되면 이 곳에 가서 값싸고 맛있게 식사를 해결하고 갈 길을 재촉한다.

미국 노인네들이 때로는 휠체어에 몸을 싣고 인공 의료기기를 장착한 채, 먼 거리를 마다하고 이런 카지노를 찾는 것을 보면 카지노가 미국인의 생활 문화 가운데 일부인 것 같다.

### 세인트헬렌스St. Helens 산

I-5에서 최근에 화산이 폭발한 이 산에 접근할 수 있는 가장 빠른 길은 21번 나들목과 49번 나들목 두 곳에서 연결된다. 21번 나들목으로 나오면 503번 길을 따라 남쪽 정상 부근에 이를 수 있고 49번 나들목으로 나오면 504번 길을 따라 화산 폭발의 심장부에 도달할 수 있다. 돈만 충분하면 헬리콥터를 타고 화산 일대를 둘러보는 항공 여행도 할 수 있다.

이 산은 1980년 5월 18일 아침 8시 32분에 격렬한 화산 폭발을 일으켜 연기와 열기를 동반한 흙과 돌과 먼지를 내 뿜었던 곳이다.

물론, 세계적인 지구과학자들의 예측으로 텔레비전 촬영 팀이 현장 인근에서 중계 방영으로 이 대폭발을 전 세계에 보여주었단다.

이 폭발로 부채꼴 모양의 길이 약 27Km 지역 내에 살고 있던 생물은 한순간에 모조리 무생물로 변했다. 세인트헬렌스 산 주변에 있는 여러 곳의 호수와 강이 말라버렸으며, 화산이 내뿜은 검은 재와 돌, 먼지 가루가 바람을 타고 동쪽으로 날아가 이 주의 동부, 아이다호 주와 몬태나 주 등 미국 서북부 3개 주를 뒤덮어 주위의 경관을 크게 바꾸어 놓았다.

더불어 65명 정도의 인명도 앗아갔다. 송어와 연어가 뛰놀고, 고라니, 검은 꼬리사슴, 아메리카 라이온 등 맹수들이 먹이사슬을 이루었던 이 산의 자연은 이제 또 다른 변신으로 관광객을 맞는다.

이 산의 동쪽으로 136km나 떨어진 도시인 야키마의 상공이 아침인데도 한밤중 보다 더 어두웠고 자동차의 헤드라이트조차 아무 소용이 없었다지만 3년도 되기 전에 원래 살고 있던 식물의 종 가운데 90%가 다시 옛 모습을 나타내고 있단다.

대폭발 전 2,950m(9,678ft)였던 산정에는 750m(2,460ft) 깊이의 분화구가 생겼다. 일본의 후지산과 비슷한 탓에 미국의 후지산이라고 불리던 균형 잡힌 삼각형의 산 모습은 사라지고 남쪽 비탈이 정상으로 남아 이 산의 정상 높이는 이제 2,549m(8,363ft)다.

1986년까지도 용암의 분출이 계속되었지만 화산 폭발 후 20년이 지나면서 대지는 화산 폭발을 옛 이야기로 돌리며 자연이 숨쉬는 모습을 다시 보여주기 시작했다. 미국 각지에서 이 명산을 찾는 관광객들의 나들이가 잦아져 I-5를 달리는 자동차 중에는 행선지가 이 산인 차량도 적지 않다. 이 산 주변에는 크고 작은 도시들이 몇 곳 있다.

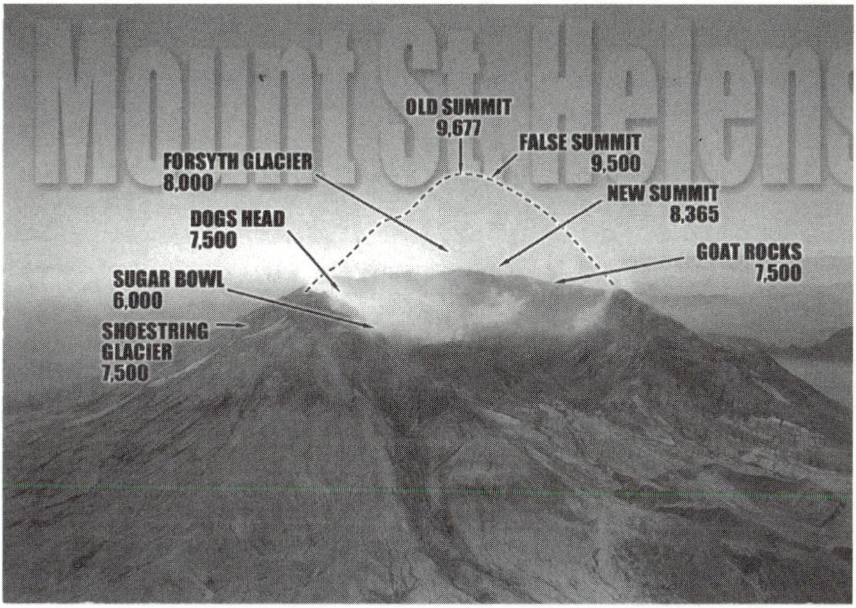


세인트 헬렌스 화산 폭발 후의 모습을 담은 포스트카드

우드랜드Woodland는 I-5의 21번 나들목에 위치한 작은 마을이지만 세인트헬렌스 산에서 흘러내리는 루이스 강 자락에 낚시꾼과 사냥꾼들이 자주 찾는다. 세인트헬렌스 산을 향한 전망이 빼어난 곳이다.

이 산의 서쪽 둔덕인 I-5의 49번 나들목에는 캐슬록Castle Rock이라는 강변의 소도시가 있다. 이 동네는 이 지역에 살고 있던 '카울리츠Cowlitz 인디언' 원주민과 백인 상인들의 시장 터로 1832년부터 마을이 형성되었단다.

현재 이 마을에는 이 산과 관련된 조각품, 사진, 기념품들이 진열된 캐슬록 전시장이 있고 매년 7월 '산사람 축제Mountain Mania Festival'가 열려 관심 있는 여행객들의 발길을 잡는다.

39번 나들목에 있는 켈소Kelso는 1847년 스코틀랜드의 켈소 출신 주민들이 건립한 도시다. 켈소 역사 박물관이 있고 매년 9월에는 스코틀랜드의 전통을 재현하면서 이 곳에 펼쳐진 산지 마을의 개발을 기리는 축제가 열리기도 한다.

켈소에서 콜롬비아 강으로 흘러드는 카울리츠 강을 건너면 강북의 제법 큰 도시인 롱뷰Longview다. 롱뷰는 1805년 루이스와 클라크의 서부 개척 때부터 정착민이 거주하기 시작했는데 목재업자인 롱Long이 서부 최초로 도시계획을 세워 건설했다고 하여 그의 이름을 도시 이름으로 하게 되었단다.

## 메리힐의 루마니아 보물

미국 속의 작은 루마니아가 워싱턴 주에 있다. 메리힐의 예술박물관Maryhill Museum of Art이 바로 그 곳이다.

워싱턴 주의 밴쿠버에서 콜롬비아강의 북쪽 강변을 따라 두세 시간 달리거나 오리건 주의 포틀랜드에서 미국을 동서로 횡단하는 I-84의 104번 나들목에서 97번 길을 따라 북쪽으로 15km(10마일) 쯤 달리면 골든데일Goldendale 못 미쳐서 눈길을 끌만한 흰색의 커다란 건물이 보인다. 야키마Yakima에서 I-82로 약 24km(15마일) 쯤 달리다 97번 길을 타고 남쪽으로 약 80km(50마일) 쯤이다.

우리가 이 박물관에 들린 날은 1999년 7월 18일이었다. 이 박물관의 건물 유래를 설명하는 안내문에는 1907년에 사무엘 힐Samuel Hill이 워싱턴 주의 동부에서 콜롬비아 강을 내려다 볼 수 있는 이 곳에 7천 에이커의 땅을 사서 1914년에 현대식 건물을 신축

루마니아 여왕이 입던 옷

여왕이 앉았던 의자

했다고 적혀 있다. 이 건물에 아시아 먼 나라에서 온 우리의 눈길을 끄는 예술 박물관이 있다.

이 박물관의 전시물은 주로 루마니아 유물들이다. 1922년 루마니아 여왕 마리Marie가 전쟁에 패하자 루마니아 왕궁에 있던 여러 가지 유물, 집기들과 가구들을 미국에 가지고 와 이제는 미국의 한 박물관에 미국의 소유물로 전시되고 있다.

이 박물관의 전시실에는 루마니아 수도 부카레스트의 코트로세니Cotroceni 궁전에서 쓰던 화려한 문양이 조각된 아름다운 의자와 가구들, 여왕이 입었던 화려한 옷들도 보존되어 있다.

한 나라의 국운이 다하여 나라가 패망하자 자신은 물론, 왕궁에 있던 물품들을 고스란히 옮겨 간 마리 여왕은 어떻게 미국에서 여생을 보냈을까 궁금했지만 우리는 더 이상 역사학도일 수 없었다. 우리나라의 문화재가 국력이 쇄진(灑塵)한 틈을 타 일본, 프랑스, 미국에 흩어져 있을 것을 생각하며 잠시 슬픔에 잠겼다.

또 이곳에는 이 지역 아메리카 원주민들이 만들어 썼던 형형색색의 생활예술품, 한 알 한 알 구슬을 꿰어 만든 장식품과 의복, 항아리, 어린이 장난감도 전시되어 있다. 다른 한쪽에는 이와 대조적으로 누드차림의 여성이 오리들이 노니는 물 속에서 함께 포즈를 취하고 있는 정경을 담은 현대 화가의 작품도 전시되어 있다.

옥외 베란다에서 차를 마시면서 화분에 심어 놓은 이름 모를 꽃향기를 들이키며 저 멀리를 바라보면 서남쪽으로 만년설에 덮인 후드 산이 아스라이 보인다.

## 해변가의 소도시 일와코Ilwaco

오리건 주의 아스토리아에서 콜롬비아 강이 태평양으로 흘러드는 하구를 건너면 워싱턴 주의 일와코라는 마을이다.

전문가가 아니라면, 강과 바다가 맞붙은 이 곳이 강인지 바다인지 구별하기 어렵다. 우리는 태양 빛을 받아 하늘이 바다에 잠긴 듯한 수면 위에 길게 놓여진 다리를 건너 일와코에 닿았다.

일와코는 치누크 인디언 추장의 양아들 이름에서 따왔단다. 어느 여름 밤, 12시경에 이 곳에 도착하였는데 여느 관광지와는 달리 숙박시설이 거의 없었다. 대부분의 모텔은 불을 껐거나 '빈방 없음No Vacancy'의 사인만을 켜놓고 근무자들은 이미 잠자고 있었다.

어렵게 찾은 허름한 모텔에서 일박한 다음날 주변을 둘러보니 북쪽 해변에는 마이애미나 LA 부근에 있는 같은 이름의 롱비치 해안이 펼쳐져 있었다. 대부분의 소도시처럼 시내의 중심지에는 박물관Ilwaco Heritage Museum도 있었다.

이 박물관에는 이 지역의 원주민인 치누크 인디언의 유물과 유적들도 전시되어 있다. 콜롬비아 강안(江岸)에서부터 워싱턴 주의 동부와 캐나다의 서부 해안 지역에 널리 퍼져 살던 이들은 친척들끼리 모여 살며 연어 낚시와 모피를 생산하는 한편으로 오락과 레저를 즐기며 평화롭게 살았단다.

롱비치라는 이름값을 하는 듯, 태평양 연안에 펼쳐진 넓은 모래밭에서는 남녀노소 관광객들이 승마를 즐기고 있다. 우리는 말이 뒷발길질을 하면 크게 다칠지 모른다는 걱정 때문에 마부가 권하는 승마 한번 시도하지 못하고 말타기를 즐기는 관광객들의 모습만 구경하며 태평양 넓은 바다를 관조했을 뿐이다.

자동차 뒤에 달린 말 이동용 마구간 안에는 잠시 후 주인과 함께 넓은 바닷가를 맘껏 달릴지도 모르지만 지금은 좁은 공간에 갇혀 제대로 움직일 수 없는 상태로, 어디론가 끌려가고 있는 말의 모습이 측은했다. 우리나라 도로를 달리는 트럭에 실려 도살장에 끌려가는 돼지들이나 저 말들이나 두렵기는 마찬가지일 것으로 보였다.

## 포트캔비Fort Canby 주립공원

캔비 요새 주립공원은 컬럼비아 강의 입구 쪽을 경계하기 위해 1862년에 건설되었다. 무엇보다 눈길을 끄는 시설은 미국해안경비대가 언제 쳐들어올지 모르는 적을 향해 태평양 쪽으로 포신을 겨누게 설치한 거대한 해안포대이다.

이 요새는 1957년 워싱턴 주립 공원으로 지정되었는데 조석간만의 차를 최소화하기 위해 건립된 인근의 콜롬비아 강둑과 함께 관광객의 발길을 잠시 붙잡는다.

주립공원으로 지정되기 훨씬 전에 이 요새는 '실망봉Cape Disappointment'이라는 이름의 군사기지로 1852년부터 1957년까지 100년 이상이나 군부대가 주둔하고 있었다.

캔비 요새의 이름은 1875년 '모도크Modoc인디언'에 의해 피살된 캔비Edward R. S. Canby 장군의 이름에서 따왔다.

이 주립공원에서 사람들은 캠핑과 뱃놀이에 더해 해변을 거닐 수 있고 인근에 위치한 두 개의 등대에까지 자유롭게 접근할 수 있다. 1863년에 3개의 포대가 세워졌다고 하지만 그 흔적은 찾아 볼 수 없고 당시 주둔했던 수비대의 막사도 이제는 남아 있지 않다.

1950년대까지는 미국해안경비대가 일부 시설을 군사용 해안 포대로 사용하다가 1960년대에 주립공원이 되면서 군사시설을 모두 철거하였다. 1980년에는 포대의 방벽에다 루이스와 클라크의 업적을 소개하는 해설 센터를 설치했다.

주변을 걸으면서 생각했다. 미국은 서부 지역에 무차별 공습을 감행하는 일제 침략이 무척 무서웠던 모양이다. 그러니 전쟁 중에 미국 각지에 흩어져 살던 일본계 미국인을 격리하여 서부의 오지에 수용하고 주거의 자유를 제한했던 절박함도 이해되었다.

중요한 것은 균형 감각이다. 스탈린이 소련의 극동지역인 연해주 일대에 거주하던 조선 사람들을 타슈켄트까지 몰아냈던 우리의 슬픈 역사를 여러 매체를 통해 대부분 알고 있다. 그러나 1920년대 소련혁명기에 이 지역에 살고 있던 많은 한국 사람들이 일제의 첩자 노릇을 하거나 러시아 혁명을 반대하는 세력과 힘을 합쳐 싸웠던 과거사는 잘 알지 못한다. 소련은 제2차 대전 중에 이런 일들이 걱정되어 전쟁 수행 차원에서 이들을 조선으로부터 멀리 떨어진 타슈켄트로 보내버렸다. 전쟁 때 겪는 민간인의 피해는 이처럼 무시무시한 것이다. 문명된 세상에서 기필코 전쟁은 없어야 하겠다.

## 워싱턴 주의 인디언 보호구역

워싱턴 주의 인디언들은 미국에 협조하여 영국계 이주민들을 북위 49도선 밖으로 밀어내고 오늘날의 미국을 만드는데 크게 협조한 사람들의 후손이다. 그러나 이들도 미국 서부개척민들의 이주과정에서 치열한 토지전쟁을 전개했으므로 그 특이한 역사와 함께 다른 주에 비해 크고 작은 인디언 보호구역이 많다.

면적으로 보아 가장 큰 인디언 보호구역은 '야카마 인디언국 Yakama Indian Nation'이지만 스포케인 부근에는 이 주에서 두번째로 넓은 '콜빌Colville 인디언 보호구역'과 '스포케인 인디언 보호구역'이 있다.

그밖에도 올림피아 산의 서쪽 태평양과 인접하여 제법 넓은 땅을 차지하고 있는 '키노Quinault 인디언 보호구역'이 있고 약 30개 정도의 소규모 보호구역이 주의 서부인 태평양 연안에 몰려 있다. 캐나다와의 내륙 국경선 인근에는 '캘리스펠Kalispel 인디언 보호구역'이 있다.

## 야키마Yakima와 인디언 부족들

야키마는 캐스케이드산맥을 넘어 주의 중부에 위치한 지역이다.

야키마라는 말은 이 지역 원주민인 '야카마Yakama 인디언' 부족 때부터 전해 온다고 한다.

이 고유명사의 유래에는 몇 가지 설들이 있다. 하나는 부족의 추장 딸이 법을 어기고 가출하여 야키마 강으로 도망쳐 강 위에 집을 짓고 살았다는데 이 이야기에서 '도망'이라는 뜻의 보통명사가 '야키마'라는 고유명사의 어원이라는 것이다.

또 하나는 '야카'라고 불리는 곰에다 복수를 나타내는 어미인 '마'가 합쳐져 생긴 말로 쉽게 말해 '곰 떼'라는 뜻도 있다는 것이다.

'야키마' 또는 '야카마 인디언'들은 18세기 초엽부터 유럽 개척자들에게 노출되기 시작했고 비옥한 토지와 풍부한 야생동물들을 노리는 백인들이 정착민으로 이주하면서 1855년에는 '야카마 인디언 전쟁'이 벌어졌다.

야카마 전쟁의 인디언 영웅은 카미아킨Kamiakin이다. 그는 '팔루스Palouse 부족'의 아버지와 '야키마 부족'의 어머니 사이에서 출생하여 들소 사냥꾼으로 성장, 당시 인디언에게 부의 상징이었던 많은 수의 말떼를 갖게 되면서 인디언 지도자가 되었다.

당시에 '야카마 부족'은 서부 개척자들에게 길을 내주고 천주교 신부를 받아들였으며 모피와 상품을 교환하는 등으로 자신들을 기꺼이 개방했다. 그러나 백인들에게 더 절실히 필요했던 것은 인디언의 땅이었다.

1853년 콜롬비아 강북에 있는 밴쿠버 요새에 태평양 북부 철도 건설을 추진하는 일단의 군인들이 주둔하면서 인디언들과 백인 서부 개척자들은 토지 양도 교섭을 벌였다. 처음에 사령관인 스티븐스Stevens는 추장에게 돈을 주고 토지구매 협상을 시도했다. 추장은 토지 양도에 대해 흥미가 없었다. 그러자 사령관은 군인들을 파견하여 인디언들에게 "협상에 응하지 않으면 보상을 하지 않고 어떤 방법으로든 토지를 빼앗겠다"고 위협했다.

이를 전해들은 카미아킨은 캐나다 지역부터 오리건 남부에 걸쳐 살고 있던 전체 인디언 부족들에게 연락하여 부족연합회의를 소집하였다. 이 회의는 이 지역에 살고 있던 모두 16개의 부족 대표들이 참가하여 5일간이나 계속되었다.

이 회의에서 13개 부족은 백인들이 토지 양도를 계속 주장하면 생존을 위한 자기 방어의 수단으로 전쟁도 불사하겠다고 결의했다. 그러나 '네즈 퍼스 부족', '카유스 부족'과 '스포케인 부족' 등 3개 부족 대표는 백인들과의 협정을 찬성했다.

'네즈 퍼스 부족'의 대표는 훗날 변호사Lawyer라는 보통명사의 이름으로 불려진 사람인데 그는 자기 자신의 이익을 챙기기 위해 이 인디언 연합부족 회의 결과를 백인들에게 알려주기까지 했다. 인디언이면서 인디언 민족을 배신한 것이다.

그러나 '네즈 퍼스 부족'의 인디언들도 백인과의 거래에서 공정한 대우를 받을 수 없었다. 마침내 그들도 백인들과 치열한 전쟁을 치르게 되었으나 그 이야기는 다음에 하겠다.

1855년 5월 수많은 인디언들은 백인 주둔군 사령관과 오리건 인디언 행정관을 상대로 토지 협상을 벌였다. 이 협상에는 '네즈 퍼스 인디언'이 여성과 어린이를 포함하여 2,500명, 주 동부의 스네이크Snake 강변에서 전투 중이던 '카유스 부족'이 300명, '야카마'와 '왈라왈라 인디언' 부족원이 1,000명이나 참가했다.

협상파인 '네즈 퍼스 인디언'들은 자신들이 더 넓은 보호구역을 얻기 위해 이렇게 많은 인원을 동원했다. 인디언들이 추후에 취할 행동에 대한 결정적 정보를 입수한 사령관은 인디언들에게 '네즈 퍼스 인디언' 거주 지역과 야키마 밸리 두 곳에만 보호구역을 지정하겠다고 제안했다.

'네즈 퍼스 인디언 보호구역'에는 '네즈 퍼스', '카유스', '우마틸라 Umatilla', '왈라왈라' 등 4개 부족을 배치하고 그 외의 부족들은 모두 야키마 밸리 보호구역에 배치하겠다는 것이었다. '네즈 퍼스 부족'의 로이어는 자기 부족의 이익 챙기기에 바빴다. 그는 '카유스 부족'이 백인과의 전투를 제안했고 백인 살해를 계획했다는 사실을 백인에게 고자질했다. 충분한 증거는 없지만 그것은 진실이었다.

다른 부족들은 이 주장에 대해 불만을 표하며 대화를 거부해 협상이 결렬될 위기에 처했다. '네즈 퍼스' 이외의 다른 모든 부족들은 재협상을 주장했지만 백인들은 협정의 즉각 체결을 주장했다.

사령관은 선심 쓰듯이 '우마틸라', '카유스'와 '왈라왈라'의 3개 부족들을 위한 1개의 보호구역을 추가하는 보호구역 지정 협정을 체결해 주었다.

당시 이 지역을 여행하던 백인들은 고립되어 있었다. 불평등 협정 체결 소식이 전해지자 인디언들은 각지에서 백인을 피살했다. 그러다가 인디언들은 백인들의 보복이 두려워 때마침 서부에 진출한 모르몬교도들로부터 무기를 공급받아 백인과 인디언 전쟁의 도화선에 마침내 불이 붙었다.

드디어 1855년 10월 5일 카미아킨은 보호구역 지정 협상에 불만을 품은 인디언들과 함께 일부의 반대를 무릅쓰고 백인 군인들을 선제공격했다. 처음의 전세는 백인이 우세했으나 인디언 부대가 보충되면서 백인들도 고전했다. 마침내 미군은 오리건 지역에 주둔하고 있는 군대에 지원을 요청, 모두 700명의 병력에 곡사포까지 동원하여 약 300명의 병력에 불과한 인디언을 제압했다.

'야카마 인디언'들은 카미아킨의 명령에 따라 저항을 계속하면서 백인에 협력하는 '네즈 퍼스 인디언'들을 공격하여 많은 피해를 주었다. 1858년에 그들은 자신들의 땅에 무단 침입한 백인들을 살해하는데 찬성한 '스포케인 부족'과 '커달레인Coeur d'Alenes 부족'까지 전투에 끌어들였다.

그러자 연대 규모의 백인 군사령관은 '네즈 퍼스 인디언'에게 무기를 지원하여 인디언끼리의 분쟁을 유도하고 곡사포를 쏘며 대규모 탄압작전에 나섰다. 백인들은 협상도 병행했다. '스포케인 부족'을 항복시키고 '커달레인 부족'이 항복 의사를 밝히도록 압력을 가하기 위해 커달레인 호수까지 밀어 부쳤다. 여기서 백인들은 철수의 조건으로 '커달레인 부족'과 '네즈 퍼즈 부족'이 휴전 협정을 체결하게 했다.

동맹세력과 부하 맹장을 잃은 카미아킨은 캐나다 지역으로 도주하여 약 1년 간 지내다가 록키 산맥 동쪽에서 다시 2년 정도를 보낸 후에 다시 팔루스 지방으로 돌아왔다. 그는 농장을 열었지만 1855년의 협정에 따라 아무런 보상도 받지 못한 채, 약 15년 동안 자신의 고향 땅에서 어렵게 살다가 죽어 육신만 고향 땅에 묻혔다.

야키마 인디언 전쟁 때, 카미아킨 추장에게 협조하지 않았던 '네즈 퍼스 인디언'은 강자와의 협상에 재빨리 순종했던 약자들의 슬픈 역사를 교훈으로 말해 준다. 오늘날 '네즈 퍼스 인디언'의 보호구역은 워싱턴 주와 아이다호 주의 접경인 루이스톤Lewiston 외곽에 있는데, 우리나라로 치자면 옛날 강원도의 어느 산골을 연상하는 첩첩산중에 지정되어 있다.

야키마 주변에 특히 많은 골프장, 목장과 포도농장 사이를 흐르는 토페니시Toppenish 강과 야키마 강 둔덕에는 백인들의 서부 개척이라는 승리한 역사의 뒤에 조상들이 물려 준 땅을 피로써 지키다 죽어간 수많은 인디언들의 혼령이 정적 속에 숨쉬고 있는 듯 하다.

## 배신자 네즈 퍼스Nez Pierce 부족의 훗날

'네즈 퍼스 부족'은 캐나다의 미국 접경지역으로부터 아이다호 주의 중북부, 오리건 주의 동북부와 워싱턴 주의 남동부에 퍼져 살고 있었다. 이 이름은 이들 부족민 일부가 유럽인을 처음 만나던 당시에는 전통적으로 코를 뚫고 있었기 때문에 이 지역을 개척하던 프랑스인 사냥꾼들이 붙여준 것이다.

이들 부족은 이 지역에 있는 다른 부족들에 비해 일찍부터 기독교를 받아들이고 백인들에 대한 우호의 감정이 두터웠다. 부족 대표로이어가 지역주둔군과의 협상에 적극적으로 참여하여 보호구역을 얻어냈다. 하지만 그 구역에는 이들 부족민이 원하던 땅으로 기후 조건이 좋고 부족민들의 여름철 거주지로 선호하던 왈로와Wallowa계곡이 제외되어 있었다.

그러자, 이에 불만을 품은 협상반대파들은 보호구역 토지 재협상을 요구하거나 그들의 전통적인 가치관과 배치되는 토지협상 자체에 불복하였다.

이들은 일찍이 영세를 받은 기독교도인 조셉Joseph을 두목으로 추대하여 1877년 백인과의 전쟁에 돌입했다. 조셉은 역시 부족 지도자로 영세 받은 기독교인이고 백인들에게 협조했던 선친으로부터 '사람들은 땅의 어떤 부분도 소유할 수 없으며, 자기가 소유하지 않은 것을 팔아서도 안 된다'는 교육을 받고 자라왔다. 그는 조상들의 땅을 영원히 팔지 않겠다고 하나님께 맹세했다.

또한, 그는 '이기심과 탐욕이 죄악이고 자연이라는 위대한 성령의 선물에 감사해야 한다'는 선친의 가르침에 따라 가난한 사람들과 가진 것을 나누고 식품이 꼭 필요할 때에만 동물들을 죽였을 뿐 살생도 자제하며 극도로 낭비를 삼갔다.

1873년 인디언 행정관들은 개척민 농장주들의 요구에 따라 인디언 부족민들에게 1855년에 로이어가 서명한 보호구역에 들어가 농사를 지으며 살도록 압력을 가했다.

인디언들은 어머니인 땅을 경작하는 행위는 바로 죄를 짓는 것이라 생각하고 백인 행정관의 요구를 거절했다. 이 지역 주둔군 사령관은 30일의 여유를 주면서 인디언 원주민들이 키우던 가축과 함께 개척자들의 목장이 된 땅으로부터 떠날 것을 촉구했다.

조셉은 어떻게든 살인이 수반되는 전쟁을 피하고 싶었다. 그는 보호구역으로 떠나려고 하지만 강물이 크게 불었고 가축들이 각지에 흩어져 있으므로 더 많은 시간이 필요하다고 주장했지만 사령관은 이 요구를 거절했다.

불행하게도 지정 받은 인디언 보호구역으로 이동을 준비하던 중에 젊은 인디언 전사들이 4명의 백인을 살해하는 사건이 발생했다. 그러자 100여명의 백인 병력이 출동하여 60명의 인디언들과 무장충돌, 백인 33명이 목숨을 잃었다.

사령관은 700명의 백인 무장 병력을 추가로 투입하여 새몬 강 Salmon River 건너편까지 달아나는 '네즈 퍼스 인디언' 부족원을 추격했다. 조셉은 강력한 저항전을 계속했으나 추가 투입된 새로운 백인 무장력에 밀려 많은 부족민을 잃고 현재의 옐로우스톤Yellow- stone 지역까지 밀렸다.

정부군 장군들이 조셉에게 항복을 권유하자 그는 마침내, '나는 이제 더 이상 영원히 싸우지 않겠다'는 유명한 말을 남기며 투항했으니 이 때가 1877년 9월이었다.

우리나라 대동강에서 셔먼호 사건이 일어난 해가 1866년이고 조미전쟁이 1871년이었으니 유럽 개척민인 백인들이 아시아와 미국 서부에서 땅 따먹기에 얼마나 혈안이었던가를 능히 짐작할 수 있다. 당시를 살았던 우리 조상들의 대처가 용감하고 슬기로운 것인지 아닌지 역사학자들로부터 좀 후련한 설명을 듣고 싶다.

조셉이 항복한 후에 '네즈퍼스 인디언' 부족민들은 노스다코타North Dakota를 거쳐 멀리 중부의 캔자스Kansas 주까지 강제 이주당했다가 6-7년이 지난 1885년, 생존자들은 그들의 고향에 가까운 워싱턴 주의 '콜빌 인디언 보호구역'으로 되돌아 올 수 있었다. 조셉은 수많은 약속을 저버렸던 백인 침략자들에게 빼앗긴 자신들의 땅을 떠나 이 곳에서 12년 동안 더 살다가 1897년 사망했다.

그는 미국 대통령을 포함하여 수많은 백인 공직자와 만나 많은 약속을 받았지만 번번이 속았음에 참담해 했다. 그가 일찍이 백인처럼 기독교를 믿었기에 죽으면서 오직 하나 살아남았던 인디언으로서 바람이 있었다면 백인들과 같은 권리를 가지며 백인처럼 '법 앞에 평등하게 사는 것'이었으리라.

## 야키마 카운티의 길과 거리를 따라

어느 여름날 우리는 레이니어 산을 넘어 야키마에 갔다. 시애틀에서 동쪽으로 달리는 I-90 을 타고 약 190km(118마일)를 달리면 오리건 주의 동부와 워싱턴 주의 동부를 이어주는 I-82와의 갈림길이 나온다. 이 길목에서 동남쪽으로 뻗은 I-82로 1시간 못 미쳐 달려 34번이나 36번 나들목으로 나오면 야키마다.

야키마 도심 부근에 이르면 산등성이도 메말라서 사막처럼 보이고 뽀얀 흙먼지가 풀풀 날아다니는 것 같다. 그리 번화하지 않은 시내에 들어서자 크고 작은 건물의 벽은 낙서로 지저분하고 쓰레기더미도 군데군데 눈에 띄어 처음에는 삭막하고 무서운 느낌이 들었다.

잠시 몇 년 전의 LA 올림픽 거리를 연상했다. 흑인폭동 몇 년이 지났지만 시내 한복판 이 거리의 건물들은 불타고 부서진 채, 벽은 여기저기에 낙서들로 도배되어 을씨년스러웠다.

혹시 이 도시에서도 어디선가 괴한이 나타나 총질이라도 할 것 같아 두려웠다. 인디언 전쟁의 역사를 잘 알지 못했을 때는 그저 농업의 중심지라고 들은 터라 순박한 농부들의 웃는 모습, 사과와 체리, 그밖에 맛있는 과일을 떠올렸는데 이런 뜻밖의 장면에 당황했던 것이다.

하지만 이 도시에는 주로 히스패닉 계 노동자들이 열심히 일하면서 가난하지만 착하게 살고 있었다. 두려움 따위는 순간의 잘못된 판단이었음을 시내로 들어가면서 금방 깨달았다. 여느 도시처럼 시내의 가로는 깨끗이 정리되어 있었고 어린이 놀이시설과 함께 어린이 박물관이 특히 주의를 끌었다.

'야키마 밸리 전문대학'을 비롯하여 공연예술을 즐기는 사람들을 위해 일찍부터 준비된 문화시설로 '캐피틀 극장Capitol Theatre' 은 개관 80년이 넘었다.

도심에서 얼마 떨어지지 않은 토페니시에는 인디언의 문화 박물관

야키마 인디언 민족문화유산센터 전경

인 '야카마 인디언민족 문화유산센터Yakama Indian Nation Cultural Heritage Center'가 있다. 이곳에서는 자주 전국적인 중요 모임과 국제회의가 열리고 많은 사람들에게 인디언들의 문화유산을 관람할 수 있게 소장품들을 잘 진열하고 있었다.

이 센터 바로 옆의 북태평양 철도박물관은 인디언 문화와 대조적으로 이 곳을 개척한 백인들의 사회적 삶을 잘 보여주고 있어 시간이 허락하면 이 둘 모두를 둘러보며 서부 영화에 세뇌된 우리들의 의식을 세탁해 볼만도 하다.

야키마는 오늘날 워싱턴 주의 서부와 동부 그리고 콜롬비아 강 연안인 남부를 연결하는 교통 요충지다. 야키마를 중심에 두고 이 길 저 길을 달리다 보면 숱하게 많은 농장 앞을 거치게 된다.

길가에는 과수원과 농장에서 갓 수확한 과일이나 농산물을 직판

하는 노점들이 자주 눈에 띈다. 시간이 더 있으면 인근 과수원이나 농장에 들어가 과일과 채소류들을 직접 따와 저울에 달아보고 그 값을 계산해도 된다.

도로에서 가까운 선물가게에 들리면 잼을 비롯하여 인근의 양조장에서 제조한 여러 종류의 맥주와 즐비한 포도밭에서 만든 와인들도 쉽게 구할 수 있다.

우리는 인근의 모텔에 자리를 잡고 시내의 중국집에서 '투고to go'로 사 온 요리에 곁들여 와인 한 잔을 걸쳤다.

## 워싱턴 주의 써니싸이드Sunnyside

야키마에서 리치랜드Richland를 향해 I-82를 동쪽으로 달리면 그 중간에 인구 1만 4천 명 정도의 농산물 집산지인 써니싸이드라는 작은 도시가 있다.

미국의 많은 농업도시가 그렇듯이 이 소도시에도 농업종사자들인 히스패닉 계 인구가 절반을 넘고 있지만 빈곤층이 30%에 이른다고 한다.

미국의 농장경영자들은 불법이민이든 합법이민이든 가리지 않고 노동 강도가 매우 높은 농업 노동력을 확보하기 위해 히스패닉 계의 인력을 조달하고 있다. 하지만 이민노동자들의 생활여건은 매우 열악하다는 것을 이곳 서북부의 조그만 마을에서도 실감할 수 있었다.

이 도시 이름에서 특별한 기억이 내 뇌리 속에 새겨져 있다.

2003년 어느 겨울날, 이 길을 타고 리치랜드 쪽에서 야키마를 향하여 서쪽으로 달렸다. 리치랜드에서 야키마로 올 때는 대낮인데도 구름이 낮게 깔려 있고 바람도 심하게 불었다. 곧 이어 천둥번개가 치고 하늘이 시커멓게 변하여 운전을 하면서도 두렵고 불안했다. 그때는 고속도로를 달리는 차량마저 어디로 모두 피했는지 잘 보이지 않아 아침에 일기예보를 보지 않고 떠난 것을 무척 후회했다.

길가에 써놓은 안내판에 날씨 정보를 알려주는 전화번호와 방송 사이클이 적혀 있었지만 전화를 걸거나 라디오를 들을 엄두가 나지 않았다. 천둥번개가 칠 때는 벌판이나 나무 아래 있으면 위험하지만 차량 안에 있으면 제일 안전하다 하여 전조등(headlight)을 환히 켜고 긴장한 채, 천천히 목적지를 향해 달렸다.

리치랜드는 96번 나들목으로 나가고 써니싸이드는 67번 나들목이니까 46km(29마일) 쯤 되는 거리를 이렇게 달렸다. 시속 100km (60마일) 정도로 달리면 30분 정도에 닿을 거리지만 조심스레 운전하느라 한 시간 가량 달려가니 저 멀리 써니싸이드 입구를 알리는 이정표가 보였다.

지명이 써니싸이드니까 "아마도 비가 조금 덜 내리겠지" 하는 기대감을 가졌는데 아니나 다를까 써니싸이드 나들목에 이르니 빗줄기가 가늘어지고 햇빛이 비치며 파란 하늘이 드러났다. 어쩌면 지명이 이렇게 기후와 딱 들어맞을 수 있을까?

써니싸이드는 주로 포도 생산지로 유명하고 수많은 포도주 양조장이 양질의 와인을 생산해 전국적으로 좋은 평판을 얻고 있다. 서부의 주요한 식료품 소매체인에 진열된 '스나이프스 마운틴Snipes Mountain' 맥주공장도 이 근처에 있다.

철따라 축제도 열린단다. 5월에는 어린이 축제로 아동들이 퍼레이드를 펼치고 6월에는 우유 축제가 열린다. 미국독립기념일인 7월 4일에는 불꽃놀이와 함께 '농촌 마을로 돌아오세요' 라는 행사도 벌어진다. 8월에는 고추 축제, 9월에는 선샤인데이Sunshine Day 축제가 열린다.

축제날에는 각 가정에서 소장하던 조각들을 비롯하여 여러 가지 물건을 교환하는 바자회도 열리며 수확을 마친 12월 초에는 불 밝힌 농장을 공개하는 행사가 밤하늘을 장식한다.

이 곳 외에도 우리는 캘리포니아와 오리건 주에서 써니싸이드라는 지명이 이렇게 실제 기후와 연관되어 있음을 경험한 적이 있다. 사회나 자연에서 얻은 체험을 바탕으로 사람이나 땅 이름을 지음은 동서양이 다를 바 없을 것이다. 이 평범한 진리대로 우리나라 지하철역의 이름이나 동네 이름을 한글로 하든 한자어로 하든 그 지역의 자연과 문화 속에서 찾아 썼으면 좋겠다.

## 주 동쪽의 헷갈리는 세 도시와 스포케인

오리건 주에서 아이다호 주의 북부로 여행하려면 동부 워싱턴의 I-82와 I-90을 이용해야 한다. 아이다호 주의 아름다운 호반 도시 커달레인Coeur D'Allene를 찾아 나섰다가 콜롬비아 협곡의 기묘한 자연 속에서 도시 사이를 가로지르며 북상하려다가 길을 잃고 헤맨 어느 여름날의 낭패가 떠오른다. 고속도로를 열심히 달렸지만 세 도시를 이리 저리 돌고 돌아 마침내 그 자리에 다시 왔을 때 느낀 황당함을 적으려는 것이다.

오리건 주의 서쪽에서 동쪽으로 향하는 I-84의 179번 나들목에서 우리는 스포케인 방향으로 I-82를 탔다. 이 고속도로를 타고 약 30분, 그러니까 50km(약 30마일) 쯤 달리면 395번 길을 만나 북쪽으로 약 130km(80마일) 달리면 I-90에 이를 것으로 계산하니 해지기 전에 커달레인에 도착할 걸로 예상됐다.

그러나 웬걸, 우리는 케네위크Kennewick, 리치랜드Richland, 파스코Pasco의 세 도시를 잇는 고속도로에서 길을 잃고 말았다.

미국의 다른 곳에도 있지만 워싱턴 주의 세 도시Tri-Cities는 이 도시들인데 우리는 I-82 의 113번 나들목에서 395번 도로로 옮겨 탔다고 생각하고 자동차를 북쪽 방향으로 한 시간 가량 몰았지만 아무래도 눈에 익은 도로 옆 풍경이 변하지 않았다.

이리저리 헤매다가 겨우 395번 길을 찾은 다음, 북쪽으로 한 시간 남짓 120-130km(70-80마일)을 달려 시애틀에서 출발하는 I-90을 만났다. 계속하여 동북으로 방향을 잡아 스포케인에 도착했다. I-90과 395번 길이 합류한 지점에서 약 20분 정도를 달려 휴게소에서 잠시 요기를 하거나 쉰 다음, 그대로 동북으로 나가면 이 주 동부 최대의 공업도시인 스포케인에 닿는다. 미국 도시치고는 고속도로변의 공기가 그리 맑지 않아 우리는 조금 더 동쪽으로 달려 주의 경계선을 넘었다.

그 다음은 아이다호 주인데 거기서부터 공기는 다시 맑디맑다. 시원한 여름 커다란 담수호가 있는 쿼달레인에서 즐거운 휴식을 만끽하기 위해 자동차를 몰면서 한번도 스포케인의 도심에 들어가 본 적이 없다.

몇 년이 지난 후에 시애틀을 출발하여 I-90으로 엘렌스버그Ellensburg에 도착, 약 30분 정도를 더 달리다가 한두 번 구부러진 길을 거친 다음에, 거의 한 두 시간 동안 끝없는 직선 도로를 달렸다. 무료하기 그지없었기에 그래도 협곡과 평원 사이를 달리던 그 도로가 생각나자 길 잃고 헤맨 추억이 새롭게 회상되었다.

스포케인이 서북부의 태평양 연안을 개척하기 위해 백인들이 요새를 구축하고 인디언과 여러 차례의 전쟁을 치러낸 군사적 요충지였던 사실을 뒤늦게 관광 안내 자료를 보고서야 알았다.

이 지역에 살고 있던 인디언들은 대대로 농업에 종사하고 있던 부족들이었다. 이 지역에 부임한 인디언 행정관이 이들에게 '콜빌 인디언 보호구역'에 이주할 것을 명령하자 이에 불복하는 인디언들이 저항하고 백인을 공격했다. 행정관은 인디언의 공격에 대비해 요새를 구축했다. 이 요새에는 미군 전투병 훈련소가 있었고 보병부대와 기병부대가 배치되어 보호구역을 이탈하려는 인디언들을 제압하고 인디언 전쟁을 수행하는 기지로도 활용되었다.

때로 이 곳에 주둔한 미군 병력은 콜롬비아 강의 사금 채취 광부로 고용된 중국인 이주자들이 노동현장을 이탈하지 못하도록 억제하는 역할도 맡았다. 이곳은 19세기 말엽 불법행위를 자행한 백인과의 전투에서, 1898년에는 미국과 스페인 전쟁의 기지로도 활용되었다.

숱한 역사를 가진 이 요새는 인디언 아동을 위한 학교, 병원 등으로 쓰이다가 현재는 쿨리Coulee 국립휴양지 관리 사무소가 건물들을 개축 또는 보수하여 사용하고 있다.

## 벨링햄Bellingham과 최북단 인디언 보호구역

벨링햄은 캐나다와의 국경도시이다. 미국과 캐나다 사람들이 국경선을 넘어 이 도시로 또는 이 도시에서 출퇴근을 하고 있다. 이곳으로부터 캐나다에서 한국인들이 많이 살고 있는 밴쿠버 외곽 도

캐나다에서 미국으로 들어오는 국경선에 위치한 면세점 알림판

시인 서리Surrey까지는 서울-수원쯤 되는 거리다.

I-5를 통해 밴쿠버로 가지 않고 539번 길의 북쪽 방향으로 직진하면 국경선 검문소를 넘어 캐나다의 13번 길이 되면서 초원을 지나 서리에 닿는데 거리는 45km(28마일), 자동차로는 약 30분 정도 걸린다.

이 도시 북쪽 국경선 근처에는 주로 어업에 종사하며 수천 년 전부터 이 지역에 살았다는 '럼미Lummi 인디언 보호구역'이 있다. I-5의 260번 나들목에 이르면 '인디언보호구역' 표시가 있다. 이 지역 원주민들은 미국이 이 지역을 차지하기 전부터 러시아, 스페인, 일본, 영국 등의 여러 나라와 이미 교역을 해 왔다고 한다.

1988년 2월, '럼미 인디언'의 지도자인 킨리Larry Kinley는 시카고에 있는 미국인디언역사연구소에서 열린 '파트래치 경제Potlatch Economics와 인디언의 완전 자치'라는 제목으로 연설을 했다. 연설문을 요약하면 이들의 최근세사와 당시의 경제적 상태가 오늘날 제3세계 여느 나라들과 별로 다르지 않음을 알 수 있다.

파트래치는 서북미의 인디언 원주민들이 결혼식이나 취임식의 축하 잔치를 행하면서 그 주인공이 되는 사람이 손님의 계급과 지위에 따라 선물들을 분배해 주는 축제 의식을 말한다.

경제문제에 초점이 맞춰진 그의 연설문 요지가 적힌 안내문을 한

장 어렵게 구했다. 내용을 요약하기에는 버릴만한 말이 너무 적다. 그래서 되도록 이면 그의 연설을 그대로 옮기려고 애써 보았다.

"북미 인디언과 유럽 식민주의자들은 재화와 서비스의 이전 및 부의 분배 문제에서 처음으로 경제적인 경쟁을 시작했다. 경제라는 말은 사회 내에서 재화와 서비스를 전달하고 사회 구성원 사이에 부의 분배를 보증하는 체계에 대해 붙인 하나의 이름표다."

"최상의 경제 체계가 무엇인가에 대한 이성적인 인간들 간의 의견 불일치가 전쟁을 일으키고 사람들을 서로 싸우게 한다. 자신에게 필요한 기술과 능력이 부족한 유럽 식민주의자들이 강력한 자립경제의 인디언 민족들을 만난다. 그들은 생존을 위해 인디언 부족의 경제에 의존해야 했다."

"유럽인들은 인디언의 부족 경제 속에서 살아가는 방법을 터득하지 못하고 잘 형성된 유럽 경제의 지원을 받으며 점점 유럽 나라들에 예속되어 갔다. 이들은 무역 능력을 발전시킴으로써 인디언 경제에 대한 자신들의 예속을 줄여 갈 수 있었다. 하지만 유럽인들의 식민경제가 강성해지면서 인디언 나라들의 경제적 지배력은 급격히 약화되고 마침내 19세기에 이르러 인디언 부족 경제는 붕괴되기 시작했다."

"우리 경제에 꼭 필요한 모피와 생선은 우리도 그리 넉넉하지 않았지만 유럽인들에게도 강한 수요가 있었다. 러시아 사람들과 스페인 사람들은 냄비를 가지고 와서 우리들의 모피와 교환해 갔다. 냄비가 우리 주민들이 매우 갖고 싶은 물건이 되고 바구니 수요는 급격히 줄었다.

회색의 양모 담요가 들어와 인디언들이 개털과 양털로 짠 담요를 대체했다. 철제와 동제 도구가 거래되면서 인디언의 전통적인 무기와 연장들이 교체되었다."

"현재의 미국이 일제 자동차와 전자 제품의 수입으로 내부 경제가 고통을 겪는 것과 마찬가지로 럼미 인디언 민족은 무역 수지의 불균형으로 고통을 받게 되었다.

럼미의 노동력은 공산품 생산 노동에서 유럽인들의 경쟁 상대가 될 수 없었다. 현재의 미국 섬유 노동자가 한국, 싱가포르, 홍콩, 중국과 신발과 의류 산업에서 경쟁력을 잃은 것처럼 럼미의 연장 만드는 사람, 섬유 짜는 사람, 목수, 예술가와 어부들이 피해를 당하고 있다. 럼미 인디언들의 특수한 제품들에 대한 관심은 증대했지만 자신을 지탱시켜줄 내부적 능력을 잃어 가기 시작했다."

"1850년대에 미국이 러시아, 일본, 스페인, 영국 사람들이 떠나간 자리를 차지했다. 미국은 럼미 경제가 자연으로부터 생산한 것을 더 이상 원하지 않고 대신 우리들의 땅을 원했다. 수백 세대에 걸쳐 개발되어온 우리들의 기술은 쓸모없게 되었고 우리는 미국의 경제적 이익을 위한 원자재의 채취자가 되고 미국이 생산한 재화와 서비스에 의존하게 되었다."

"마침내 럼미는 다른 인디언 나라와 마찬가지로 총체적으로 해체되어 미국의 경제적 식민지가 되고 말았다. 오늘날까지 럼미를 비롯한 모든 인디언 나라들은 미국에 자연적인 부를 수출하는 원자재 식민지적 보호구역으로 남아 있다."

"미국이 나타나기 전 수 천년 세월 동안 북미 전역의 인디언 나라들은 강력한 경제능력을 가진 건강한 사회였다. 럼미 민족은 이웃 나라와 마찬가지로 자신들이 필요 이상으로 생산된 것들을 다른 나라들과 나누며 가난 없이 의식주를 해결해 왔고 아시아와 태평양의 여러 나라들과 교역을 하며 경제적 다양성을 유지해 왔다. 그래서 럼미 사회는 완전한 전일체였다."

"오늘날 럼미 사람들은 수백 세대 동안 지탱해온 생산적인 자급자족 경제로부터 럼미로 되돌아오는 것보다는 더 많은 것을 가져가는 이질적인 경제체제에 비생산적으로 예속되는 상태에 처해 있다."

"럼미 나라는 인간의 생존에 필요한 것을 아무 것도 생산하지 않는 소비사회가 되었다. 우리가 남긴 어류, 목재와 야생 생물들은 미국에게 직접적인 이익을 주는 원자재가 되지만 럼미 경제에는 순수한 적자가 된다. 우리는 미국에만 원자재를 팔고 미국 경제 내에서 소비될 수 있는 돈을 받는다."

"미국 돈은 우리의 노동력과 원자재에 대한 최종 결제 수단이지만 럼미에게는 직접적인 가치가 없는 것이다. 이 돈으로 미국으로부터 재화와 서비스를 사지만 그렇게 해서 결국 럼미의 경제는 붕괴되고 자립경제는 주로 미국 경제에만 이익을 가져다주는 식민지 시장 경제로 대체되었다."

“오랜 역사상 처음으로 럼미 경제는 가난과 결핍을 경험하게 되었다. 최근 150년 동안 럼미 사람들은 무역의 불균형, 외부 사람의 자원 취득과 럼미 노동력의 가치 격하로 마치 현재의 제3세계가 당하고 있는 것과 같은 고통에 직면해 있다.”

“이 고통으로부터 벗어나는 길은 럼미 나라의 사회·경제·정치·문화적 안전에 절대적으로 필요한 자기결정(self-determination)이라고 믿는다. 자기 결정이야말로 럼미 경제의 재건을 위한 자유와 유연성을 확보하는 열쇠가 될 것이다.”

“경제적 자유의 요구에 대해서 미국 정부는 1950-1960년대에 우리들의 인재들이 인디언 보호구역을 떠나도록 부추겼다. 제3세계의 여러 나라들과 마찬가지로 인디언 나라들도 두뇌 유출(brain drain)을 당해 럼미 인디언 사회가 붕괴되고 소멸할 위기에 처하게 되었다.”

“다행히 케네디와 존슨 행정부가 인디언 재건을 위한 기회를 만들어 주었고 이 기회를 이용하여 우리는 인디언 행정국의 통제로부터 독립된 예산을 편성할 수 있게 되었다. 우리는 다시 결정권을 갖게 되었고 다른 인디언 나라들도 그랬겠지만 럼니 인디언 재건 계획을 수립하여 이를 시행하였다.”

“럼미 인디언 경제의 재건을 위한 기본 요소는 럼미에 의한 경제적 의사결정권을 갖는 것이다. 이 결정권에는 럼미로부터 미국과 외국과의 무역 유통의 개발, 럼미의 기술·계획·의사결정 능력과 경험 증진, 럼미 경제 발전을 촉진하는 자본과 자원의 유통 등이 포함된다."

"대부분의 인디언 보호구역은 지리적으로 고립되어 있고 인구밀도가 상대적으로 낮기 때문에 경제적 번영을 위해서는 이 지역의 '경제적 엔진'이 필요하다. 이 엔진을 가동하여 경제적 번영을 추구하는 데는 두 개의 장애물이 있다. 하나는 주정부와 기업체들이고 다른 하나는 인디언 사무국과 연방정부이다."

"주 정부는 인디언 지역의 경제적 성공과 창조력이 주 정부의 수입으로 환수되기를 바라고 있다. 기업들은 우리들의 성공이 자신들의 경제적 조건을 궁극적으로 개선할 것이라는 사실을 잘 이해하지 못하고 있다."

"연방정부와 인디언 행정국은 각종 규정으로 경제성장을 간섭하고 있다. 미국 정부의 관료제가 미국 경제와 주의 경제에 이익을 주는 산업 모형 쪽으로 경제개발 계획을 수정하고 있다.

마치 미국이 통제하는 세계은행이 제3세계에 미국식 산업 모델을 구축하도록 밀어붙이고 있는 것처럼 인디언 업무국과 미국 상무성은 인디언 보호구역에 미국식 산업 모델을 구축하도록 압력을 가하고 있다. 그러나 이 시도들은 모두 실패했다."

"인디언 나라와 미국 사이의 경제적 불균형을 시정하기 위해서는 인디언 부족원에게 일자리를 주고, 지역 관습과 사회조직을 강화하며 문화적 가치를 풍요하게 하는 자립 경제를 약속하고 이를 실천

하는 길이다. 부족의 경제는 단순히 미국 경제의 관점이 아니라 부족의 특수한 상황에서 이해되어야 한다.

자연자원과 토지에 대한 부족의 통제권 확보가 부족 경제를 갱신하기 위한 핵심이다. 이것은 미국 정부가 이들 자원에 대한 통제력을 증가시켜온 노력을 중단하는 것이다."

"인디언 나라와 미국 정부의 정치적 관계는 상호 존중에 기초한 정부 대 정부의 관계라는 틀 속에서 형성되어야 한다. 인디언 나라들에게는 그들의 영역 내에서 완전한 자치를 허용해야 한다.

인디언 나라들이 이처럼 자립과 자치의 방향으로 나갈 때, 여러 세대의 경제적 식민주의로 인해 발생한 인디언 보호구역의 경제적 피폐를 극복하고 인간의 더 나은 생존 조건을 구현하는 데 기여하게 될 것이다."

구구절절 심금을 울리는 말들이어서 여기에 많은 부분을 옮겼다.

# 3.

# 캘리포니아 주

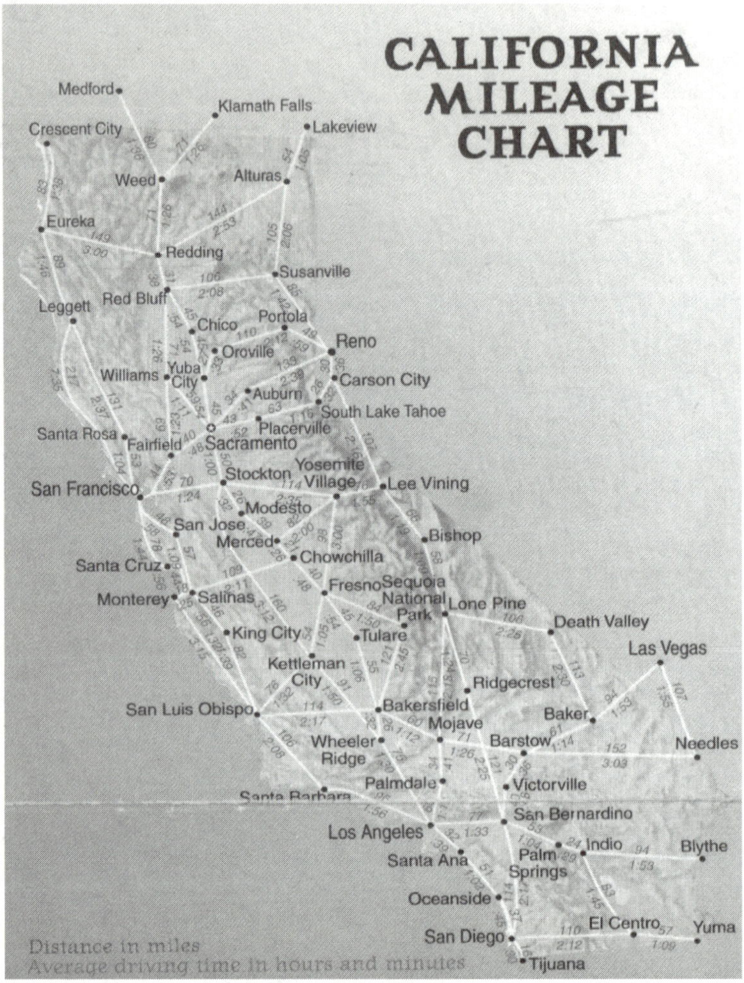
CALIFORNIA
MILEAGE
CHART
Medford
Klamath Falls
Crescent City
Lakeview
Weed
Alturas
Eureka
Redding
Susanville
Red Bluff
Leggett
Chico
Portola
Reno
Oroville
Williams
Yuba City
Carson City
Auburn
South Lake Tahoe
Placerville
Santa Rosa
Fairfield
Sacramento
Yosemite Village
Stockton
Lee Vining
San Francisco
Modesto
San Jose
Bishop
Merced
Chowchilla
Santa Cruz
Fresno
Sequoia National Park
Monterey
Salinas
Lone Pine
Death Valley
King City
Tulare
Las Vegas
Kettleman City
Ridgecrest
San Luis Obispo
Bakersfield
Baker
Mojave
Wheeler Ridge
Barstow
Needles
Palmdale
Victorville
Santa Barbara
San Bernardino
Los Angeles
Indio
Blythe
Santa Ana
Palm Springs
Oceanside
El Centro
Yuma
San Diego
Tijuana
Distance in miles
Average driving time in hours and minutes

캘리포니아 주 지도

## 캘리포니아 주Golden State 이야기

캘리포니아 주는 1850년에 미국의 31번째 주가 되었다. 그 전에는 멕시코 땅이었다. 1848년 미국과의 전쟁에서 패전한 대가로 멕시코는 이 땅을 미국에 양도했다.

2002년 통계로 인구는 약 3천5백만 명을 조금 넘는다. 면적은 41만 1,500 제곱 km로 남한의 4배가 넘고 한반도 전체 면적의 2배 가까이 된다.

주도는 주의 북부에 위치한 새크라멘토Sacramento이다. 주의 별칭은 골든 스테이트Golden State이다. 역사적 기록도 1849년부터 1856년까지는 '금광 찾기 열풍Gold Rush'이 주 전역을 휩쓸었다고 적고 있다.

이 주의 남북을 달리는 I-5는 샌디에이고에서 출발하여 오리건 주와의 경계선인 796번 나들목까지 무려 1,274Km에 이른다.

북부의 중심도시는 샌프란시스코, 남부의 중심도시는 LA다. 해안선가까이로는 해안산맥Coast Ranges이 뻗어 있고 오리건 주의 캐스케이드산맥에 이어 시에라네바다Sierra Nevada 산맥이 이 주의 동부 화산지대를 거쳐 뻗으며 남쪽으로 내려와 네바다 주와 애리조나Arizona 주에 연결된다.

두 거대한 산맥 사이의 분지는 미국 제1의 야채와 과일 생산지이고 풍부한 농산물 생산으로 세계의 식량 창고 노릇을 톡톡히 한다. 하지만 이 주 땅의 4분의 1이 사막이다. 그리고, 이 주에는 미국 본토의 최고봉인 휘트니Whitney 산(4,418m), 샤스타Shasta 산(4,317m)과 화산 활동이 계속 중인 래슨Lassen화산(3,187m)등이 있다.

요세미티Yosemite, 킹스 캐니언Kings Canyon, 세쿼이아Sequoia, 래

슨 볼캐닉Lassen Volcanic, 레드우드Redwood 등 5개의 국립공원이 제각각 다양한 모습으로 관광객을 맞는다.

## 북 캘리포니아

캘리포니아 주는 멕시코 국경부터 오리건 주와의 경계까지 남북의 길이가 1,280Km(800마일)이나 되는 큰 주다. 흔히 샌프란시스코 이북을 북 캘리포니아라고 부르고 LA 일대를 남 캘리포니아라고 부른다.

샌프란시스코 도시권을 벗어나면 북 캘리포니아는 대개 목장과 농장 지대로 이루어져 있는 농촌지역이 대부분이고 이따금씩 농산물 집산지로 발달한 도시들이 있다.

I-80은 샌프란시스코를 출발하여 동쪽으로 뻗은 길이다. 이 길은 주도인 새크라멘토Sacramento를 지나고 네바다 주의 리노Reno를 거쳐 마침내 뉴욕New York까지 연결된다.

오리건 주로 가는 길은 I-80의 도심 외곽 연결망 도로들을 거쳐 I-505를 타고 가다 보면 욜로 카운티Yolo County에서 남북을 달리는 I-5를 만난다.

I-505를 거쳐 I-5를 달리면 철마다 색다른 맛을 느낀다. 겨울철 길가를 보면 푸른 초장에 가축 떼들이 유유히 풀을 뜯고 있다. 하지만 여름날이면 초장은 간 데 없고 민둥산만 펼쳐진 사막길이고 가축들은 어디로 갔는지 보이지 않는다. 한참을 달리면 비로소 푸른색이든 누런색이든 끝없이 넓은 들판이 캘리포니아의 농장지대임을 말없이 알려 준다.

이 프리웨이를 따라 형성된 크고 작은 도시들은 제 나름대로 서부 개척사의 한 토막을 간직하고 있다. 도시나 큰 동네들의 이름으로는 윌리암스Williams, 윌로우스Willows, 코닝Corning, 레드블러프 Red Bluff, 레딩Redding, 와이레카Yreca 등을 꼽을 수 있다.

8월 한여름에 윌리암스에서 레딩을 오가는 고속도로 주변은 해바라기가 온통 노란 물결을 이루며 햇빛에 반짝인다. 샌프란시스코 외곽에서 시작하여 레드블러프에 이르는 프리웨이의 중앙분리대는 분홍색과 흰색, 그리고 진홍색의 유도화 꽃으로 물들여져 있다.

이 꽃들이 오가는 운전자의 지루함을 달래 준다. 나 같은 이방인도 밝게 맞이하고 부담 없이 배웅해준다.

레드블러프를 지나서 샤스타 산을 굽이굽이 돌아 와이레카를 지나면 캘리포니아 주 I-5의 최북단 796번 나들목으로 해발 약 914m(3천ft)의 고갯마루인 힐트Hilt에 닿는다. 이 곳에서 애쉴랜드 산Mount Ashland을 넘으면 오리건 주이다.

## I-5 프리웨이의 캘리포니아-오리건 주 경계선

오리건 주의 남부에서 애쉴랜드 산을 넘으면 캘리포니아 주다. 캘리포니아에 들어서서 몇 굽이굽이를 돌아 달리면 어느새 맑은 여름날에도, 저 멀리에 만년설로 뒤덮인 거대한 산이 버티고 서 있다. 겨울철은 흐린 날이 많지만 조금 더 남쪽으로 달려가면 푸른 초장 위에 백설의 삼각형 모자 모양으로 우뚝 선 산이 있다.

바로 이 산이 캘리포니아는 물론, 미국 본토에서 두 번째로 높은 해발 4,317m(14,162ft)의 샤스타 산이다.

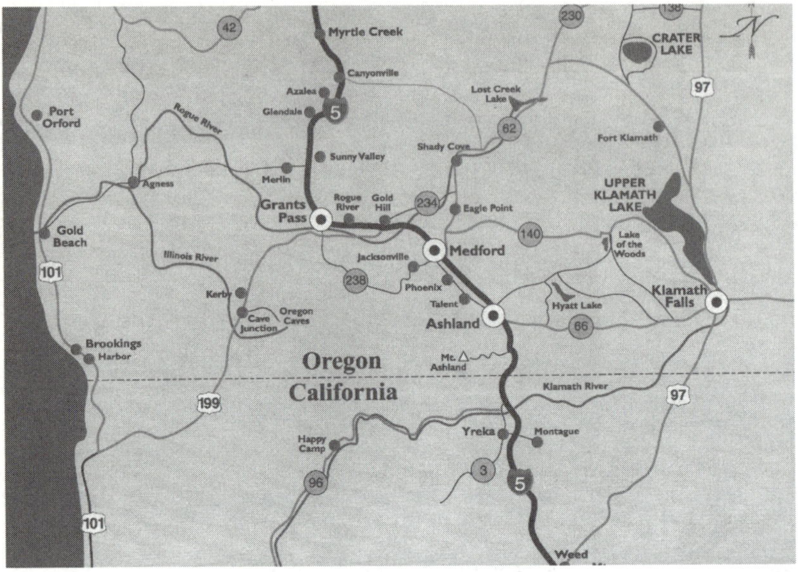


캘리포니아-오리건 주 경계선 부근 지도

이 산은 주 경계선에서 남쪽으로 100km(60마일) 쯤 떨어져 있지만 맑은 날이면 북 캘리포니아 어디에서나 볼 수 있다. 이 산은 북 캘리포니아를 동서로 나눈다.

주의 경계선을 넘어 I-5 주변에 전망대로 드나드는 길이 있다. 이곳은 자동차 여행자들이 쉬어가면서 주변의 경관을 볼 수 있게 마련해 둔 곳인데 여기서도 저 멀리 우뚝 솟은 이 산을 볼 수 있다.

## 와이레카Yreka에서 남쪽으로

주 경계선인 애쉴랜드 고개 마루턱을 넘으면 저 멀리로 샤스타 산이 흰머리를 내민다. 먼 산을 바라보며 I-5 프리웨이를 타고 오리건 주에서 캘리포니아 주로 넘어와 제일 먼저 만나는 도시가 와이레카다. 도심은 776번 나들목에서 가깝다.

와이레카 도심 입구

오늘날의 인구는 고작 7천명 정도다. 하지만 금광개발시대인 1857년에도 이미 인구가 5천명이나 되어 와이레카 시가 공식적으로 조직되었고 이 소도시 출신 사업가가 같은 해 실시된 캘리포니아 주지사 선거에서 당선되었단다.

1871년 여름에는 대형 화재가 발생하여 도시의 3분의 1이 소실되었다는 기록도 있다.

이 도시의 이름인 와이레카는 이 지역 인디언들의 말로 '흰 산'이란 뜻이다. 우리가 애쉴랜드 산의 고개 마루턱에서 본 흰머리의 산 '샤스타'에서 지명의 유래가 찾아진다는 말이다.

도시가 발달하기 전, 이 주변에는 많은 인디언들이 살고 있었다. 이들은 금광 개발 붐이 일었을 때까지만 해도 외부 세력인 백인 개척자들을 습격하려 했다. 그런데 백인에게 우호적인 인디언 원주민인 한 여인이 백인에게 습격할 조짐을 미리 알려 대량 학살의 비극을 미연에 방지했다는 역사 이야기를 이 도시의 박물관은 전한다. 이 여인은 인디언의 배신자일까 아니면 미국의 애국자일까?

다른 대부분의 서부 광산들에서처럼 이 소도시가 광산 도시로 개발될 때에는 많은 중국인 광부들이 참여하여 일찍이 차이나타운이 형성되었다는데 지금은 중국음식점 몇 곳이 있지만 타운은 모두 어디로 갔는지 보이지 않는다.

도심에는 발레, 콘서트와 쇼 등을 공연할 수 있는 대규모의 극장, 응급실을 갖춘 종합병원, 공공도서관 등과 각종 생활문화시설이 있다. 1950년에 개관하여 인디언의 문화유산을 보존하고 있는 시스키유 카운티Siskiyou County 박물관과 1994년에 개관한 아메리카 원주민 갤러리도 있다.

읍내에는 금광사업가들이 19세기에 짓고 살았던 거창한 저택이 아름다운 정원을 간직한 채, 한적하게 남아 있고, 최근에 신축한 현대식 건물과 숙박 시설들이 조화를 이루고 있다. 현재의 시장은 50대의 여성이다.

우리가 이 도시에 대해 기억하고 있는 것은 주의 경계선에 가까운 데다 다른 도시와 멀리 떨어져 있고 첩첩 산중이기 때문에 가솔린 값이 다른 도시보다 엄청나게 비쌌던 점이다.

## 북캘리포니아의 인디언 이야기

캘리포니아 북부 지역 인디언으로는 '모도크Modocs 부족'이 유명하다. 이들은 원래 시스키유 카운티의 동남부에 살고 있었다. 이들은 치누크 계통의 언어를 사용하는 것으로 보아 오리건 해안선 지역의 원주민들과 비슷한 종족인 것 같다.

이들은 식량 사정 때문에 개척자들과 사이가 좋지 않았는데 1864년에 오리건 동남부에 있는 '클라마스 인디언 보호구역'으로 강제 이주 당하게 되었다. 당연히 불만이었고 1872년부터 2년 동

북캘리포니아의 인디언 원주민이 공들여 짜 놓은 바구니들

안, 라바베즈Lava Beds National Monument 일대에서 백인들과 치열한 싸움을 벌였다.

인디언의 패배로 끝난 이 싸움을 미국 역사는 모도크 전쟁이라고 기록하고 있다. 패배한 인디언들은 멀리 오클라호마Oklahoma로 보내졌거나 정부가 먼저 지정했던 '클라마스 보호구역'으로 되돌아가야 했다.

현재 미국 전역에 흩어져 살아남아 있는 '모도크 인디언'은 500명 정도뿐이다. 금을 찾던 백인의 후손들은 이제 북 캘리포니아 땅에 정착하여 농업과 목축업에 종사하고 있다.

그 당시에 백인에 협조했던 '샤스타Shastas 인디언'은 캐스케이드 서부의 강과 계곡 주변에 약 1,200명 정도가 살고 있다. 다만, 조상들이 물려준 고향 땅에 그대로 거주하고 있는 '샤스타 인디언'은 약 300명 정도다. 마운트 샤스타 카운티Mt. Shata County의 많은 박물관에는 이들의 생활 유물을 수집해 전시하고 있다.

## 샤스타 산과 주변의 산간 도시

북쪽에서 남쪽으로 샤스타 산과 숨바꼭질하며 내달리면서 우리가 들러 본 작은 마을과 소읍들이다. 와이레카 남쪽으로 40km(25마일)의 샤스타 산정 부근에는 위드Weed라는 소읍이 있다. 위드의 북쪽 I-5의 766번 나들목 부근에는 녹슬어 질누렇게 돼 진짜 소처럼 보이는 쇠로 만든 조각이 밭 한가운데에 우뚝 서 있어 이 지역이 목축지대임을 알려 준다.

748번 나들목으로 나가면 인구 3천명의 소읍인 위드Weed다. 북 캘리포니아 최대도시인 레딩Redding에서는 북쪽으로 114km(71마일) 거리이다. 위드 읍내에는 각 국 요리 전문 식당이 많지만 우리가 들린 한 양식당의 돼지 갈비 바비큐는 그 독특한 맛으로 아직도 생각만 하면 군침이 돈다.

우람한 체격에 걸걸한 목소리의 여인네가 웨이츄레스였다. 그녀는 주문한 음식을 두 손에 가볍게 받쳐 들고 우리 테이블까지 날라다 주었다. 이 식당의 맛과 멋이 아직도 우리 주변에 베어 있는 듯하다.

이곳에서 약 십 분쯤 11km(7마일) 떨어진 인근에 바로 인구래야 겨우 3천 6백 명에 불과한 마운트 샤스타 씨티Mt. Shasta City가 있다. 이 소읍은 샤스타 산의 입구로 740번 또는 738번 나들목으로 드나들 수 있다. 여름에는 산과 호수로 휴가를 지내려고 온 사람들

저 멀리로 사스타 산을 바라다보는 남쪽 쉼터의 위드Weed

로, 겨울에는 샤스타 산악 일대에 스키를 타러 온 사람들로 도시는 항상 활기가 넘친다.

샤스타 산은 여름과 겨울의 모습이 완연히 다르다. 여름에는 바로 뛰어 올라 가도 될 것 같은 정상이 군데군데 덜 녹은 눈을 간직한 채, 바위와 흙으로 된 정상을 드러내 속살을 내보이는 것 같다. 그러나 겨울이면 구름이 산 정상을 휘감아 신비감을 더한다.

어느 여름날 샤스타 산의 북쪽 측면을 살펴보기 위해 위드에서 97번 길로 북행하는 2차선의 지방도로를 달리다 잠시 멈추었다. 사진에서 한번도 본 적이 없고 생전 처음 실물을 보는 이름 모를 야생화가 활짝 피어 있어 이 꽃의 사진을 찍기 위해서다.

고개를 들어 샤스타 산을 올려다보고 조금 더 달려가다가 잠시 멈추어 다시 산을 쳐다보았다. 산의 모습은 또 다르게 변해 있었다. 나는 이 거대한 산의 변화무쌍함에 홀려 그 실체를 내 머리 속에조차 아직도 확실하게 재현할 수 없다.

## 던스밀Dunsmuir

샤스타 산중에서 샤스타 호수 쪽으로 내려오다 보면 730번 나들목 부근에 던스밀Dunsmuir 가는 길이 있다.

던스밀은 새크라멘토 강의 상류 계곡지대에 위치하고 있는데 캘리포니아와 오리건을 연결하는 철도 도시로 건설된 곳이다. 1887년 태평양중부철도Central Pacific Railroad가 놓이기 전에는 차량이 가파른 산길을 오를 때 추진 장치의 역할을 하는 도시라 하여 푸셔Pusher라고 불렀단다.

철도가 놓이기 바로 전 해인 1886년에 마차를 타고 이 지역을 여행하던 캐나다 서부의 영국 남작 알렉산더 던스밀Alexander Dunsmuir이라는 사람이 도시 이름으로 자신의 성을 써주면 당시로서는 귀한 물건이던 만년필을 시에 기증하겠다고 제안했다. 그 다음 해 철도역이 들어서고 개척자들이 이주하면서 도시 이름을 던스밀이라고 했단다. 그의 만년필은 시립 공원 입구 박물관에 잘 전시되어 있다.

이 도시의 인구는 1980년에 2천 3백 명이었다가 최근에는 천 9백 명 정도로 줄었다. 도로 표지판에는 역사적인 장소라고 적어 놓고 있지만 나들목을 빠져 나와 시내로 들어가니 첩첩산중의 철도중심지가 지금은 한가한 읍내 풍경을 보일 뿐이었다.

원래 철도 도시로 개발되었지만 여러 차례의 화재와 폭설 등의 자연 재해로 철도산업이 부진해지고 고속도로가 물류의 주된 이동통로가 되면서 읍내는 생기를 잃었단다. 1961년에 I-5가 이 지역을 고속도로권에 편입시키면서 레크레이션 산업을 중심으로 다시 도시가 재건되는 중이라고 시 안내물은 소개하지만 우리에게는 그저 미국의 한 산간 마을을 둘러 본 느낌 뿐이다.

## 던스밀에서 샤스타 호수 쪽으로

던스밀에서 조금 더 남쪽인 724번 나들목 부근은 너무 깊은 산중이라 이따금 곰의 출현을 조심하라는 주의판이 보인다. 714번 나들목 부근에 이르러서야 샌프란시스코까지가 400km(250마일)라는 이정표가 나타나 길만 안 막히면 샌프란시스코까지 너댓 시간에 도착할 수 있다는 안도감을 준다.

I-5에서는 떨어져 있지만 샌프란시스코 일대를 제외하고 북캘리포니아 최대의 대학 도시는 캘리포니아주립대학 캠퍼스가 있는 치코Chico다. 치코는 레드블러프에서 99번 도로를 따라 남쪽으로 1시간쯤 66km(41마일)거리에 있는데 옛날에는 농업중심지였단다. 최근 이 도시의 인구는 10만 명이 조금 넘는다.

위드 부근에는 남북행 길가에 모두 쉼터가 있다. 남행 길의 쉼터는 샤스타를 전망하기 좋은 곳이고 북행 길의 쉼터는 비행장 바로 옆에 있다. 남행 길에 이 쉼터에서 휴식을 취한 후, 시스키유 휴양지역을 지나 던스밀에 들렀다가 남쪽으로 약 80Km(50마일) 정도를 달려가도 쉼터가 없다.

쉼터는 704번 나들목 조금 미쳐서 레이크헤드Lakehead에 겨우

샤스타산 줄기를 오르기전,
샤스타호수의 꼭지 부근에 자리잡은 오브라이언 쉼터

하나 있을 뿐이다. 이 쉼터는 안전한 쉼터로 여름날 바깥 기온은 섭씨 40도(화씨 105도)를 넘지만 그늘은 산바람과 호수바람이 함께 불어 운전자들이 시원하게 쉬어 갈 만 하다. 북쪽 방향으로는 이 보다 아랫녘인 오브라이언O'Brien에 쉼터가 있다.

샤스타 호수 근처는 해발 약 305m(1,000ft)로 690번 나들목에서 다리를 건너면 샤스타 레이크Shasta Lake시이다. 인구는 약 9천명 정도니까 산골 동네치고는 제법 사람들이 많이 사는 곳이다. 이 호수는 샤스타 산에서 흘러내린 물을 저장하는 캘리포니아 주 최대의 인공 호수로 1944년에 완공되었다.

이 지역의 여름은 건조한 날씨에다 호수의 물빛이 녹색에 가깝게 파랗지만 물의 양이 적어 호수면 곳곳은 붉은 색 산비탈을 속살처럼 드러내 보이고 있다. 겨울에는 비 오는 날이 많지만 강수량이 적어 안개비에 젖을 정도고 물빛은 회색에 가까운데도 저수량은 크게 는다.

샤스타 호수를 향해 자동차로 신나게 언덕을 달려 내려가다 보면 '당신의 차는 지금 몇 마일로 달리고 있습니까?' 라고 묻는 싸인이 보인다. 곧 이어 자동 속도측정기가 시속 몇 마일인지를 표시해 주며 운전자를 경고하여 안전운전을 다시 한번 점검하게 해 준다.

운전자는 크고 높은 산, 넓고 깊은 푸른 호수의 경관을 즐기며 호수 주변의 관광안내소나 호수를 내려다보는 산꼭대기의 쉼터에서 얼마든지 쉬어갈 수 있다.

샤스타 댐은 홍수와 가뭄으로 유실되는 수많은 농산물 피해를 막고 19세기의 골드러시 이후에 이미 개발이 완료된 금광, 동광, 철광과 용광로 등을 폐기 처분하면서 동시에 전력을 공급하고 캘리포니아 북부 지역의 용수난을 해결해 주고 있다.

댐 건설에는 6천명의 노동자가 동원되어 1938년부터 1945년까지 7년이나 걸렸다. 댐 높이는 183m(602ft)에 수심은 269m(883ft)이고 미국에서 두 번째로 넓단다. 호수의 주변 둘레는 이 골짝 저 골짝을 굽이굽이 돌아 580km(365마일)나 된다.

지금은 호수지만 금광 개발 당시의 케네트Kennett라는 도시가 인간의 역사와 함께 물 속에 가라앉아 있다. 광부와 철도 노동자들로 흥청대던 이 도시의 수많은 유흥업소와 인근 3개의 소읍, 그 주변의 비옥한 농업용지들은 수몰되었다. 케네트에는 3천명의 중국인과 5백 명의 백인들이 살았는데 당시의 최대 명소는 다이아몬드 살롱이라는 술집이었단다.

계곡 사이를 휘젓고 달리는 보트 놀이도 일품이다. 인근에 산재한 골프장에서 골프를 치는 이들을 바라보며 우리는 유람선을 탔지만 조그만 배를 타고 호수 위에서 한가롭게 낚시를 즐기는 강태공들도 보인다. 이 호수에는 농어, 송어, 메기, 연어에 철갑상어까지 있다는데 그것들도 낚시로 잡힌다고 한다.

이 호수 댐이 건설될 때는 제2차 세계대전이 한창이던 시기로 일제가 군사용 에너지를 공급하기 위해 우리나라에서는 어린 학생들까지 동원하여 솔방울을 따게 하고 식민지 백성들은 기아선상에 헤매고 있을 때였다. 미국은 당시 전쟁당사국으로 태평양전쟁 와중이었지만 한편으로는 국내 곳곳에 더 많은 고속도로와 댐을 건설하고 있었다.

세계 여러 민족 가운데 앵글로색슨족이 참 영악한 것 같다. 앵글로색슨족이 지배하는 미국은 제국주의 세력 유럽 백인들끼리의 패권 다툼인 제1차 세계대전에서 최후의 승자가 된다. 다음에는 제2차 세계 대전에서 동아시아의 신생강국인 일제를 제압하고 세계 일등국가가 되었다.

## 레딩Redding을 지나며

I-5 연변으로 오리건 주에 가장 인접한 북 캘리포니아의 최대 도시는 레딩이다. 그래 봐야 레딩의 인구는 8만 5천 명 정도이고 그 남쪽으로 48km(30마일) 떨어진 레드블러프는 1만 5천 명 정도다. 남쪽으로 내려가면서 규모가 큰 캘리포니아 관광안내소는 667번 나들목 근처의 앤더슨Anderson에 있다.

대도시를 벗어난 북 캘리포니아의 프리웨이에는 최근 들어 나들목 번호가 남쪽에서 북쪽으로 거의 1마일마다 표시되어 있다. 운전자는 자기가 달리는 지점이 캘리포니아 주 남쪽 끝에서 얼마나 멀리 떨어진 곳인지를 잘 짐작할 수 있다.

I-5의 678 B 나들목으로 나오면 레딩Redding 도심 방향이고, 678 A 나들목에서는 래슨 화산으로 향할 수 있다. 레딩에서 샌프란시스코까지는 312km(195마일)이고 주도인 새크라멘토까지는 229km(143마일)이다.

레딩의 여름은 무척 덥다. 이 일대에는 위스키타운Whiskeytown의 국립휴양지, 래슨 화산 국립공원, 샤스타 산이 있다. 아직 개발되지 않아 천연의 상태가 잘 보존된 트리니티 알프스Trinity Alps까지 10분 정도 운전하면 닿을 수 있다. 도시를 동서로 관통하며 흐르는 새크라멘토 강은 건조기인 여름에도 물살이 세고 수량이 엄청나다.

레딩에서 299번 길로 약 77km(48마일) 서쪽에 '위버빌 조스 하우스Weaverville Joss House 주립역사공원'이 있다. 이 공원에는 이 지역에서 1854년에 벌어진 '통Tong 전쟁' 당시의 무기도 전시되어 있다.

'통 전쟁'은 중국인 이민들과 사업자 조직들 사이에 벌어진 규모가 큰 이권 싸움이었다. 당시의 중국인들은 매매춘, 도박장, 아편업소를 운영하거나 성 노예 여성을 팔고 사는 사업들을 하면서 오늘날로 말하면 깡패조직을 만들어 동족을 착취하고 있었다. 캘리포니아 일원에서는 이들 조직 간에 무기를 동원한 대규모 충돌이 벌어졌다.

또한 이 주립공원에는 1870년 건립된 중국인 도교 사원도 있는데 현재도 도교를 믿는 사람들이 찾아오는 곳이다.

레딩에서 약 48km(30마일) 남쪽에 레드블러프Redbluff가 있다.

이 도시의 출입구는 651번과 그 남쪽 5개의 나들목이다.

I-5의 680번 나들목 북쪽으로는 도로 주변에서 나무를 볼 수 있지만 그 남쪽의 도로 일대는 여름에도 푸른 나무를 찾아보기 힘든 사막지대이다. 649번 나들목 부근에서는 새크라멘토 강Sacramento River이 보이고 래슨 화산 국립공원으로 가는 안내 표지도 나타난다.

631번 나들목 부근의 코닝Corning은 인구 6천명 정도의 농촌 마을이다. 우리나라에서 햇빛을 받으면 색깔이 변하는 안경 렌즈를 '코닝 글라스'라고 부르고 접시의 상표로도 유명해 유리와 관계가 있는 곳일 것으로 생각했는데 실은 '올리브의 도시'라는 별칭의 농촌 소읍이었다. 도심은 I-5의 630번이나 631번 나들목으로 드나들 수 있는데 값싸고도 깨끗하고 친절한 모텔들과 식당, 쇼핑센터 등이 여러 곳 있다.

코닝에서 샌프란시스코까지는 266km(166마일), 새크라멘토는 182km(114마일)이다.

I-5 가로변, 628번 나들목 부근에는 롤링힐스Rolling Hills 카지노가 새로 개장했다. 이 카지노는 오리건 주나 워싱턴 주의 카지노와 비슷한 기능을 하는 것 같다. 소일거리 삼아 찾아온 노인들이 슬롯머신을 즐기는 모습이 가장 흔하다. 많은 돈을 갖고 온 중국 사람들이 본격적인 도박을 즐기는 모습도 눈에 띈다.

이 카지노는 남북 관통 도로를 지루하게 달리는 운전자들이 '싼값에 카지노 뷔페 식당에서 비프스테이크 요리를 즐기시라'고 광고하는 도로변의 입간판을 보고 들리는 사람이 많다. 이 카지노도 우리나라 사람들의 고정관념과 달리 많은 여행자와 인근의 한가한 사람들이 값싸게 숙박과 식사를 해결할 수 있는 곳이다.

마침 우리가 이 카지노에 들른 날은 50대 이상의 연장자를 우대

하는 날이라 점심 식사로 1인당 5 달러 정도씩 둘이서 10 달러에 고급 육식을 실컷 즐길 수 있었다.

카운터의 웨이츄레스가 우리에게 '50살이 넘느냐?'고 물어 '그렇다'고 대답하면서 남편은 모자를 벗고 대머리를 보여 주었다. 그 역시 중년 부인이었는데 '우스워 죽겠다'는 듯이 깔깔대기에 '60세 정도'라고 대답하자 '40대 초반 밖에 안 되어 보여서 나이를 물어 본 것'이라며 재치 있게 답하는 것이었다. 제법 얄미웠지만 그것도 애교로 받아 줄 수밖에.

안내판을 보니 뷔페의 저녁 식사는 해물 요리와 함께, 원한다면 비프스테이크도 실컷 먹을 수 있는데 그래 봐야 1인당 12불이란다. 물론 다른 뷔페식당처럼 야채, 디저트, 아이스크림 등이 모두 포함된 가격이다.

점심 한 끼를 값싸게 잘 해결한 이 카지노의 유래에 얽힌 인디언의 이야기를 취재하지 못한 것이 못내 아쉽다.

## 래슨 화산Lassen Volcanic 국립공원

이 산은 레딩과 레드블러프의 동쪽에 우뚝 솟은 화산이다. 래슨 화산 국립공원을 찾은 날은 8월 1일 날이었다. 이 공원의 입장료는 다른 국립공원들처럼 자동차 한 대당 10달러에 체류기간은 7일이었다.

이 화산은 레딩 부근의 I-5에서 44번 길의 동쪽으로 향하다 싱글타운Shingletown을 지나 약 30km(20마일) 더 가거나 레드블러프에서 36번 길로 75km(47마일) 정도에 있다.

최고봉의 높이는 3,187m(10,457ft)나 된다. 푸른 숲길로 산길에 접어드니 얼마 올라가지 않아 어느 틈에 산등성이는 한 여름에도 흰 눈이 녹지 않은 채 남아 있었다. 산골 도로 양쪽 가장자리 길은 눈 녹은 물로 질퍽거렸다.

마침 공원 안내소를 겸한 기념품판매소가 있었다. 우리는 안으로 들어가 이 공원의 내력을 살피고 우리들의 수집품인 기념 뱃지와 스푼을 샀다. 남편은 각 관광지의 뱃지를, 나는 차 스푼을 모으는 게 어느새 취미가 되었다. 훗날, 뱃지와 스푼에 찍혀진 풍경들을 보노라면 여행 당시가 즐겁게 회상된다.

다시 자동차를 몰아 산을 올랐다. 흰 눈이 남아 있는 산모퉁이와 달리, 화산의 정상 앞 주차장은 화창한 봄 날씨였다. 분화구에 혹시나 호수가 있지 않을까 싶어 다른 여행자들처럼 가벼운 복장 차림으로 집 앞의 동산 같은 정상을 오르기 시작했다. 부모와 함께 꼬마들도 30도 정도 경사진 산 비탈길이지만 잘들 올라가고 있었다.

하지만 산을 오를수록 점점 턱까지 숨이 차고 땀이 비 오듯이 쏟아졌다. 비탈이 점점 험해지면서 현기증까지 나 젊은이들과 달리 더욱 쉬엄쉬엄 걸음을 옮기다가 나무라도 있으면 그 그늘에 앉아 쉬면서 산자락에 핀 들꽃을 한 폭의 풍경화처럼 감상하기도 했다.

우리는 한참을 걸어올라 왔고 주차장에서부터 산중턱 정도는 오른 듯하여 조금만 더 오르면 정상이기를 기대하면서 내려오는 사람에게 "정상까지 가는데 시간이 얼마나 더 걸리겠느냐?"고 물었다. 그는 주저 없이 "앞으로 1시간 이상은 더 걸어 올라가야 한다"는 대답이었다. 그네들의 걸음 거리로 1시간 정도나 더 걸린다니!

산의 높이가 더해가면서 기압이 낮아지고 산소가 부족해 호흡이 점점 빨라지며 숨도 더 찼다. 이 이상 올라가려면 더 많은 시간이 걸

한 여름에도 백년설의 흔적을 숨길 수 없는 래슨화산 정상

릴 것이고 다시 내려올 시간을 생각하니 포기하는 게 낫다는 생각에 더 이상의 등정을 접었다.

정상까지 오르지 못한 것이 아쉬웠지만 목이 타는 듯한 갈증에 자꾸 물만 마셨다가는 건강이 상할 것 같아 "무리한 등산을 포기한 것은 잘한 일이지" 하고 우리끼리 동의를 구했다.

I-5를 타고 남쪽으로, 레드블러프를 지나 윌로우스로 달리다 보면 저 멀리 뒤쪽으로는 샤스타 산이 백미러에 보이고, 왼쪽으로는 래슨 화산의 봉우리가 보여 전망 만점이다.

## 윌로우스Willows

I-5로 윌로우스 부근에 이르면 끝없이 드넓은 평원이 펼쳐진다. 한참을 달려도 배경과 전경이 그 모습 그대로다.

남편의 성이 한자로 버들 유(柳)자다. 즉, 버드나무가 영어로 윌로우willow이고 이 곳 지명이 바로 버드나무의 복수인 윌로우스Willows라서 친근감이 드는 소도시이다.

미국에도 버드나무라는 뜻의 성을 가진 사람이 많이 사는 곳인가(?)하고 우스갯소리를 하면서 아무 뜻 없이 일부러 나들목을 나와 마을을 둘러보았다.

완연한 서부영화의 한 장면을 연상케 하는 윌로우스 시가의 안내용 광고판 앞에서 각자 서로 한 장씩 사진을 찍어주고 있었더니 길 가던 동네 아저씨가 다가와 "어디서 왔느냐?"고 말을 걸어 왔다. "한국에서 왔다"고 했더니 "이 곳에는 한국 사람들이 가끔씩 들른다"고 말하면서 "'둘이 함께 사진을 찍으라"며 셔터를 눌러주었다. 어떻든 부부가 함께 찍힌 사진이 별로 없었으므로 그의 배려에 고마워하며 포즈를 취했다.

이 마을은 인구가 많지 않은 농촌 지역인데 지평선까지 어느 쪽을 보아도 끝이 보이지 않는 드넓은 들판이고 동쪽으로는 아스라이 먼 곳에 래슨 화산이 희미하게 보일 뿐이다. 시내라고 해야 주유소, 식료품 가게, 농기구점, 농산물 가공 공장 등이 고작이다. 뒤에 알게 되었지만 이 마을은 왕년에는 한국과 밀접한 관련이 있었다. 그래서 이 한적한 농촌에도 한국 사람들이 더러 들르는 모양이다.

이 도시를 처음 찾은 지 몇 년 후에 남편과 진주 유씨 동성동본이며 민족적 의식성향이 비슷하여 몽양 여운형 선생 기념사업회에서

윌로우스 안내판

이사로 남편과 함께 일하고 계시는 유기원 선생님이 윌로우스에 얽힌 사연들을 말씀해 주셨다. 그의 말과 우리의 보충 취재로 확인한 사실을 간단히 소개하겠다. 유기원 선생은 일찍이 미국에 유학을 오셨다가 오리건의 유진에 정착해 살고 계시는 재미 교포다.

"윌로우스는 샤스타 산과 래슨 화산에서 발원한 새크라멘토 강의 상류인데 근처에 옛날에는 모기가 워낙 많아서 사람들이 살 수 없을 정도였다. 이 때문에 모기를 쫓으려고 버드나무를 심기 시작하여 후에 윌로우스라는 마을 이름을 짓게 되었다"

"일제 치하에 이 곳은 우리나라의 독립운동가인 노백린 장군이 비행기를 조종할 수 있는 공군 간부를 양성하기 위해 재미 동포들을

노백린 장군이 독립군 공군 비행사를 양성하던 윌로우스의 벌판

모아 일제에 대항해 싸울 독립군 공군을 조직하고 비행훈련을 실시했던 역사적인 지역이다."

가솔린엔진에 날개가 달린 최초의 동력비행기를 직접 만들어 타고 라이트Wright 형제가 인류 최초의 시험 비행에 성공한 것이 1903년 12월 17일이었다.

그 후 10년 밖에 지나지 않은 "1913년 노백린 장군은 독립운동을 위하여 하와이에 농장노동자로 미국 땅에 처음 이민 왔던 한국사람 100여명을 이곳으로 이주시켜서 논농사 짓기를 시작하고 농장의 한쪽 편에 비행장과 항공기 조종훈련장을 만들어 비행기술을 습득시켰다."

"이 때 처음 재미 한국인들이 시작한 논농사는 몇몇 농장주가 멕시코 사람들을 농업노동자로 고용하여 계속하고 있는데 대부분의 캘리포니아 쌀이 이곳에서 생산된다. 미국에서 처음으로 강도 높은 노동으로 벼를 수확하는 논농사를 시작한 사람들이 바로 한국 사람들이고 이 곳에서 독립군 활동을 위해 항공기 조종기술을 연마했던 사람들도 그들이었다."

한국은 이 곳에서 훈련받은 사람들의 직접적인 참전 없이, 미국이 제2차 세계대전에 승리하면서 독립 국가가 되었다.

"독립을 염원하며 엄혹한 훈련을 받던 한국사람 대부분은 대일 전쟁에 참전하지도 못하고 더 나은 노동 조건을 찾아 프레스노Fresno 등의 남부 캘리포니아로 이주해 갔다."

그들의 희망과 한이 서린 이 지역이 비행기를 이용하여 씨를 뿌리고 거두는 대규모의 벼농사 농장지대로 변했다. 이제는 5천 명 정도 밖에 안 되는 농업 노동자들이 쌀농사를 짓는 우리나라의 100만여 농민들의 더 나은 삶을 억압하는 현실의 조건을 만들고 있다. 인간만사는 이렇게 아이러니컬하다.

워낙 넓은 평야 지대에 새크라멘토 강의 풍부한 농업용수, 비옥한 토질과 한 여름날에 비도 거의 내리지 않고 작열하는 뙤약볕은 우리 선조들이 가르쳐 준 농업 기술과 과학적 영농 기술의 결합으로 한국산 쌀과 거의 같은 질의 쌀을 대량생산하는 것이다.

규모의 경제에 따라 대량 생산되는 물건의 값은 더욱 싸지고 시장은 더 값싸게 물건을 사려는 소비자가 늘어 서 있으니까 시장에서는 쌀값이 더욱 싸지고 생산원가가 비싼 우리 쌀은 팔 시장이 줄어들 수밖에 없다. 이것이 시장경제다. 이 거대한 쌀 농장을 보면서 현재의 우리 농사 방법으로는 가격경쟁에서 이들을 당해낼 수 없다는 생각이 들었다.

우리 농민들이 특화된 쌀이라 하여 '인삼 쌀', '숯 쌀' '향기 나는 쌀' 등의 생산을 위한 품종개량을 계속하여 소비자인 우리나라 사람들의 입맛에 맞고 건강에 도움을 주는 우리 쌀을 생산해야 할 텐데…. 그저 걱정만 될 뿐이다.

윤봉길 의사가 남긴 말씀이 생각난다.

"농민은 인류의 생명창고를 그 손에 잡고 있습니다. 우리 조선이 돌연히 상공업 나라로 변하여 하루아침에 농업이 그 자취를 잃어버렸다 하더라도 이 변치 못할 생명창고의 열쇠는 의연히 지구상 어느 나라의 농민이 잡고 있을 것입니다".

땅이 줄어들고 농산물을 수입에 의존하다 보면 식량의 자급자족을 이루지 못한 우리나라는 제대로 힘을 쓸 수 없게 된다. 식량 대국 앞에 식량 소국이 무릎을 꿇게 된다는 점을 지적한 선각자의 놀라운 통찰력에 다시 한번 경의를 표하지 않을 수 없었다.

노백린 장군이 예전에 독립운동가 양성을 위한 비행 훈련을 실시하던 곳은 윌로우스 동쪽 들판의 R도로와 S 도로 사이에 위치하고 있다.

비행연습장으로 쓰였던 땅에 들어 서 있던 건물은 새 지주가 허물었다. 그리고 현장에서 멀지 않은 곳에 옮겨 놓아 지금은 낡고 허물어져 헛간 같은 모습으로 남아 있다.

한국인들이 이 사연을 알고 더러 찾는 사람이 있기 때문에 비행연

윌로우스의 시립묘지

습장으로 쓰이던 땅의 현재 주인은 땅 값을 올리려는 것인지 아니면 귀찮기 때문인지 시골에서는 그리 흔하지 않는 일로 외부인의 출입을 엄격히 통제하는 경고판을 농장 입구에 세워 두고 있었다. 이 곳 어디엔가 노백린 장군의 독립운동을 기념하는 자그마한 팻말이라도 있었으면 좋으련만.

'사람은 죽어서 이름을 남긴다'는 말도 있듯 후손들은 미국 각지로 떠나 각 민족과 피를 섞었겠지만 윌로우스의 공동묘지에는 '최' 니 '전'이니 전을 영어로 옮겨 놓았다는 '필드'니 하는 묘비가 남겨져 있다. 이 묘비들은 초기 한국 이민들이 먼 이국땅에서 힘들게 살다 죽어서 묻힌 자리임을 알리고 있는 것이다.

이 많은 묘비 중에서 우리는 필드(Field)를 찾았지만 이 묘비가 전명운 의사의 유가족 묘비인지 확인할 필요성을 느꼈다. 오리건 주의 유진에 사는 유기원 선생이 "2006년 4월 5일 윌로우스의 시립 묘지와 묘지기록보관소를 뒤져 찾은 묘지의 기록에는 '묘지에 묻힌 사람은 전용택(1912.10.9~1919.11.28)', '아버지 성은 필드이고 어머니는 순희'라고만 적혀 있다"는 이메일을 보내왔다.

1905년 노동이민으로 도미한 전명운 의사는 1908년 3월 대한제국의 미국인 고문 친일파 스티븐스D. W. Stevens를 샌프란시스코에서 사살하려고 시도했으나 권총 불발로 실패했다. 뒤에 있던 장인환 의사가 3발을 쏘아 스티븐스를 명중시켰다. 전명운은 구속되었으나 재미 한인 애국단체들의 변호사 비용 모금으로 재판 투쟁을 전개하여 무죄 석방되었다. 인터넷 백과사전에는 '전의사가 석방 후, 러시아 등지를 돌아다니다가 1909년 샌프란시스코로 돌아왔으나 신변의 위협을 느껴 이름을 바꾸고 캘리포니아 주 여러 농장을 다니며 생활했다. 1920년 결혼했으나 1929년 아내가 죽고 어린 아들마저 죽자 실의에 빠졌다'고 설명하고 있다. 이 사실에 대한 고증은 다음 기회로 미룬다.

캘리포니아 북부의 들판을 지나며 고속도로 연변에서 자라고 있는 벼를 보면서 웬일인지 친근감이 들었던 것은 바로 이런 역사와 지리 때문일는지도 모른다.

### 샌프란시스코 나들이

북 캘리포니아에 백인이 처음 나타난 것은 1596년에 스페인 함대가 샌프란시스코 건너편 해안에 상륙한 것이란다. 1848년 멕시코와의 전쟁에 이긴 미국은 1850년 이 땅을 차지하고 미합중국 연방에 편입시켰다. 전쟁 직전인 1847년에 미국정부는 정식으로 이 지역에 샌프란시스코라는 이름을 붙였다.

샌프란시스코는 캘리포니아 해안선의 중앙에 위치한 뾰족 튀어난 반도의 끝이라 삼면이 바다다. 현재의 인구는 이 도시의 위성도시를 빼고도 약 80만 명이다.

도심에는 가파른 언덕 위에 세워진 빅토리아풍의 건물들, 이 언덕을 오르내리는 시내의 가파른 길, 도심과 골든게이트 공원을 관통하는 1번 고속도로, 도시의 동쪽을 달리는 101번 고속도로에 아이(I) 프리웨이가 거미줄처럼 얽혀 있다.

단체관광객들은 으레 이 도시의 특징으로 평지와 언덕을 연결하는 케이블카, 도심의 차이나타운, 살아 있는 사람의 몸에 금칠을 하고 마네킹처럼 눈썹 하나 까닥 하지 않아 오히려 눈길을 끄는 유니온 스퀘어 광장의 살아 있는 연기자, 그리고 샌프란시스코 베이에 걸쳐 놓인 베이 브릿지Bay Bridge, 산 마테오 브릿지San Mateo Bridge를 든다. 이 도시의 대명사인 금문교Golden Gate Bridge와 함께 기억되는 명물들이다.

피셔맨스 워프Fisherman's Wharf도 관광객이 즐겨 찾는 곳이다. 이 곳은 이탈리아 어부들이 배를 정박시키고 머물렀던 곳이라는데 게와 새우 따위를 파는 상점들이 즐비하다. 우리가 처음 이 곳을 찾은 것은 8월 5일 날이었다. 그런데도 저녁 무렵은 어찌나 추웠는지 현장에서 급히 옷을 사 입지 않을 수 없었다.

한국을 떠날 때, 더운 여름만 생각하고 옷을 얇게 입고 갔는데, 이 부두 부근의 날씨는 견디기 어려울 정도로 추웠다. 온몸이 얼어붙는 듯하여 우리 가족이 제일 먼저 들른 곳은 옷 파는 가게였다. 두꺼운

금문교

점퍼와 티셔츠를 걸치고 나니 겨우 살 것 같았다. 엄살이 아니다.

지금 같으면 인터넷으로 세계의 날씨를 검색해서, 여행할 곳의 기상상태를 미리 알고 준비할 수 있지만 1998년 당시로는 생각도 못 했었던 터였다.

몸의 추위가 가시니 배가 고파왔다. 구수한 냄새로 후각을 유인하는 삶은 게 파는 가게로 갔다. 점원이 건네주는 게는 털이 무척 많고 험악한 모습이었다. 몸통은 살이 많았지만 점원은 게딱지를 그냥 버렸다. 게딱지에 밥을 넣고 비벼 먹으면 아주 맛있는데 그냥 버리는 것을 보니 무척 아까웠다. 우리와 그들의 음식 문화에 차이가 있다지만 그들은 게의 진짜 맛을 모르기 때문이리라.

이 도시의 평균기온은 섭씨 20도다. 한겨울에도 얇은 코트만 걸치면 추위를 느끼지 않고 지낼 수 있다. 겨울이면 온난하고 여름이면 선선하여 일년 내내 쾌적하다. 습기가 적지만 바다에서 부는 바람은 센 편이다. 이 도시의 명물인 안개는 보통 저녁에 나타났다가 아침이면 사라진다.

금문교 안쪽 샌프란시스코만의 바다 위에는 알카트라즈Alcatraz라는 작은 섬이 떠 있다. 이 섬에는 예전에 연방정부의 형무소가 있었다. 섬 주변의 물살이 세고 급류 때문에 죄수들이 탈출하기 어려워 중죄인을 수용했던 '악마의 섬'이라고 한다.

샌프란시스코 국제공항은 불과 몇 년 전에야 국제선과 국내선 터미널이 분리되었다. 국제선 터미널에서 렌터카나 시내 전철BART이 연결되는 곳까지는 모노레일이 무료로 실어다 준다.

공항은 밀브레Milbrae에 있다. 하지만 101번 도로 출구로는 밀브레의 바로 북쪽인 산 부르노San Bruno에서 나가면 더 가깝다. 공항 건너편의 엘까미노El Camino 거리에는 값싼 모텔과 각국의 요리를 즐길 수 있는 음식점들이 많다.

렌터카는 국제공항에서 내린 다음에, 레벨 4로 올라가 모노레일을 타고서 렌터카 종합 카운터로 가든가 헐츠Hertz 렌터카의 넘버원 클럽 회원은 레벨 1의 주차장에 딸린 카운터에서 차를 빌려도 된다. 다만 우리 같은 여행객은 종종 예약한 차종이 없다거나 업그레이드를 요구해 말싸움을 벌이기도 한다.

## 샌프란시스코의 모텔은 부르는 게 값(?)

우리는 평일에 예약 없이 쿠폰 책만 가지고도 언제든지 쉽게 값싼 모텔을 찾아가 하루 이틀 묵거나 며칠씩 머물기도 한다. 금요일과 토요일은 친구나 친척집에서 신세를 지며 모텔비를 아낀다.

그런데, 주말에 예약 없이 모텔 방을 얻으려다 부르는 게 값인 경우를 겪었다. 금요일과 토요일의 모텔 값은 평일보다 10-20% 정도 비싸지만 예약 없이 찾아간 샌프란시스코 외곽의 한 모텔에서는 평일 요금의 두 배 이상을 준다 해도 방을 주지 않았다. 그 모텔 방

값은 주인 마음 대로였다. 사연인 즉 이렇다.

연휴 때가 되면 서울을 떠나 가족들이 교외로 나가는 바람에 톨게이트가 항상 붐비고 서울의 교통은 오히려 원활해진다. 대도시인 샌프란시스코의 많은 사람들도 이렇게 복잡한 도심을 빠져나갔을 것으로 지레 판단하고는 금요일에 샌프란시스코에 들렀다.

시애틀이나 LA처럼 도심에서는 방을 쉽게 구하리라 믿고 방을 예약하지 않았다. 여행사 패키지를 따라와 훈련받듯이 금문교를 관광한 적은 있지만 제대로 금문교를 보기 위해 금문교를 건너 언덕 위의 주차장에 차를 세우고 많은 시간을 보냈다.

그러고 나서 잠잘 방을 구하려고 샌프란시스코 시내로 되돌아와 도심을 세 바퀴나 돌며 하루 밤 묵을 호텔들을 찾았지만 빈 방이 없었다. 이 바람에 감히 말하건대, 샌프란시스코 시내 지리를 다 꿰뚫은 것 같다. 여름날 해질녘 무렵인 오후 8시 30분쯤부터 밤 11시가 다 되도록 시내를 훑었으나 끝내 방을 구하지 못했다.

시내에서 더 이상 방 찾기를 포기하고 다시 금문교를 건너 소잘리토Sausalito를 향해 달리면서 잠잘 방을 찾았다. 너무나 지치고 피곤하여 아무 호텔에서나 묵을 채비를 하고 모텔 사인을 찾는데 마침 한곳에 '빈 방Vacancy' 표시가 있어 그 모텔의 프론트로 갔다.

인도사람이 운영하는 모텔인 듯한데 퀸 사이즈 침대 하나 있는 방값으로 100달러를 불렀다. 너무 비싸서 90달러로 깎아 달라고 했다. 그런데 종업원이 안으로 들어갔다 나오더니 오히려 110달러를 내라는 거였다.

프론트 앞마당에 서서 우물쭈물하고 있으니까 주인인 듯한 사람이 우리를 다시 불렀다. 그래서 우리는 "모텔 값을 깎아주려나 보다"고 우리의 상식으로 생각을 하면서 프론트로 들어가 확인 삼아 "90

달러냐?"고 물었더니 "150달러를 내라"는 것이다.

캄캄한 밤중에 결정을 못하고 모텔 앞에 서 있는 우리의 동정을 살피던 모텔 주인이 "아마도 오늘은 아무 곳에도 빈 방이 없을 것"이라면서 선심 쓰듯 방 값을 올려 부르는 것이었다.

우리는 며칠을 잘 수 있는 150달러를 이 고약한 모텔 주인에게 주고 하루 밤을 묵는 걸 단념했다. 딱히 잘 곳은 없고 더 이상 달려 보았자 한 밤중을 헤매야 할지 모른다는 생각에 우리는 다시 금문교 옆 쉼터로 돌아왔다.

우리는 차안을 모텔 방 삼아 하루 밤 선잠을 자기로 했다. 그 고약한 주인은 약 100달러 손해를 보았을 게고 우리는 불편하게 하룻밤을 지내면 그게 공평한 것이겠지.

한데 신문지와 관광안내 팸플릿 등을 여러 겹 덮어 이불로 삼고 그 밤을 보냈지만 새벽녘은 너무 추웠다. 금문교 쉼터에서 잠잔 한국 사람은 아마 우리 밖에 더 없을 것이란 자부심(!)마저 느끼며 우리는 그 다음날 아침을 맞았다.

동트기 바쁘게 일찍이 일어나서 금문교 쉼터의 화장실에서 이를 닦고 세수하고 볼 일을 본 다음, 소잘리토를 지나 나파 밸리Napa Valley를 향해 자동차 핸들을 잡았다.

## 스타인벡이 숨쉬던 몬트레이 해변

몬트레이Monterey 는 샌프란시스코에서 200 km(120마일) 가량 남쪽에 있는 해안 도시로 미국 전역에서 알아주는 휴양지이다. 이 도시는 일찍이 1775년 스페인의 명령에 따라 캘리포니아의 수도

몬트레이의 산 카를로스 비치에서

로 건설된 곳인데 지명은 당시 총독의 이름에서 따왔단다.

이 곳에 가는 빠른 길로 샌프란시스코 도심이나 공항 근처에서는 I-280 프리웨이를 찾아야 한다. I-280 길을 타고 약 50km(31마일) 남쪽으로 내려오면 85번 도로를 만난다.

이 도로의 남쪽 방향으로 약 13km(8마일) 달리다가 17번 길의 남쪽 방향으로 약 34km(21마일) 내려오면 1번 길을 만난다. 1번 길을 따라 남쪽으로 달리면 해안이 보였다가 사라지곤 하면서 약 66km(41마일) 거리에 몬트레이가 있다.

샌프란시스코에서 1번 길을 타고 해안을 따라 몬트레이로 가려면 시간이 훨씬 더 걸리지만 곳곳이 절경이고 수많은 비치가 있어 쉬었다가 가는 재미도 있으므로 당일치기보다 1박 2일 일정이 더 낫다.

몬트레이 해변에는 각종 어선, 모터보트를 비롯하여 개인용 요트들이 정박해 있고 바다는 그렇게 파랄 수 없을 만큼 맑다.

시커먼 잠수복을 입고 산소통을 맨 스킨스쿠버들이 관광객과 어울려 해안과 물 속을 오가며 대화를 나눈다. 여자 스쿠버의 애인인 듯한 남자 관광객은 그저 해안선에서 이따금 손 키스를 보내며 애인을 격려하는 모습도 보인다.

키웨스트Key West가 헤밍웨이의 도시라면 몬트레이는 스타인벡의 도시이다. 스타인벡은 이주민 농업노동자들이 겪는 포도 농장의 고강도 노동과 집단적인 삶의 어려움 및 그에 따른 감정을 형상화한 소설인 '분노의 포도'로 노벨 문학상을 받은 이다. 이곳에 그의 소년 시절 생가가 있다.

## 캐스트로 밸리Castro Valley와 버클리Berkeley

캐스트로 밸리는 샌프란시스코의 위성도시로 시내에서 길만 잘 뚫리면 10-20분 만에 도착할 수 있는 조용한 주거 도시이다. 캘리포니아대학교 버클리 캠퍼스로 유명한 대학도시 버클리와 매우 가까운 곳이지만 버클리보다 더 깨끗하고 잘 정돈된 모습이다.

이 도시에는 중·고등학교와 대학동창이며 중·고교 시절 배구선수로 함께 뛰어 우정이 두터운 동창생이 살고 있다. 친구는 샌프란시스코 시내의 한 종합병원에서 20년 넘게 일하고 있고 그의 남편은 캘리포니아 주립대학의 경영학 교수이다. 이 부부는 독실한 크리스천으로 그곳 한국인 교회에서 한국인 1, 2세들에게 신앙과 생활상담을 해 주기를 즐긴다.

은퇴 후에는 아프리카에 선교사로 나가 봉사하려는 꿈을 가지고 열심히 성경 공부를 하고 늘 기도하며 살고 있다.

이 친구 집에서 서쪽으로 향한 베란다를 열고 저 멀리를 내려다보면 금문교의 협수로를 지나 깊숙이 들어 온 샌프란시스코만의 해수면이 빛을 받아 반짝인다. 해질 녘이면 바다로 내려앉는 석양의 모습이 창 밖에 보인다.

캐스트로 밸리에서 I-580을 타고 북쪽으로 30km(19마일) 가면 바로 버클리다. 정식 명칭은 캘리포니아대학교 버클리 캠퍼스이지만 버클리대학교라고도 알려진 대학의 소재지다. 진보적 학생운동

버클리대학의 시계탑

때문에 자유의 상징처럼 잘 알려진 이 대학교는 노벨상 수상자가 15명이나 된다는 명문 주립대학이다.

버클리의 인구는 11만 명으로 역시 샌프란시스코 권역이다. 물가가 엄청나게 비쌌다. 특히 휘발유는 2003년 우리가 당시에 여행했던 텍사스의 거의 2배에 가까웠다.

대학 앞은 서점, 레코드 가게, 캐주얼 옷가게 등이 있어 대학 분위기를 풍겼으나 주변은 지저분하고 정돈되지 못한 느낌이었다. 2004년 여름 독일의 쾰른 성당 앞에서처럼 "한 푼 줍쇼"하며 깡통이나 빈 모자를 내미는 새까만 손의 거지도 몇을 만났다.

## 요세미티Yosemite 국립공원

요세미티는 미국 서부를 여행하는 패키지 관광객도 거의 빠짐없이 찾는 명승지라 특별히 설명할 필요가 없을지 모른다.

남편은 어느 겨울에 큰딸과 함께 요세미티 계곡에 관광여행을 왔다가 차가 눈구덩이에 처박혀 위험한 순간을 겪은 적이 있어 여름날이긴 했지만 조심 운전을 다짐하며 이 계곡을 찾았다.

요세미티 국립공원은 사시사철 개방되지만 겨울철에는 자동차에 체인을 감아야 하는 경우도 있다. 입장료는 자동차 1대당 7일 유효

요세미티의 계곡과 바위산

기간에 20달러이다.

요세미티는 '회색 곰'이라는 인디언 말이다. 한 관광 안내 책자에는 500 그루에 이르는 방대한 숲에 2,700살이나 된 세쿼이아 나무까지 있단다. 멀리서는 '회색 곰'처럼 보였기 때문에 그런 이름을 붙였다. 돔 모양으로 바위를 칼로 자른 듯 서 있는 하프 돔half dome이 매우 인상적이다. 빙하와 기후의 작용으로 오늘날 같은 모양이 된 암벽들은 많은 산악인에게 정상등반을 꿈꾸게 하는 명소다.

암벽으로 된 산꼭대기로부터 흘러내리는 폭포 역시 명물이다. 남편이 딸과 함께 왔던 겨울에는 눈이 조금씩 녹아내리고 물줄기가 매우 세찼단다. 눈 녹은 물이 가장 많이 흘러내리는 5-6월의 폭포수가 가장 장관이란다. 그러나 내가 간 여름에는 적은 양의 폭포수가 뜨거운 여름의 계곡을 적시고 있을 뿐이었다.

웅장한 요세미티폭포는 2층으로 이루어져 있는데 폭포의 전체 높이는 739m(2425ft)나 된다. 상층 폭포는 436m(1,430ft)이고 하층 폭포는 98m(320ft)다.

산수만 하는 사람은 두 폭포의 높이를 합해 봐야 534m인데 200m는 어디 갔냐고 따질 만도 하다. 이 200m는 수량이 줄어드는 바람에 여름에는 사람들의 시야에서 사라졌다가 수량이 많아지는 겨울에 다시 나타나 요술부리는 폭포인가 보다.

## 레드우드 국립공원과 신비한 거목들

레드우드 국립공원Redwood National Park은 캘리포니아 북부 해안에 있다. 이 국립공원에는 키가 100m(300ft)나 되어 세계에서 제일 키 큰 '나무 중의 나무'인 레드우드(미국 삼나무)가 자라고 있는 곳이다.

'레드우드'라는 나무이름을 보면 분명히 줄기가 붉은 색 일거라며 우리는 "저 나무일까 혹은 이 나무일까" 여기저기를 계속해서 둘러보았다.

궁금증을 풀지 못한 채, 크레센트 시티Crescent City의 매우 밝은 해안도로를 지나 그늘진 101번 길을 따라 남쪽으로 한참 내려가다 보니 길이 점점 어두컴컴해 졌다. 길 양쪽을 보니 나무들의 키가 얼마나 높은지 꼭대기가 보이지 않았다.

길옆에 잠시 주차해놓고서 나무둘레를 재어 보려고 우리 두 사람이 양팔을 뻗어 손을 맞잡으려 했으나 어림없었다. 다만 지레 짐작과 같이 줄기가 붉지는 않았고, 껍질이 울퉁불퉁한 소나무 같은 침

레드우드 사이로 통과하는 자동차

엽수의 일종이었다. 하늘을 향해 쭉 뻗은 나무사이로 보이는, 손바닥 보다 작은 파란 하늘과 숲 주위를 감싸는 안개 때문에 적막감마저 들었다.

잠시 안내 책자를 훑었다. 레드우드의 수명은 2천년 이상이고 120m까지 자라는 나무도 있단다. 수명이 그렇게 긴 것은 나무껍질에 함유된 탄닌 산이 병충해와 화재로부터 나무를 보호해 주기 때문이란다.

이 나무는 뿌리가 얕아서 옆에 서 있는 나무의 뿌리와 서로 의지하며 버티고 있는 특이한 수종이다. 모든 생물은 이처럼 제각기 사는 방법이 따로 있다. 이 나무의 옹이는 이 나무에서 자라나는 혹으로 나무의 싹이 다시 움트는 터이기도 하단다.

레드우드는 지각변동으로 기후가 변하고 몇 차례 지상을 엄습한 추위로 인한 빙하 때문에 대부분이 지구에서 사라졌다. 자연 상태로는 현재 아마존 유역과 캘리포니아 주에 일부가 남아 있다. 몇몇 나라의 산림학자들이 나서서 이 나무를 이식하는데 성공하기도 했다. 우리는 뉴질랜드의 로토루아Rotorua 부근에서 이식된 이 나무를 보았지만 그렇게 키가 크지는 않았다.

1963년 미국지리협회National Geographic Association 는 이 국립공원 안에서 제일 키가 큰 레드우드의 높이가 무려 112m(367ft)나 된다고 했다. 당시에 이 나무는 미국뿐만 아니라 세계에서 제일 키 큰 나무로 인정을 받았다. 곧 캘리포니아 주에는 세계에서 제일 키 큰 나무, 제일 부피가 큰 나무, 제일 나이가 많은 나무가 서식하고 있다는 말이다.

이 국립공원 부근의 도시인 크레센트 시티는 90년대 말 인구가 5천여 명이었는데 지금은 1만 명 정도로 인구증가 속도가 매우 빠른 도시이다. 생활환경이 쾌적하고 물가도 싸기 때문일 게다. 태평양 연안으로 캘리포니아 최북단 도시인데 시가지는 해안선을 따라 초승달 모양이다.

101번 길을 타고 이 도시를 빠져 나오면서 높은 곳에서 내려다보니 도시의 모습은 말 그대로 초승달 같다. 해변의 모래밭으로 밀려오는 파도가 부딪치는 소리가 멀리서 들릴 듯 말듯하고 물보라가 일으키는 흰 거품이 눈앞에 잔상으로 남아 감탄사가 절로 나왔다.

이 도시에서 199번 길을 따라 동북쪽으로 달리다 우회전하면 오리건 동굴에도 갈 수 있고 그랜츠패스까지는 133km(83마일)로 1시간 30분 정도 걸린다. 그러나 오리건 주에서 이 곳으로 오려면 캘리포니아 주 경계선에서 자동차를 세우고 주 농업국의 농산물 반입 여부에 대한 검문을 받아야 한다.

유레카Eureca에서 크레센트 시티를 향해 101번 길 북쪽을 가다보면 나무를 관통하여 차가 다닐 수 있을 정도로 큰 레드우드인 샹들리에 나무Chandelier Drive-Thru Tree가 있다. 이 나무는 높이가 96m(315ft)에 지름이 6.5m(21ft)나 되어 나무 밑둥 일부를 직사각형으로 잘라내고 만들어 놓은 출입구가 있다. 이 출입구로 중형자동차도 쉽게 드나들 수 있게 해 놓았다. 한편으로는 살아있는 거목을 너무 학대하는 게 아닐까 싶지만 이곳을 찾은 여행객만이 자동차를 몰고 이 거목 품에 안겨 본다는 특권을 누린 것 같아 만족스럽기도 하다.

이 나무 옆으로 난 오솔길을 따라 걸어가면서 자유로이 숲 구경을 할 수 있게 1.5 km(1마일) 정도의 산책길이 삼림 속에 만들어져 있어 차를 운전하던 긴장감을 풀 수 있다.

나무를 잘라서 눕혀놓은 어떤 나무토막은 그 긴 생존의 연륜을 확

거대한 목각 나무꾼과 들소 인형이 세워진 레드우드 국립공원 지역의 한 기념품가게 앞마당

인시키듯 나이테도 완연했는데 나무통의 지름이 남편의 키보다도 훌쩍 더 높았다.

이 국립공원에 연이은 약 180km(110마일)의 해안선 곳곳의 비치는 수영, 서핑, 카약 타기 등으로 많은 관광객들을 유혹한다. 주위의 해안에서는 물수리를 비롯하여 여러 종류의 물새들이 해수면과 하늘 사이로 비행과 착수를 반복하고 있었다. 해변에서도 봄이나 가을에는 저 멀리 바다를 이동하는 고래 떼도 볼 수 있단다.

이 국립공원의 한 기념품 가게 앞에는 사람 모양의 거대한 목각이 있다. 주차장 넘어 앞마당에는 '곰이 그려진 캘리포니아 주 깃발'이 태평양의 바다 바람을 맞아 힘차게 펄럭이고 있었다.

높이 19m, 무게가 13.5톤(3만 파운드)이나 되는 목각의 나무꾼은 청바지에 주황색의 상의, 그리고 목이 깊은 큰 장화를 신고 왼

손에 도끼를 들고 서 있다. 그러다 가끔씩 확성기를 통해 재미있는 우스개 소리를 들려준다. 그 옆에는 역시 목각의 소 한 마리가 서 있다.

아이들은 동화를 재현한 이 장면을 보면서 신기하고 재미난 일을 만난 듯 어안이 벙벙한 채, 쳐다보다가 이내 이 거창한 목각의 나무꾼과 소를 만지작거리기도 하고 오르락내리락 해대며 장난을 치고 있었다.

가게 안에는 아메리카 인디언들이 레드우드로 만들었다는 가구를 비롯하여 여러 가지 수공예품이 판매용으로 진열되어 있다. 유럽 침략자들의 공격으로부터 살아남은 원주민들이 선천적으로 가진 장인의 솜씨와 뛰어난 예술성을 잘 보여주는 상품들이다.

미국 연방 정부는 오리건 주와 캘리포니아 주에 걸쳐 자리 잡고 있는 이 국립공원 주변의 숲을 '클라마스 국유림Klamath National Forest'으로 지정했다. 그 중에서도 이 일대는 태평양 연안을 달리는 관광객들이 바다와 숲을 함께 즐길만한 곳이다. 해변과 숲 사이의 길목에 있는 기념품 가게에 들르면 여행의 고단함을 단숨에 씻을 수 있었다.

미국인 여행객들은 자기 집 정원에다 심어 놓으려고 이 가게에서 작다란 병 속에 심어 곱게 키운 어린 레드우드를 기념품으로 사 가기도 한다. 우리는 여기서 산 작은 레드우드를 집 정원에 심어놓고 키울 수 있는 이 나라 사람들의 나무 가꾸기를 상상하는 것만으로도 즐거웠다.

어느 모퉁이를 돌다 보니 왜 쓰러졌는지 알 수 없지만 한 그루의 레드우드가 가로로 누워 있었다. 그 상태에서도 새로운 나무의 줄기들이 쓰러진 나무를 자양분 삼아 마치 제단 앞에 세워진 여러 개의 촛대 모양으로 하늘을 향해 새로운 나무로 치솟아 자라고 있었다. 레드우드의 강인한 생명력을 보여주는 생생한 모습이다.

### 유레카를 향하여

유레카를 향해 떠나기 전날 우리는 포도주 생산지로 세계에 그 이름이 널리 알려진 나파밸리Napa Valley와 소노마Sonoma에서 이리저리 와이너리를 구경하며 와인을 시음했었다. 이곳의 포도원은 우리나라 지리산의 녹차 밭처럼 넓은 들판을 차지하고 있다.

관광객들은 과수원에서 무르익은 포도를 따먹기도 하고 필요한 양만큼 잘라내어 사기도 하며 여러 가지 포도주가 가진 각양각색의 맛과 향을 즐긴다. 많은 과수원 건물들은 저녁 식사를 겸한 결혼식장으로도 사용되고 있었다. 하얀 드레스를 입은 새색시가 꽃다발을 들고 밝은 미소로 걷는 모습과 와인을 부딪치며 축배를 드는 모습에서 진한 행복을 엿 보는 듯 했다.

남편이 와인에 취하고 내가 포도 향에 취해 달콤한 잠을 잔 다음날 아침 우리는 소노마 동네 박물관에서 놀라운 역사적 사실을 발견(?)했다. 지금은 오히려 와이너리로 유명하지만 소노마는 그들의 주장대로라면 '일찍이 멕시코 압제자들로부터 캘리포니아 공화국을 선포하여 봉기한 곳'으로 자랑할만한 도시였다.

유레카를 향하여 우리가 택한 길은 101번 도로로 북행하는 코스였다. 좀 늦게 소노마를 떠났으므로 오후 3시경 유키아Ukiah에 들러 중국 음식으로 간단히 식사를 해결했다. 거기서 유레카까지는 240km(150마일)나 되었지만 해지기 전, 너끈히 도달할 수 있을 정도로 속도를 조절했다. 그런데 유키아에서 160km(100여마일) 북상한 미란다Miranda 부근에 이르러 연료통 게이지를 보니 연료가 4분의 1정도 밖에 남아있지 않았다.

유레카에 도착하는데 필요한 가솔린의 양으로는 충분하지 않을 것 같아 연료를 채워야 했다. 미국의 도로에는 가까운 주유소까지의 거리를 알리는 싸인이 있기에 대개 다음 주유소까지 소모될 연료량을 예측할 수 있다.

그에 맞춰 위트Weott라는 곳의 주유소를 찾아 숲 속 길을 달렸더니 때마침 그 주유소는 폐쇄되어 있어 부득이 다음 주유소가 있는 곳까지 주행을 계속해야 했다. RV차 두 대도 주유소를 찾는 듯 우리 뒤를 좇아 왔다. 그들도 가솔린이 모자라기 때문일 것이다. 다음 주유소가 표시된 곳까지 달려갔지만 역시 폐쇄되었기에 입술이 타기 시작했다.

만일 차가 멎어 길가에서 밤을 새기라도 하면 어쩌나 싶었다. 이상하게도 이 날은 평일이어서 지나가는 차도 거의 없고 순찰차도 보이지를 않는다. 우리는 휴대전화도 없으니 푸른 숲 속인 이 곳에서 어떻게 주유소와 연락을 해야 할까 몹시 걱정되었다.

언제나 기름통의 반 정도에서 보충 급유를 하는 것을 습관으로 삼아 왔는데 이날따라 도로변의 주유소 표시판만 믿고 달렸더니 낭패를 당한 듯 싶었다.

우리 차 뒤로 큰 차 두 대도 나란히 따라 오고 있었다. 마침내 세 번째로 마주친 주유소 표지를 찾아가니 문을 열고 있었다. 우리처럼 두 대의 큰 차들도 따라 들어와 가솔린을 넣었다.

아주 비싸게 기름을 넣고 달리다보니 16km(10마일)도 안 가서 다른 주유소가 있었고 유레카에 가까워지면서 주유소는 우리들의 관심 밖으로 밀려났다.

자동차 안내 책자에는 연료 표지판에 붉은 색 경고등이 들어오고 나서도 한참을 더 달릴 수 있다고 써 있다. 그래도 초조했으니까 너무 소심했었나보다.

석양에 찾게 된 유레카는 지형이 샌프란시스코와 비슷하다. 긴 반도 사이로 바다가 땅 사이를 비집고 들어 온 것처럼 보였으나 반도에 위치한 공장에서는 굴뚝 연기가 하늘로 풀풀 날리고 있어 주변의 자연과 조화를 이루었다.

## 남 캘리포니아, 로스앤젤레스LA 부근 이야기

한국에서 LA까지는 9,550Km(5,968마일)이고 비행기로 12-13시간이 걸린다. 미국에서 한국으로 돌아올 때는 뒷바람의 영향으로 조금 빨리 올 수 있지만 알래스카 부근을 돌아 태평양 연안을 따라 남하하는 항로 때문에 미국 서부연안도시 중에서는 가장 비행기를 오래 타야 하는 곳이다.

LA 국제공항에 내리면 대체로 눈부시게 빛나는 태양과 상쾌한 바다 바람이 폐부로 스며든다. 여름에는 내륙으로 갈수록 기온이 높지만 겨울철 평균기온은 섭씨 13도로 따뜻하다. 날씨는 건조하여 한국의 노인들 가운데 신경통 환자들이 LA에 머물면 어느 틈에 아픔을 잊는다는 속설도 있는 곳이다.

공항에서 1번 고속도로를 타고 북쪽으로 20Km(15마일) 20분 정도 달리면 싼타 모니카Santa Monica 해수욕장에서 그대로 태평양을 만난다.

시내로 들어가려면 공항에서 I-405번 길에 진입하여 북쪽으로 방향을 잡고 싼타 모니카에서 출발하는 I-10의 동쪽 길을 탄다. 약 10분 정도 달리다 남북으로 뻗은 길 가운데 하나를 골라 북쪽으로 향하면 이내 올림픽 불르바드Olympic Boulevard다.

제일 먼저 나타나는 표지판인 크렌쇼Crenshaw부터 웨스턴Western, 버몬트Verment 등에서 프리웨이를 내려 북쪽으로 몇 블록 지나 동서로 달리는 큰 길이 바로 올림픽 가다.

이 길 양쪽에는 한글 간판이 가득 들어차 있고 길거리에는 이따금 흑인이나 히스패닉 계 사람들에, 우리나라 노인들도 버스를 기다리는 모습이 눈에 띈다. 대개의 우리나라 사람들은 자동차로 이동하는 탓인지 아니면 일을 하기 때문인지 낮 시간 중에는 상업시설에 들어가서나 만날 수 있다.

크렌쇼에서 조금 동쪽으로 가다가 웨스턴 거리와 올림픽 가가 만나는 지점을 지나 버몬트 길모퉁이 부근에 한남 체인이 있다. 이 슈퍼 주변의 상가에는 많은 순두부 집이 있다. 그 중, 소공동 순두부 집에서는 게장을 밑반찬으로 내놓는다. 이 집 게장 맛이 일품으로, 우리나라에서 비싼 값으로 사먹는 게장 백반 이상이어서 그 먹거리를 생각하면 아직도 입맛이 다셔진다.

한남 체인 끝에서 우회전하여 버몬트Vermont 길을 타고 조금 남쪽으로 달리면 다시 I-10으로 진입할 수도 있다.

몇 년 전에는 올림픽과 윌셔Wilshire 거리만 코리아타운이라는 느낌이었는데 최근에는 코리아타운이 크렌쇼, 웨스턴, 버몬트의 북쪽 길을 따라 할리우드 인근 산자락까지 들어차고 있었다. 머지않아 이 일대는 미국 속의 한국특별시라 할 만큼 우리나라를 옮겨 놓은 듯한 모습이 될 것 같았다.

이곳은 뉴욕에 이어 미국의 제2도시로 영화산업의 중심지인 할리우드, 세계적 명사들이 살고 있는 고급주택가 베벌리 힐즈Beverly Hills, 대표적인 테마공원 디즈니랜드 등에 올림픽까지 개최된 도시로 세계적 명성을 갖고 있어 우리가 더 설명을 보탤 필요가 있을지 모르겠다. 다만 오락시설의 세계적 상표가 된 디즈니랜드와 유니버설 스튜디오만 써 두겠다.

디즈니랜드는 세계 어린이들에게 꿈을 심어주는 테마 공원으로 플로리다 주의 올란도Orlando에도 있고 일본의 도쿄 근처에도 있다. LA의 디즈니랜드는 LA 동남쪽 오렌지 카운티Orange County의 애너하임Anaheim에 있다. 다운타운에서는 I-5 프리웨이의 남쪽 샌디에이고 방향으로 30-40km(20-30 마일) 내려가면 디즈니랜드로 나가는 나들목이 있다.

1992년 흑인들의 한인 습격 폭동 이후에 올림픽 거리 동쪽 끝 부근 다운타운의 브로드웨이 7번 거리 남쪽은 우범지역으로 알려져 한국인들이 거의 찾지 않는 곳이다. 하지만 우리는 1997년 패키지 관광을 갔을 때, 단체 관광을 따라 다니는 게 너무 지루하여 오후 나절 자유시간을 얻어 이 곳을 찾았다.

남편은 "사람 사는 데가 다 그렇지 뭐!" 하면서 이 동네의 가게에 들러 청바지를 샀다. 계산을 하려다 보니 주인이 한국인이었다. 주인아주머니는 "한국 사람들이 현찰을 많이 갖고 다닌다고 알려져 우범자들이 한국인 관광객을 노리는 경우가 많다"고 해 잔뜩 겁을 먹기도 했다.

그런데, 2003년 겨울에 와 보니까 미국에 이민 와 사는 친지가 이 곳에서 히스패닉을 상대로 '1달러 상점(나이니 나인)'을 경영하고 있었다. 촌놈처럼 관광객 티를 내지 않으면 사람 사는 데는 군대나 감옥이나, 미국이나 베트남이나 어디나 다 위험할 수도 있고 안전할 수도 있다. 어디서나 사람 하기 나름이겠지.

### 코리아타운 올림픽 블루버드

이 거리 곳곳은 미국 속의 한국이다. 이 곳에 처음 발을 디뎠을 때, 거리를 오가는 사람도 별로 많지 않고 건물의 높이도 낮은데다 한글로 된 상점 간판의 글씨도 촌스럽게 보여 마치 1960년대 초 한국의 거리나 1994년 중국 옌지(연길)시에 갔을 때 받았던 느낌이었다.

그러나 이 거리를 달리는 고급 승용차에서 짧은 순간의 내 감상이 너무 피상적이었음을 느끼기 무섭게 딱 한 블록 더 가 보니 화려하고 높은 빌딩 숲에 깔끔한 거리 풍경을 보여주는 윌셔Wilshire거리가 나타났다.

서쪽에서든 동쪽에서든 올림픽 거리가 가까워지면 영어로 된 상점들의 간판 가운데 하나 둘씩 한글간판이 보이고 마침내 거의 모든 상점 간판이 영어와 한글 두 가지 문자로 또는 한글전용 간판이 거리 양쪽 상가에 나붙어 옌벤(연변)의 우리 동포들이 이곳에 오면 미국인지 한국인지 어리둥절해 할 것 같다.

이 거리를 걷다 보면 김 방아간도 보이고, 아씨 백화점과 식품점도 보인다. 청기와 집 간판의 음식점도 보이고 한글로 쓰인 여행사 간판도 있다. 한국서점 '알라딘' 간판도 보여서 우리는 일부러 찾아 들어가 한영 찬송가 한 권을 샀다.

그 서점의 대각선 쪽에 한남체인이 있다. 나중에 I-10을 타고 웨스턴Western가로 내려와 올림픽 거리를 지나다 보니 이 거리가 너무나 익숙해져 우리는 LA에서 친구들을 만날 때면 이 체인 앞을 약속 장소로 정하곤 한다. 언젠가 한번은 LA의 친척들을 뵙고 오리건으로 가기 위해 필요한 물건을 사러 이 체인에 들렀다가 고등학교 동창을 우연히 만날 정도였으니 우리나라 사람들은 이 체인에서 자주 쇼핑을 하나 보다.

우리는 공항에서 이 곳으로 와 한국인이 경영하는 여행사에서 귀국 편 비행기표를 사고 난 다음에, 이 슈퍼체인에 들러 쌀과 김치, 밑반찬, 음료수 등을 사서 렌터카의 트렁크에 하나 가득 채운다. 그리고는 넉넉한 마음으로 가벼이 북쪽으로, 남쪽으로 때로는 동쪽으로 미국 여행을 떠난다.

오리건에 살 때, 그 곳에서는 파 한 단에 1 달러 정도를 주었는데 이곳에서는 10단에 1달러 정도였다. 이 거리에는 음식도 가지가지, 없는 것이 없다고 말해도 될 정도다. 한국에서보다도 더 한국적인 맛깔스런 음식도 얼마든지 골라 먹을 수 있다.

세계 각지를 자동차로 여행하면서 어서 빨리 많은 우리나라 사람들이 세계 여러 곳에 퍼져서 어느 곳에 가도 한국음식을 골라 먹을 수 있는 날이 오기 바란다. 좁은 땅에 너무 많은 사람들이 복작거리고 사는 것보다 넓은 세상으로 나가자. 여러 가지 일을 하며 넉넉히 살 수 있게 정부에서도 해외이민 장려를 위한 특별정책을 개발했으면 좋겠다.

## 할리우드와 유니버설 스튜디오

LA 부근의 영화촬영장인 유니버설 스튜디오Universal Studio는 밸리Valley 지역의 할리우드Hollywood에 있다. 플로리다의 올란도 근처에도 유니버설 스튜디오가 있다.

2003년 뉴욕타임스가 선정한 그 해의 베스트셀러인 '당신이 죽기 전에 봐야 할 1000 곳' 중에서 LA의 명소로 할리우드가 꼽힌다. 할리우드는 쇼 비지네스의 개척자들이 1911년에 날씨 좋은 서해안에 거금을 들여 건설한 환상의 도시이지만 이제는 오락산업의 대명사로 LA의 이름값을 보태고 있다. 이제 많은 영화 스튜디오는 떠났지만 파라마운트Paramount 영화사는 남아 있다. 수많은 영화배우들이 드나들던 '벨 에어Bel Air 호텔'은 여전히 향수 어린 분위기로 관광객을 부르고 있다.

유니버설 스튜디오는 1909년 할리우드의 영화촬영장으로 독일계 유태인이 만들었지만 세월 따라 수많은 영화사들과 흥망성쇠(興亡盛衰)를 같이 했다. 1960년대 후반부터는 텔레비전 프로그램 제작 세트로 활용되기도 했지만 1990년대에는 일본 내쇼널 전기그룹의 마스시타(松下)의 자본이 유입되기도 했다.

마스시타는 1990년대 중반 캐나다의 유명한 위스키 회사인 씨그램Seagram에 지분을 이양했고 씨그램은 이 스튜디오를 중심으로 미디어 제국을 이루려는 야무진 꿈을 가지고 네덜란드 계의 미디어 재벌인 폴리그램Polygram사를 인수했으나 사업이 부진했다.

씨그램은 마침내 2000년에 이르러 프랑스의 수자원과 통신서비스 그룹인 비방디Vivendi에 흡수·합병되었다. 지금 유니버설 스튜디오는 미국 NBC의 모기업인 GE가 80%, 프랑스의 비방디 유니버설 그룹이 20%를 소유하고 있다.

이 스튜디오에서 촬영하여 세계 각 국 관객들을 끌어 모았던 영화도 부지기수이다. 1920년대의 '노트르담의 곱추', 1930년대의 '드랴큘라', 1940년대 전후의 '햄릿', 1960년대의 '스파르타커스', 1970년대의 '조스', 1980년대의 'E. T'영화, 1990년대에는 '쥬라기 공원'을 비롯하여 2000년대에는 '킹콩'을 비롯하여 수많은 영화의 촬영장으로 여전히 그 명성을 지키고 있다.

### 팜 스프링스Palm Springs

LA시내에서 동쪽으로 I-10을 타고 점점 건조해 지는 사막 쪽으로 170Km(105마일) 정도를 달리고 나서 I-110으로 들어가 산자락을 끼고 돌면 인공 오아시스, 뜨거운 온천수, 푸른 잔디와 골프장 등으로 둘러싸여 마치 영화의 한 장면에 멈춰 선 듯한 착각에 빠지게 만드는 도시에 들어선다.

도시 안내책자에는 이 곳에 1930년대 할리우드 스타들이 등장하면서 그들의 휴양지로 호텔과 콘도미니엄 등이 생기고 종려나무Palm Tree를 많이 심어 조성한 인공도시가 형성되었으며 인근에서는 각종 영화를 촬영하는 세트도 늘고 인구도 증가했다고 적혀 있다.

사막 바람을 타고 I-10을 달리면 길 양쪽 산언덕에 풍력 발전을 위한 바람개비가 수없이 줄지어 서서 부지런히 날개를 돌리고 있다. 자동차가 달릴 때 휘청거리는 것만으로도 이 곳이 바람 센 지역임을 금세 알 수 있다.

우리는 2003년 1월에 I-10을 따라 달리다 팜 스프링스의 나들목 사인을 보고 인공 식수로 녹화된 오아시스 같은 곳으로 몇 번을 지나다녀 눈에 익었다. 하지만 한번도 들러보지 못한 곳이고 영화배우들이 즐겨 찾던 곳인지라 알만한 얼굴이라도 마주치지 않을까 싶

풍력발전기

어 이 도시에서 하루를 보내기로 했다.

기대했던 대로 우리는 센 사막 바람에 멋진 야자수가 넓은 나뭇잎을 흔들어대며 뽐내듯 서 있는 모습과 오밀조밀한 도시를 구경하다가 뜨거운 노천 온탕이 있는 한 모텔에서 하루 밤을 묵었다.

### 베이커스필드Bakersfield

LA에서 I-5 프리웨이의 북쪽으로 올라가다 오른 쪽으로 99번 길을 타거나 라스베가스에 들른 후 I-15번을 타고 바스토우 Barstow에서 58번 길을 달리면 이곳으로 가게 된다. 한 여름에는 숨이 막힐 정도로 덥다. 그러나 이 도시의 동북쪽에서 시에라네바다 산맥으로 연결된 395번 길의 갈림길이 가까운 곳이어서 여름날에도 모텔들은 방이 거의 찬다.

농업중심지인데다 근처의 농장에서는 아몬드와 피스타치온이 많이 수확된다. 우리는 여름과 겨울방학 동안 여행하므로 꽃이 필 때는 이 곳에 와보지 못하여 그 아름다움을 설명할 수 없다. 아몬드는 개복숭아 같이 생겼지만 꽃의 색깔과 향기가 황홀하단다.

노동력은 멕시코 인들을 이용한다. 대부분 불법 취업자들로 임금수준이 낮기에 농장주는 이들을 고용하고 정부는 눈감아주면서 '누이 좋고, 매부 좋게' 불법과 합법이 공존하는가 보다. 빈손으로 몰래 미국에 들어와서, 가시에 찔리고 할퀴면서 열심히 일해 돈을 벌고, 커다란 가방 가득히 선물을 사서 즐거운 마음으로 가족에게 돌아가는 멕시코 사람들에게 미국은 과연 어떤 '이웃나라'일까?

### 텍사스에서 캘리포니아를 종단하며

텍사스 주의 엘파소El Paso를 출발하여 상당히 먼 길을 줄곧 달려 오리건으로 향하는 매우 긴 여정을 제2권 독자들을 위해 간단히 미리 적어 보겠다.

한 겨울에도 초여름 같던 엘파소에서 하루 밤을 묵은 후, I-10을 타고 74 Km(46마일)를 달려와 캐나다까지 남북으로 연결된 I-25 프리웨이를 만났다. 이 길을 따라 북쪽으로 가다가 뉴멕시코 주의 최대도시인 앨버커크Albuquerque에서 I-40을 타고 서쪽으로 갤럽Gallop을 지나고 애리조나 주에 들어갔다. 플래그스태프 Flagstaff, 킹맨Kingman, 니들즈Needles를 지나 I-40의 서쪽 기점인 캘리포니아 주의 바스토우Barstow까지 가서 하룻밤을 묵었다. 상당한 거리를 운전한 셈이다. 다음날에는 바스토우에서 일반고속도로인 58번을 타고 모하비Mojave 사막을 지나 샌프란시스코 부근까지 가기로 일정을 잡았다.

많은 비가 내리는 날 며칠을 빼고는 우기에도 온통 누런 풀과 선인장 종류의 식물들이 끈질긴 생명력으로 버티고 있는 사막들을 지나다 보면 때때로 심한 모래바람이 부는 곳도 있다. 이런 곳에는 '모래 바람을 조심하라'는 안내 표지판이 운전자의 주의를 새삼 환기시켜 준다.

이 여행에서 우리는 다행히 좋은 날씨 덕분에 모래바람을 만나지 않았지만 승용차들이 드문 사막 길을 지나자면 운전대를 잡고 있어도 꽤 조심스럽다.

모하비 사막을 지나 해발 4,418m(14,494ft)로 캘리포니아에서 제일 높은 산인 휘트니 산기슭의 맨 끝자락을 통과하여 베이커스필드로 가자니 밝고 따스한 햇볕 아래로 한없이 포근할 것 같은 하얀 구름이 길 아래로 양탄자처럼 깔려 있었다.

이 환상의 운전도 잠시, 어느 틈에 산자락을 내려오면서 한치 앞이 안 보이는 짙은 안개구름 속에 파묻혔다. 눈을 감고 더듬듯이 초긴장 상태에서 조심스럽게 계속 이 안개 속을 지루하게 달려야 했다.

바스토우와 베이커스필드를 연결하는 58번 도로 208 Km(130마일)의 상당한 구간에 구름이 낀 흐린 날 오후. 우리는 베이커스필드까지 달려 왔다. 하룻밤을 이 곳에서 잔 다음날, 99번 길을 갈아타고 북쪽으로 모데스토Modesto를 지나 만테카Manteca에서 580번 길의 서쪽으로 샌프란시스코를 향했다.

아침부터 오후까지 터널 속 같은 안개 낀 도로를 답답하고 지루하게 달렸다. 제법 높은 산 하나를 넘어 샌프란시스코 시내가 보이는 산등성이를 돌고 나니 저 서쪽 끝에서 눈부신 석양빛이 반짝였다. 내 온 몸과 마음에 빛의 고마움이 짜릿하게 전해오는 찰나였다.

안개 속을 달려 마침내 찾아 낸 햇볕은 굶주림 속에 허기진 배를 채운 듯한 포만감을 주었다.

## LA에서 I-5 북쪽 길로

LA 시내에서 I-5로 북 캘리포니아의 대명사인 샌프란시스코와 주도인 새크라멘토까지의 거리는 엇비슷하다. I-5번의 북쪽을 향해 LA 시내를 벗어나 산페르난도San Fernando 밸리 부근까지는 시내를 조망할 수 있고 밤에는 야경이 화려하다. 가솔린 탱크는 이 고개를 넘어 인구 10만을 넘는 중규모 도시인 산타클라리타Santa Clarita에서 가득 채우는 게 안심이다.

이 산 고개를 굽이굽이 돌아 비탈길로 오르면 트럭들은 속도가 떨어져 맨 끝 차선으로 숨차게 기어오르고 날씬한 자동차들은 시속 112km(70마일)의 제한 속도를 아랑곳하지 않고 오히려 가뿐한 등산을 즐기는 듯 속도를 내고 달린다.

이 고개를 넘으면 산길은 비스듬히 프레지어Frasier산을 굽이돌기 시작한다. 프리웨이는 높이 2,446m(8,026ft)에 이르는 이 산의 한 자락에 1,263m(4,144ft)의 테혼 고개Tejon Pass를 만들며 숨 가쁘게 넘는다.

테혼 쉼터 앞에는 대부분의 차들이 잠시 주차한다. 또, 북에서 남으로 내려오는 자동차들은 고개를 넘을 준비를 할 겸, LA를 향해 넘어야 할 멀리 우뚝 선 사막 모습의 산악들을 볼 겸해서 이 곳에 들른다.

테혼 쉼터에서 약 26km(16마일)을 더 달리면 I-5번 길과 99번 고속도로가 갈라지는 길목이 나온다. 쭉 뻗은 길이 I-5이라고 착각하기 쉽지만 I-5에서 직선으로 연결된 길은 99번이고 I-5 북행 길은 오히려 오른쪽으로 돌아서 99번 위를 가로질러 왼쪽으로 가야 한다.

I-5를 따라 산타넬라Santa Nella로 향하는 길옆, 광활한 초원에 수많은 소 떼들이 비좁을 정도로 몰려 있다. 처음에 우리는 이 목장의 주인이 엄청난 부자일거라고 생각했으나 그것은 무지로 인한 착오였다. 실은 도살장에서 인간을 위한 비프Beef가 되기 위해 각지에서 팔려온 소의 체중을 늘리려고 강한 스트레스까지 받으며 많은 사료를 먹어야 하는 우공(牛公) 최후의 포식처이다.

## 미국 속의 덴마크 솔뱅Solvang

솔뱅은 미국에 있는 작은 덴마크다. 덴마크의 코펜하겐보다 더 덴마크 같다는 조그만 마을이다. 솔뱅이란 덴마크 말로 '해가 잘 드는 곳'이란다.

LA에서 101번 길로 산타바바라Santa Barbara를 거쳐 약 220km(137마일)를 북쪽으로 달리다가 246번 길로 들어서면 곧 이 마을이다. 덴마크 사람들은 1911년부터 이곳에 마을을 조성하고 주로 꽃을 키우다가 최근에는 이국적인 분위기의 관광지로 변화시켰다.

관광객을 위한 상점에는 예쁜 도자기 신발과 수공예품이 진열되어 있지만 값은 매우 비쌌다. 장식용으로 만들어 놓은 풍차를 배경

미국 속 덴마크 솔뱅의 풍차

으로 기념사진 한 장을 찍었다.

솔뱅 입구에는 길 양쪽으로 굵게 자란 푸른 방풍림이 있다. 덴마크는 바다로부터 불어오는 바람이 센 나라로 목축업 진흥과 육림 사업에 힘썼다는 이야기를 학창시절에 들었던지라 덴마크의 모습이 바로 이와 비슷할 것으로 생각했다.

## 싼버나디노San Bernadino

LA에서 라스베이거스로 가기 위해 I-10을 동쪽으로 달리다 보면 어느새 도시의 느낌이 사라지면서 높고 낮은 사막이 펼쳐진다. 그러다 프리웨이의 교차로 부근에서 LA와는 분위기가 확연히 다른 도시가 나타난다. 이 도시가 인구 약 18만 명의 싼 버나디노다.

연기 나는 공장 굴뚝이 보이고 창고 같은 건물들이 눈에 들어왔다. 나들목으로 나가 이 도시의 월마트를 찾았다. 고객들 가운데는 흑인들이 많았다.

남편은 이 도시에서 기념품으로 값싼 넥타이 하나를 샀다. 다른 도시의 월마트나 의류전문점에서 본 적이 없는 색다른 것이었다. 넥타이 무늬는 웹 사이트 주소를 비롯하여 컴퓨터와 컴퓨터 용어, 마우스와 씨디(CD)를 비롯한 주변기기 그림으로 화려하게 채워져 있다. 남편이 이 넥타이를 매고 나가면 유명 브랜드의 값비싼 넥타이보다도 많은 사람들이 넥타이에 관심을 표하며 칭찬을 해 준단다.

LA 주민들이 자주 찾는 싼마뉴엘 카지노는 이 도시의 인근인 얿랜드Upland에 있다. 업랜드의 인구는 4만 명이 못 되지만 지금 한참 개발이 진행 중이다. I-10 프리웨이를 타고 동쪽으로 가면 인구 6-7만 명 정도의 레드랜드Redland가 나온다. 여기서 30번 고속도로를 타고 북쪽으로 약 20분 정도 달리다 보면 싼마뉴엘의 도시 표지가 나오고 얼마 안가 카지노가 보인다.

## 패서디나Pasadena와 템플시티Temple City

패서디나는 LA의 동북쪽에 위치하는 고급주택가로 13만 명이 조금 넘는 사람들이 살고 있다. 처음 이 도시에 들어섰을 때는 싼가브리엘San Garbiel 산자락이어서 고요하고 평화스러운 느낌이 들었다. 나중에 들으니 이곳은 도시 청춘남녀들의 데이트 코스로도 잘 알려진 곳이었다.

패서디나에는 우리나라에도 널리 알려진 풀러Fuller신학교가 있고 미국 서부의 최고 명문 공과대학인 칼텍CIT:California Institute of Technology이 있다. 인근의 산마리노San Marino에 있는 헌팅턴 도서관Huntington Library도 유명하다.

헌팅턴 도서관은 철도와 부동산 사업으로 성공한 헌팅턴Henry Edwards Huntington이 1919년 창설한 사설 비영리기관인데 1928년에야 일반인에게 공개하기 시작했다. 이 도서관 부설의 헌팅턴 박물관Huntington Museum과 아담한 정원Huntington Garden이 이름값을 보탠다.

유럽식 정원에는 야자수, 올리브, 아보카도 나무가 늘어서 있고 아시아식 정원에는 작은 연못 주위에 대나무들이 휘늘어져 아치를 만들고 있어 그 아래 그늘에 들어서면 한 여름에도 더위를 잊게 한다.

설립자인 헌팅턴은 세계를 여행하며 많은 그림과 조각들을 수집했고, 각 국의 꽃과 나무로 아름다운 정원들을 만들어 놓았다.

I-10으로 패서디나를 처음 찾았을 때 우리는 LA로부터 얼마쯤 왔는지 알게 해 주는 나들목의 번호표시를 못 보고 저 멀리 보이는 벌거벗은 산(San Gabriel Mt.) 꼭대기에 설치된 방송 위성안테나를 보면서 '아! 이제 패서디나에 거의 다 왔구나' 하고 중얼거리곤 했다.

패서디나에서 19번 로즈미드Rosemead 길을 따라 남쪽으로 내려가면 템플시티다. LA의 교외로 시내에서 I- 10을 타고 동쪽으로 향하다 보면 장미꽃이 커다랗게 그려져 있는 '로즈미드'라는 입간판이 보인다. 여기서 내려 19번 길의 북쪽으로 가면 이 동네다. I-10의 가필드Garfield에서 헌팅턴 도서관과 식물원과 연결된 길인 밸리 불르버드Valley Boulevard를 타고 가도 된다.

이 곳에 나의 외삼촌이 살고 계셔서 1997년에, 처음 이 곳을 방문했다. 당시, 이 도시는 백인 거주지로 중국인이 그렇게 많지 않았다. 그런데 몇 년 지나지 않아 19번 길 양쪽에는 한문 간판이 영문 간판을 압도하기 시작했다. 밸리 불르버드를 따라 동서로 달리는 많은 길은 한문이 제1언어인 거리로 변했다. 상점도, 길거리에도, 음식점에도 온통 중국 사람들로 붐비고 있다.

나의 외삼촌은 1956년 HLKZ TV의 개국과 함께 한국에서 첫 번째 텔레비전 아나운서가 되셨던 김봉구 선생이다. HLKZ TV는 당시에 한국일보사가 운영하고 있었고 방송국 역시 당시의 한국일보사 빌딩 내에 있었다.

예닐곱 살 때, 나는 서울 종로구 계동에 살았다. 나는 계동에서 한국일보사가 있는 안국동 까지 언니들과 함께 TV에 나오는 외삼촌의 모습을 보려고 일삼아 걷곤 했다. 한국일보사 앞 길거리에는 TV가 걸려 있었기 때문이었다. 뉴스도 보고 어린이 시간도 볼 수 있었다. 외삼촌이 TV에 나오는 것이 신기하고도 무척 자랑스러웠다. 그러나 그 텔레비전 방송국이 불에 타서 없어지는 바람에 외삼촌은 AFKN을 거쳐 KBS가 처음 TV를 방영할 초기에 그랜드 쇼, 홈런 퀴즈 등을 진행하기도 하였다. 외삼촌은 한동안 해마다 한국일보사에서 주최한 미스코리아 선발대회 때 사회를 보셨다.

외삼촌은 1960년대에 미국에 가셔서 방송과 관련된 일을 하셨다. 가끔 한국에 오실 때나, 우리나라 TV를 통해 1월 1일 설날 로스앤젤레스 교민들의 생활상을 전하는 모습을 뵙곤 했다. 외삼촌은 고희를 훨씬 넘으셨는데도 새로 붓글씨를 배우시며 열심히 살고 계신다.

## 샌디에이고

LA에서 남쪽으로 I-5 프리웨이를 타고 200 Km(124마일) 떨어진 캘리포니아 남단에 자리 잡은 아름다운 바닷가 도시를 찾은 것은 겨울이었다. 미 대륙 서부에서 서양인이 제일 먼저 발을 디딘 곳으로서 캘리포니아의 발생지이고 역사적 유적지가 많다.

또한 I-5 와 I-15가 남북으로 뻗어 있으며 I-8이 애리조나 주로 달리고 있다.

샌디에이고 만을 건너서면 바닷가에 코로나도Coronado섬이 있고 그 섬의 델 코로나도 호텔Hotel Del Coronado은 동부의 명사들이 묵는 곳으로 유명세를 타고 있다. 바닷가에서 바라본 이 호텔은 하얗

델 코로나도 호텔 앞에서 선 글쓴이와 글다듬이

게 칠해진 벽과 붉은 색 다각형 뿔 모양을 한 발코니, 붉은 색 지붕이 어우러진 100년 전통의 목조 건물이다. 이 호텔의 하루 숙박비는 수백 내지 수천 달러란다.

이곳은 저 먼 바다를 누비는 미국 태평양 함대의 기지답게 커다란 군함들이 정박해 있었다. 큰 군함과 수병들의 마음을 달래주려는 듯 해변 가 언덕에는 채송화가 활짝 피어 있었다. 다른 해변 도시처럼 관광명소로 동물원과 수족관Sea World이 있다.

멕시코 국경과 가까워 요리와 건축물은 멕시코 문화의 영향을 많이 받은 것 같다. 국경선 바로 옆에는 커다란 쇼핑몰이 있어 싼 멕시코 제품들을 살 수 있으므로 많은 사람들이 구경과 쇼핑을 하는 모습을 볼 수 있다.

### 멕시코의 티후아나Tijuana

티후아나는 1829년 캘리포니아를 지배하던 멕시코가 미국과의 전쟁에서 패하자 새로 설정된 국경선에 따라 미국의 샌디에이고와 막 바로 접해 있는 멕시코의 국경도시이다. 여기에는 외국인이 멕시코를 통해 미국으로 불법 입국하는 것을 막기 위한 초소가 있다.

우리는 1998년 12월 어느 날, 샌디에이고의 아름다운 해변을 지나 국경선 도로에 우리나라 고속도로 톨게이트의 2층 같은 고가도로 아래를 걸어서 멕시코로 들어갔다. 미국 자동차는 특별 보험에 들지 않는 한, 보험 보장이 되지 않는다고 하여 자동차를 국경선 인근의 주차장에 그대로 주차시켜 놓았다.

미국을 나갈 때는 그저 국경선의 철조망 사이에 뚫려 있는 문 밖으로 걸어 나가면 곧 멕시코 땅이었지만 미국으로 다시 들어올 때는 출입국 담당직원들이 일일이 증명서를 제시하라고 요구하여 비자를 보여주고 돌아 올 수 있었다.

국경선을 넘어 멕시코에 한발자국을 들어서자마자 우리는 길바닥에 더덕더덕 붙은 껌 자국 때문에 불결함을 느끼지 않을 수 없었다. 함께 간 딸아이가 대뜸 하는 소리. "선진국과 후진국의 차이를 이 바닥에서 그대로 느낄 수 있다"나!

꼭 1960년대의 우리나라에 온 것 같았다. 게다가 티후아나 시내로 들어서니 자동차가 내뿜는 매연 때문에 숨쉴 수조차 없을 정도로 공기가 오염되어 있었다. 거리의 지저분함과 매연, 무언가 검은 느낌 등, 모두가 저 멀리 건너다보이는 미국 땅과는 천차만별이었다.

거리의 많은 상점들을 돌아보며 물건값을 물었다. 가게 점원은 가게를 나서려고 하자 처음에 부르던 값의 반도 안 되는 값에 물건을 사라고 졸랐다. 멕시코에서는 은이 많이 생산되기 때문에 은제품 값은 매우 쌌다. 그러나 술꾼이자 술 수집가답게 남편은 기념품으로 멕시코 산 데킬라 술 한 병을 샀다.

배가 고파서 이곳저곳을 둘러보니 허름한 음식점에서 타코Taco를 팔고 있었다. 미국에서 파는 타코는 별로 맛이 없어 잘 안 먹었는데 '시장이 반찬'인지 이 식당의 할아버지가 바로 구워 준 타코는 무척 맛있었다. 본 고장에서 만든 전통음식이기에 제 맛인가 보다.

날이 어둑어둑해지자 불안한 생각이 들어 빨리 미국으로 되돌아가고 싶었다. 우리의 이 결정을 앞당기는 데는 온통 낙서투성이인 건물 벽들과 지린 냄새로 가득 찬 길모퉁이도 한 몫 했다.

부지런히 다시 미국 쪽으로 돌아왔다. 우리는 국경선을 건너와 주변의 화려한 불빛을 뒤로 하고 후일을 기약했다. 다음에는 국경 도시가 아니라 멕시코의 딴 도시에서 진짜 멕시코를 다시 보고 싶다.